国家级精品资源共享课建设项目资助
国家来华留学英语授课品牌课程建设项目资助

管 理 学
Management

（第三版）

余 敬　习凤琴　主　编
张　琦　张　京　副主编

图书在版编目(CIP)数据

管理学/余敬,刁凤琴主编;张琦,张京副主编. - 3版—武汉:中国地质大学出版社,2016.9(2021.9重印)

ISBN 978 - 7 - 5625 - 3892 - 9

Ⅰ.①管…
Ⅱ.①余…②刁…③张…④张…
Ⅲ.①管理学-高等学校-教材
Ⅳ.①C93

中国版本图书馆 CIP 数据核字(2016)第 196991 号

管理学(第三版)	余　敬　刁凤琴　**主　编**
	张　琦　张　京　**副主编**

责任编辑:徐润英　阎　娟	责任校对:代　莹

出版发行:中国地质大学出版社(武汉市洪山区鲁磨路388号)	邮政编码:430074
电　　话:(027)67883511　　传　真:67883580　　E-mail:cbb@cug.edu.cn	
经　　销:全国新华书店　　　　　　　　　　http://www.cugp.cug.edu.cn	
开本:787 毫米×960 毫米 1/16	字数:350 千字　印张:17.25
版次:2006 年 8 月第 1 版,2016 年 9 月第 3 版	印次:2021 年 9 月第 6 次印刷
印刷:武汉市籍缘印刷厂	印数:15 001—17 000 册
ISBN 978 - 7 - 5625 - 3892 - 9	定价:38.00 元

如有印装质量问题请与印刷厂联系调换

前　言

管理，就是如何让平凡的人作出不平凡的事情。

——管理大师　彼得·德鲁克

随着经济全球化和信息技术的发展，管理者所面临的工作环境发生了巨大的变化。无边界组织的诞生、变革型领导的涌现、自我管理团队和跨职能团队的兴起，使管理者的工作比以前任何时候都更加复杂、更加具有挑战性。那么，在动态的、信息化管理环境下，一个管理者如何有效地管理其组织？管理学（第三版）给出了答案。

管理学（第三版）是在2006年、2011年出版的《管理学》（第一版、第二版）的基础上，经过课程团队多年教学实践的沉淀积累与吐故纳新进一步改版而成。它汇聚了本课程团队先后建设的《管理学》国家精品课程、国家双语教学示范课程、国家精品资源共享课，以及国家来华留学英语授课品牌课程中丰硕的教学资源与成果。

《管理学》（第三版）的突出特点：

力图融经典的管理理论、新兴的管理理念和思想以及丰富的管理案例于一体，向学生真实地展现在动态的管理环境中管理者如何有效地管理其组织。其特色表现在：

（1）经典与现代的融合。管理学（第三版）秉承了原版本中基础理论取材的"宽度"，围绕着"管理者如何有效地管理其组织"这一主题组织撰写并更新了相关内容,充分汲取国内外不同组织最新的管理理论精华与实践成果,体现了鲜明的时代特色。

(2)注重实战。管理学(第三版)开辟了"开篇案例"、"互联网练习"、"管理视窗"、"实战模拟"、"案例应用"、"管理者画像"等栏目。每一章以真实管理世界中管理者所面临的问题开篇,以精心构思设计的"管理视窗"、"实战模拟"、"案例应用"等栏目结尾,目的是为学生提供思考和主动参与管理实践的空间,使他们置身于管理者的位置,掌握相关的知识和管理技巧。

(3)引领未来。管理学(第三版)关注管理研究的最新发展趋势,注重选材的"新"与"变",充分汲取最新的管理思想与研究成果,引领学生关注管理学领域不断发生的各种变化与新进展。

《管理学》(第三版)的主要变化:

更新了每一章章首的"开篇案例"、每一章结尾的"实战模拟"和"案例应用",新增了"互联网练习"、"管理视窗"栏目,书末新增了"连续案例:阿里巴巴",更新了"自我测试"栏目。附录中新增了"管理者画像"栏目,保留了原版本中"中英文术语表"、"如何使你的管理卓有成效"、"管理大师与名著","管理大师与名著"中新增了部分内容,旨在为学生提升管理技能提供有益的帮助。

开篇案例——精选了富士康、易迅网、百度、伊利股份等著名企业的成功或失败的案例,提出对应章节即将阐述的管理问题,以激发学生学习相关章节知识的热情。

互联网练习——引导学生上网,运用已学到的知识解决相应的管理问题,让他们体验互联网时代学习的乐趣。

管理视窗——通过提供相关的调查信息等,由现实中的真实数据透视管理问题,使学生可以把学到的知识应用到现实的管理世界中,掌握管理技巧。

实战模拟——针对每一章的核心知识点，重新构思设计出实战模拟练习，目的是为学生提供思考和主动参与管理实践的空间，强化理论知识的有效掌握。

案例应用——将学生领入一个精彩的管理世界，案例取材于信息化时代本土的著名企业，如恒大、顺丰、腾讯、京东、人人网、华为、小米、金山、聚美优品、华润等，通过巧妙的情节构思、生动的事件描述以及教学分析，使学生在真实、生动的管理世界中去掌握管理的精髓，同时为学生提供案例分析的方法指导。

连续案例——贯穿全部管理学核心知识点，全方位地展现阿里巴巴成功的管理实践，旨在培养学生融会贯通所学知识、综合分析与解决复杂管理问题的能力。

管理者画像——聚焦各章核心知识点，通过完成表格或回答一系列问题，帮助学生发现自己是什么样的管理者，又如何成为有效的管理者。该栏目有助于提升学生的管理技能。

管理学（第三版）共分六章，围绕着"管理者如何有效地管理其组织"这一主题组织撰写，内容涉及管理与管理者、管理的今昔、计划、组织、领导和控制。第一章阐述了管理、管理者、管理的组织与环境以及管理的科学性与艺术性；第二章着重介绍了管理理论的演化与主要思想流派；第三章至第六章分别阐明了计划、组织、领导和控制四大管理职能的基本概念、工作内容、理论、方法、最新发展等。

管理学（第三版）由余敬负责总体框架设计和总纂工作。余敬承担了前言、第一章第一节、第二节、第四节、第三节中组织的定义与基本特征，第二章第四节、第五节，第四章第一节至第七节，第五章第三节、第四节，第一章至第六章的互联网练习，第一章至第五章的实战模拟的撰写，管理视窗、附录一、附录二、附录三的编撰,第一章至第六章开篇案例、案例应用、连续案例部分的编写、修改与完善工作。

刁凤琴承担了第一章第三节中管理的环境,第二章第一节至第三节,第三章第一节、第二节,第五章第一节、第二节的编写。

张琦承担了第六章第一节至第四节、开篇案例、案例应用的编写。

张京承担了第五章第四节中家长式领导与公仆型领导,第一章至第六章开篇案例、案例应用、连续案例,第一章至第六章的管理视窗,附录四"管理大师与名著"栏目部分内容的编写。

吕沛茹参与了第二章开篇案例、案例应用,第一章至第六章的管理视窗,连续案例中阿里巴巴的简介、计划和领导部分的编写。

杨晨参与了第三章开篇案例、案例应用、连续案例中阿里巴巴的组织、控制部分的编写。

杨祖志参与了第四章开篇案例、案例应用,第六章开篇案例,部分插图的绘制以及文字校对等工作。

苏彤参与了第一章开篇案例、案例应用的编写。

卞格参与了第五章开篇案例、案例应用的编写。

周一帆编写了附录四"管理大师与名著"栏目的内容。

在本书的编写过程中,笔者参考和引用了国内外相关的研究成果和文献资料,在此深表谢意。还要特别感谢中国地质大学出版社的鼎力支持,感谢责任编辑多年来为本教材出版付出的辛勤劳动。

管理学是一门发展中的学科,我们深知本书难免有不完善之处,敬请读者不吝赐教。

编 者
2016 年 6 月

目　　录

第一章　管理总论……………………………………………………………(1)

　　开篇案例　演出公司也需要管理……………………………………(1)
　　第一节　管　理………………………………………………………(2)
　　　　一、管理的概念………………………………………………………(2)
　　　　二、管理的特征………………………………………………………(5)
　　第二节　管理者………………………………………………………(8)
　　　　一、管理者的特征……………………………………………………(8)
　　　　二、管理者的分类及职责……………………………………………(9)
　　　　三、管理者的角色……………………………………………………(10)
　　　　四、管理者的素质与能力……………………………………………(12)
　　第三节　管理的组织与环境…………………………………………(14)
　　　　一、组织的定义与基本特征…………………………………………(14)
　　　　二、管理的环境………………………………………………………(15)
　　第四节　管理是科学还是艺术………………………………………(19)
　　　　一、管理学及其特点…………………………………………………(19)
　　　　二、管理的科学性与艺术性…………………………………………(21)
　　自我测试……………………………………………………………………(22)
　　互联网练习…………………………………………………………………(22)
　　管理视窗……………………………………………………………………(22)
　　实战模拟……………………………………………………………………(23)
　　　　实战模拟一……………………………………………………………(23)
　　　　实战模拟二……………………………………………………………(24)
　　案例应用……………………………………………………………………(24)
　　　　许家印与恒大…………………………………………………………(24)
　　　　盖茨与伯曼……………………………………………………………(27)

第二章 管理的今昔 ……………………………………………………………… (30)

开篇案例 超泰勒制 …………………………………………………… (30)
第一节 早期的管理思想 ……………………………………………… (32)
　　一、西方早期的管理思想 ………………………………………… (32)
　　二、中国早期的管理思想 ………………………………………… (33)
第二节 古典管理理论 ………………………………………………… (34)
　　一、泰勒的科学管理理论 ………………………………………… (34)
　　二、法约尔的一般管理理论 ……………………………………… (37)
　　三、韦伯的行政组织理论 ………………………………………… (40)
第三节 行为科学理论 ………………………………………………… (41)
　　一、人际关系理论 ………………………………………………… (41)
　　二、行为科学理论 ………………………………………………… (43)
第四节 现代管理理论 ………………………………………………… (45)
　　一、系统管理理论 ………………………………………………… (45)
　　二、权变管理理论 ………………………………………………… (46)
第五节 管理的新趋势 ………………………………………………… (47)
　　一、传统管理范式与管理新范式的比较 ………………………… (47)
　　二、管理的新趋势 ………………………………………………… (48)
自我测试 ………………………………………………………………… (50)
互联网练习 ……………………………………………………………… (50)
管理视窗 ………………………………………………………………… (50)
实战模拟 ………………………………………………………………… (51)
案例应用 ………………………………………………………………… (51)
　　小细节中的大成功 ………………………………………………… (51)
　　快乐的企鹅员工 …………………………………………………… (53)

第三章 计 划 ……………………………………………………………… (55)

开篇案例 一家没有打印机的打印店 ………………………………… (55)
第一节 决 策 ………………………………………………………… (56)
　　一、决策与决策过程 ……………………………………………… (57)
　　二、决策的类型 …………………………………………………… (60)
　　三、决策模式 ……………………………………………………… (62)
　　四、决策方法 ……………………………………………………… (64)

第二节　计　划……………………………………………………………（66）
　　　　一、计划的概念与类型………………………………………………（67）
　　　　二、目标管理…………………………………………………………（69）
　　　　三、制定计划的方法…………………………………………………（75）
　　自我测试……………………………………………………………………（83）
　　互联网练习…………………………………………………………………（84）
　　管理视窗……………………………………………………………………（84）
　　实战模拟……………………………………………………………………（84）
　　案例应用……………………………………………………………………（85）
　　　　独占先机的京东物流…………………………………………………（85）
　　　　迷失的人人网…………………………………………………………（87）

第四章　组　织……………………………………………………………（89）
　　开篇案例　易迅网的组织架构调整………………………………………（89）
　　第一节　组织与组织工作…………………………………………………（91）
　　　　一、组织及其相关概念………………………………………………（91）
　　　　二、组织工作…………………………………………………………（91）
　　第二节　组织设计…………………………………………………………（92）
　　　　一、组织设计理论概述………………………………………………（93）
　　　　二、组织设计的六要素………………………………………………（93）
　　　　三、组织设计的权变因素……………………………………………（101）
　　第三节　常见的组织结构设计类型………………………………………（103）
　　　　一、传统的组织结构…………………………………………………（103）
　　　　二、现代的组织结构…………………………………………………（106）
　　　　三、组织结构设计的一般模型………………………………………（110）
　　第四节　组织结构的运行…………………………………………………（112）
　　　　一、授权………………………………………………………………（112）
　　　　二、集权型与分权型管理模式………………………………………（114）
　　第五节　工作设计与人员配备……………………………………………（116）
　　　　一、工作设计…………………………………………………………（116）
　　　　二、人员配备…………………………………………………………（118）
　　第六节　组织变革…………………………………………………………（122）
　　　　一、组织变革的动因和类型…………………………………………（122）
　　　　二、组织变革的阻力及其克服方法…………………………………（123）

  三、组织变革模式 ……………………………………………………（124）

 第七节 未来组织的发展趋势 ……………………………………………（125）

 自我测试 …………………………………………………………………（127）

 互联网练习 ………………………………………………………………（128）

 管理视窗 …………………………………………………………………（128）

 实战模拟 …………………………………………………………………（128）

 案例应用 …………………………………………………………………（129）

  华为的组织结构变迁 …………………………………………………（129）

  扁平化和"轻管理" ……………………………………………………（131）

第五章 领 导 ……………………………………………………（133）

 开篇案例 百度帝国的领袖 ……………………………………………（133）

 第一节 领导的概念与性质 ……………………………………………（135）

  一、领导的概念与作用 ………………………………………………（135）

  二、领导影响力的来源及其构成因素 ………………………………（137）

  三、领导理论 …………………………………………………………（139）

 第二节 激励及有关理论 ………………………………………………（148）

  一、激励的概念与过程 ………………………………………………（148）

  二、激励理论 …………………………………………………………（150）

 第三节 沟 通 ………………………………………………………（156）

  一、沟通的概念与过程 ………………………………………………（156）

  二、沟通的类型 ………………………………………………………（157）

  三、沟通渠道的类型及特征 …………………………………………（157）

  四、沟通网络的类型及特征 …………………………………………（159）

  五、有效沟通的要求 …………………………………………………（161）

 第四节 有关领导的最新观点 …………………………………………（162）

  一、团队领导 …………………………………………………………（162）

  二、交易型领导与变革型领导 ………………………………………（164）

  三、领袖魅力型领导与愿景规划型领导 ……………………………（165）

  四、家长式领导与公仆型领导 ………………………………………（167）

 自我测试 …………………………………………………………………（168）

 互联网练习 ………………………………………………………………（169）

 管理视窗 …………………………………………………………………（169）

 实战模拟 …………………………………………………………………（170）

案例应用 …………………………………………………… (171)
    金山的两任掌舵人 ……………………………………… (171)
    为自己代言的陈欧 ……………………………………… (175)

第六章 控 制 …………………………………………… (177)

开篇案例 伊利股份：注重质量管理，以实践行 ……………… (177)
第一节 控制概述 ……………………………………………… (178)
    一、控制的内涵 ………………………………………… (178)
    二、控制的特点 ………………………………………… (179)
    三、控制的重要性 ……………………………………… (179)
    四、管理控制的层次 …………………………………… (180)
第二节 控制的类型 …………………………………………… (181)
    一、根据控制的切入点划分 …………………………… (181)
    二、根据控制的领域划分 ……………………………… (184)
    三、根据组织的层次划分 ……………………………… (185)
    四、根据控制的运行机制划分 ………………………… (186)
第三节 控制的过程 …………………………………………… (187)
    一、控制的步骤 ………………………………………… (187)
    二、控制的原理 ………………………………………… (192)
第四节 控制方法 ……………………………………………… (193)
    一、预算控制 …………………………………………… (193)
    二、作业控制 …………………………………………… (197)
    三、审计控制 …………………………………………… (199)
    四、其他控制方法 ……………………………………… (200)
自我测试 ……………………………………………………… (202)
互联网练习 …………………………………………………… (202)
管理视窗 ……………………………………………………… (203)
实战模拟 ……………………………………………………… (203)
案例应用 ……………………………………………………… (204)
    华润公司 6S 管理体系 ………………………………… (204)
    "人人贷"的风险管理控制 …………………………… (206)

连续案例：阿里巴巴 ………………………………………… (209)

阿里巴巴——简介 …………………………………………… (209)

阿里巴巴——计划 …………………………………………（212）
　　阿里巴巴——组织 …………………………………………（214）
　　阿里巴巴——领导 …………………………………………（218）
　　阿里巴巴——控制 …………………………………………（221）
主要参考文献 …………………………………………………（225）
附录一　中英文术语 …………………………………………（227）
附录二　如何使你的管理卓有成效 …………………………（236）
附录三　管理者画像 …………………………………………（240）
附录四　管理大师与名著 ……………………………………（246）

第一章　管理总论

学完本章后，你应该能够：

1. 定义管理。
2. 区分效率与效果。
3. 明确管理的四个职能。
4. 区分管理者与操作者。
5. 区分高层、中层和基层管理者的职责。
6. 描述明兹伯格的管理者角色理论。
7. 明确卡特兹的管理者三大技能及其在不同管理层次下的重要性。
8. 明确组织的概念与特征。
9. 认识管理的科学性与艺术性。

开篇案例

演出公司也需要管理

相声、小品、二人转作为大众喜闻乐见的艺术形式，逐渐成为当代中国文化产业中的一大亮点。在相声界，启明社独占鳌头；草根创业的欢乐豆浆也凭借在小品舞台剧方面的出色表演赢得了市场；南望传媒旗下的开心大舞台则是国内影响力最大的二人转剧场。它们的成功不仅源于其精湛的表演，而且它们各不相同的管理模式也是其成功必不可少的条件。

启明社作为一个相声社团，保留了传统相声中的家族式管理方式，师傅带徒弟成为其培养演员的主要模式。在启明社，所有的决策都是班主说了算，无论是剧本创作，还是角色分配，甚至连徒弟们的收入也由班主一人决定并支配。这样的管理模式既保证了班主的绝对权威和地位，又彰显其个人魅力，使公司形成了由艺术联结的强大凝聚力。但启明社仅有这样的"家族负责制"，加上缺乏健全的人事管理制度,导致高度集权现象严重,这使得启明社的市场扩张放缓,内部也出现了收入不均的情况,年轻社员们由于看不到自身的发展空间相继退社,导致启明社作品的更新速度与质量逐步下降,遭遇发展"瓶颈"。

同样以演职人员作为主要成员的欢乐豆浆,是一家民营话剧机构,从创立第一天起就确立了大剧场喜剧演出模式。经过8年的艰苦创业,欢乐豆浆已成为当前小品、话剧界最有号召力的品牌之一。欢乐豆浆的创始人坚持剧本内容的民主决策,每部剧创作伊始,编剧会提出一个创意,随后组织一个"艺术评估小组"一起讨论创意内容是否成立,并根据不同演员的形象特点刻画人物个性,完成剧本。除了剧本创作的独特模式,欢乐豆浆还拥有一套完善的演职员工培训体系,每年都会从报名应聘的演员中选出30人,经过两个多月的培训,使他们充分融入到欢乐豆浆的企业文化与艺术氛围中。正是由于这样的创作机制与人才引进机制,欢乐豆浆才能在竞争激烈的文化市场中占据一席之地并且不断发展壮大。

南望传媒作为国内知名的演艺公司,之所以能够取得这么大的成绩,在很大程度上得益于其有效的管理模式。南望传媒的高层管理人员包括董事长、总裁、副总裁6人,分管影视制作、演员、剧本等事务。为了培育和激发演职人员的创作能力与表演效果,公司内部还建立了一套完整的演员奖惩制度,所有的演员薪酬由工资+奖金组成,每场演出都由专人负责给演员打分,根据表演时观众的表现(多少人上厕所、多少人借故出场)核定当场的工资。同时,董事长深知作为演职人员追求的不仅仅是高报酬,更是艺术梦想,所以愿景有时比制度更重要。为了激励员工全身心投入到工作中,董事长经常亲自率领年轻演员到全国各地巡演。这也让南望传媒的员工有了更强劲的动力,因为对于这些员工来说,如果不好好工作,罚钱事小,失去更大的发展契机事大。

启明社、欢乐豆浆、南望传媒有效的管理模式告诉我们,管理者的工作环境复杂多变,面临着多种挑战。管理一个组织是一项复杂的活动,需要管理者学习和掌握相应的技能和知识,才能出色地扮演好管理者的角色。

本章主要介绍管理的概念与基本特征,管理者的分类、职责、角色与技能,组织的内涵和特征,以及管理的科学性与艺术性。

第一节 管 理

一、管理的概念

正如一位美国学者所言,一个人不会需要管理,但当两个人抬重物时,就必须有一个人喊"一二三、扛上肩,一二三、齐步走",这就是管理了。可见,凡是在由两人以上组成,且要达到一定目的的集体活动中,就存在管理工作。由此可归纳出存在管理的两个必要条件:一是必须是两个人或两个人以上的集体活动;二是有一致认可的、自觉的目标。

众所周知,管理无时不在,无处不有。对于管理是什么,似乎每个人都能说出一点自己的认识。如人们会说:"管理就是管人理事",或"管理就是让别人去完成工作"等。但要给出准确的定义,人们又感到很难说清楚。

为了准确地把握管理的内涵,先来看看管理的起源。管理就其起源来看,其产生可追溯到远古,它和人类的历史一样悠久。从公元前5000年苏美尔人进行的文字、记账等管理的实践活动开始,管理活动可以说是比比皆是。作为非常成功的管理实践有:举世闻名的埃及金字塔、中国的万里长城、令人神往的巴比伦空中花园以及作为巴黎象征的埃菲尔铁塔。所有这些巨大工程的建成不仅反映了劳动人民丰富的管理思想、卓越的管理与组织才能,而且有一个共同的特点,即都离不开人类的共同劳动。由此可见,管理起源于人类的共同劳动。

管理活动虽然自古有之,但将之上升为一门科学加以研究和探讨,却只有一个多世纪。据纽约公共图书馆的一份资料记载:在1881年前还没有一篇真正的管理论文,也没有一所真正的管理学院。但随后管理却以惊人的速度发展起来,到今天,管理已渗透到社会的各个领域。有人形象地说,社会的每一根血管里都淌着管理的血液。各种管理学派犹如雨后春笋,形成茂密的管理理论丛林。对此,美国著名的管理学家哈罗德·孔茨把这种林立丛生的学派誉为"热带的丛林——管理理论的丛林"。随着时代的发展,不仅各种管理理论和学派呈现出林立丛生的景观,而且管理学者们对于什么是管理也有着各自不同的见解。

(一)管理学者们对管理的定义

管理学者们对管理的定义如表1-1所示。综观上述管理定义,真可谓众说纷纭。管理学者们从不同的侧面、不同的角度揭示了管理内涵的某一方面或某几个方面的属性,或者说他们研究问题的出发点和方法不同。从这些定义中,可能会觉得管理太复杂了。的确,管理定义的多样性说明管理的内涵十分丰富,且人们对管理的认识也在不断深化。因此,只有从多角度对管理这一问题进行思考,才能全面地把握管理的真谛。

在前人定义的基础上,本书综合各家之所长提出以下管理的定义,以期全面地概括管理的内涵。

(二)管理的定义

管理(management)是指管理者在一定的环境条件下,通过实施计划、组织、领导和控制等职能,以人为中心来协调各种资源,以便有效率和有效果地实现组织目标的过程。

表 1-1 管理学者们对管理的定义

代表人物	定 义		侧重点
泰勒 (Frederick W. Taylor)	Management is the art of knowing what you want to do and then seeing that it is done in the best and cheapest way	管理是一门艺术,这种艺术是要知道要人们去做什么,并注意他们用最好、最经济的方法去做	强调管理的目的,即追求经济效益,寻求最经济的方法与途径
法约尔 (Henri Fayol)	To manage is to forecast and to plan, to organize, to command, to coordinate and to control	管理就是实行计划、组织、指挥、协调和控制	强调管理的过程或职能
行为 科学家们	Management is the accomplishment of results through the efforts of other people	管理就是通过别人或他人努力,来完成工作	强调以人为中心及对人指导的重要性。管理者的主要职责就是如何指导部下使其充分发挥作用去完成工作
西蒙 (Herbert A. Simon)	Management is the decision making	管理就是决策	强调决策在管理中的作用,决策贯穿于管理的全过程
斯麦尔洪 (John R. Schermerhorn, Jr.)	Management is the process of planning, organizing, leading, and controlling the use of resources to accomplish performance goals	管理就是通过计划、组织、领导和控制职能来协调所有的资源,以便达到绩效目标的过程	强调管理的职能和管理的目的
德芙特 (Richard L. Daft)	Management is the attainment of organizational goals in an effective and efficient manner through planning, organizing, leading, and controlling organizational resources	管理就是通过计划、组织、领导和控制组织的资源,有效率和有效果地实现组织目标	强调管理的职能和有效性
唐纳利 (James H. Donnelly, Jr.)	Management is the process undertaken by one or more individuals to coordinate the activities of others to achieve results not achievable by one individual acting alone	管理是指通过一个或多个个体来协调他人的活动,以获得个人单独工作无法完成的结果的过程	强调管理的过程性和协调
罗宾斯 (Stephen P. Robbins)	Management refers to the process of getting activities completed efficiently and effectively with and through other people	管理是指通过和他人一起,有效率和有效果地完成工作的过程	强调管理的过程性、协调和有效性

二、管理的特征

从上述管理的定义中,可以归纳出管理的特征有以下几种。

(一)过程性(也称职能性)

管理者的工作职责就是帮助组织充分利用自身资源以实现组织目标。那么,如何实现这一目标呢?即通过履行管理的职能。管理职能(management functions)是回答管理究竟在一个组织中负责哪些方面的工作。对于这个问题,管理学界颇有争议。最早提出且较有影响力的是20世纪早期亨利·法约尔(Henri Fayol)的论述,他将管理工作分成计划、组织、指挥、协调和控制五大职能。到了20世纪50年代中期,管理教科书中开始使用计划、组织、人员配备、指导和控制职能作为框架。20世纪70年代以后,国内外较为流行的看法是将管理职能压缩为4项基本职能,即计划、组织、领导和控制。本书将按这4项职能来组织内容。

计划(planning)——确定目标,制定战略,开发分计划,以协调活动。

组织(organizing)——决定需要做什么,怎么做,由谁做。

领导(leading)——指导和激励所有参与者,解决冲突。

控制(controlling)——对活动进行监控以确保其按计划完成。

在上述各项职能中,计划着眼于有限资源的合理配置,计划的结果是战略;组织致力于合理的分工协作关系的建立,组织的结果是创设组织结构;领导着眼于激发和鼓励人的积极性,领导的结果是培养高度积极主动和服从指挥的组织成员;控制的重心在于纠正偏差,控制的结果是准确测评绩效和规范组织的效率和效果。它们相互配合,共同致力于管理的效率与效果。管理者能否很好地履行这些职能决定着其所在组织的效率与效果。

管理的四大职能是相互联系、相互制约的(图1-1)。计划是管理的首要职能,根据计划的要求和安排,确定组织的机构、部门的设置,然后确定有效的领导方式和恰当的激励方式,最后根据计划的要求,设置控制的标准,进行控制。

计划、组织、领导、控制这4项管理职能是管理者工作的本质。无论是在组织的哪个层次,还是组织中的哪个部门,有效的管理都意味着要履行这4项管理职能。

(二)有效性

管理工作好坏的标准可用有效性来衡量。有效性包括两方面:效率与效果。

效率(efficiency)是指投入与产出之比,是使组织资源的利用成本达到最小化。它反映资源利用的程度,即力求以最少的投入获得最大的产出。效果(effectiveness)是指实现组织目标的程度,它反映目标实现的程度。

一个组织的资源包括人及其所拥有的技能和知识、机器、原材料、计算机和信

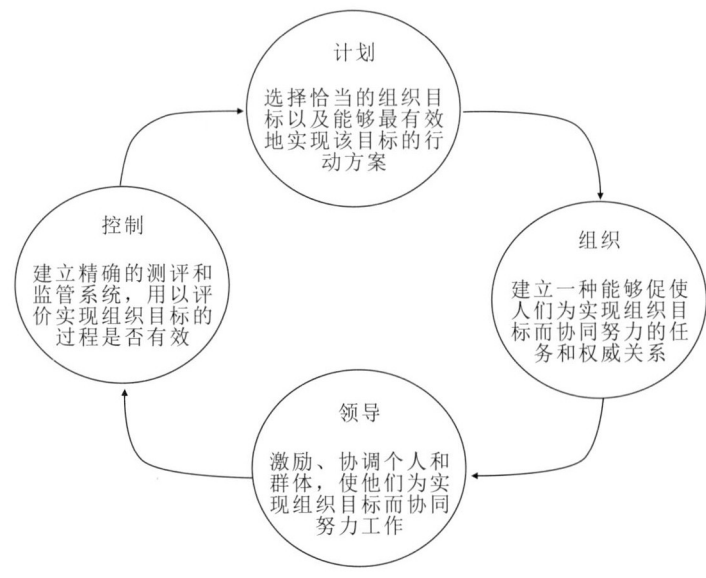

图 1-1　管理的 4 项职能

息技术以及金融资产等各种资产。当管理者使资源投入(如劳动力、原材料、零部件等)的数量或生产一定数量的产品或服务所需要的时间最小化时,组织是有效率的。当管理者目标选择正确并得以实现时,组织是有效果的。

一般来说,什么事情该做,取决于目标定位;怎样才能把事情做好,取决于做事的方式。效率涉及做事的方式,即回答"怎么做";效果涉及事情的结果,即回答"做什么"。效率通常指的是"正确地做事",即不浪费资源;效果通常是指"做正确的事",即做有助于目标实现的事,使所从事的工作和活动有助于组织达到其目标。一个组织如果实现了其目标,我们说是有效果的,但有效果的组织完全可能出现效率低下的情形;反之,高效率的组织也可能是无效果的。

因此,作为一个组织,管理工作不仅仅要追求效率,更重要的是要关注达到和实现组织目标,即追求高效率和高效果(图 1-2),也即正确地去做正确的事。有效的管理者是那些选择了正确的组织目标,并且有效利用了资源的人(图 1-3)。

(三) 协　调

由于管理对象的多样性、管理过程的复杂性和组织所处环境的多变性,使管理工作呈现出多样化的特征。尽管管理工作形式多样,但其基本内容与本质是相同的,即协调。协调(coordination)就是使个人的努力与组织的目标相一致。协调就是使组织中的各个部门、每个成员、各种资源、各项活动之间有机结合,同步和谐。管理者进行决策、计划、组织、监督、检查等活动,实际上是在对目标、资源、任务、行

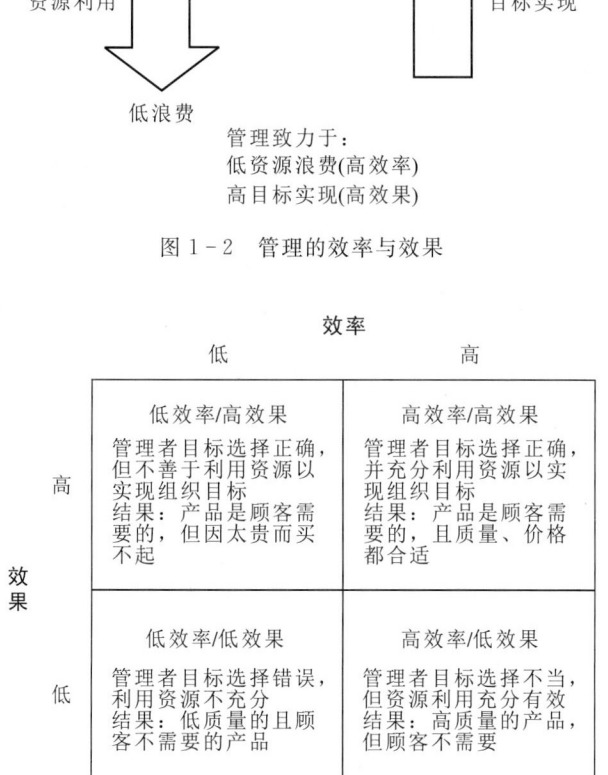

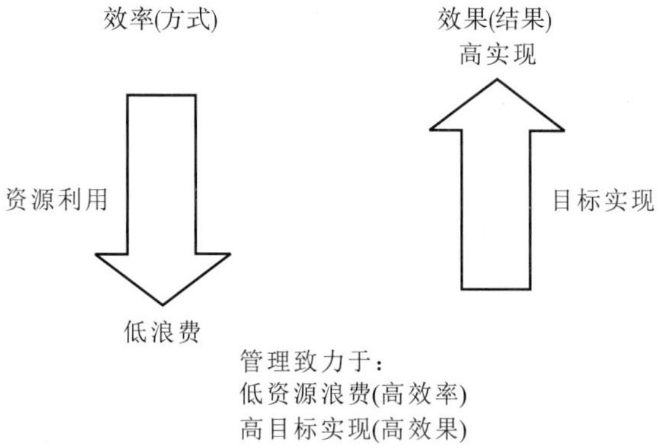

图 1－2　管理的效率与效果

效果 \ 效率	低	高
高	低效率/高效果 管理者目标选择正确，但不善于利用资源以实现组织目标 结果：产品是顾客需要的，但因太贵而买不起	高效率/高效果 管理者目标选择正确，并充分利用资源以实现组织目标 结果：产品是顾客需要的，且质量、价格都合适
低	低效率/低效果 管理者目标选择错误，利用资源不充分 结果：低质量的且顾客不需要的产品	高效率/低效果 管理者目标选择不当，但资源利用充分有效 结果：高质量的产品，但顾客不需要

图 1－3　效率与效果的四分图

为和活动等进行协调。对目标的协调表现为决策，对资源的协调表现为计划，对任务的协调表现为组织，对行为的协调表现为沟通，对活动的协调表现为控制。可见，每一项管理职能、每一种资源都要进行协调，协调的中心是人。

(四)管理的核心

管理不是个人的活动，而是在一定的组织中实施的。对于管理者而言，管理意味着要在其职责范围内协调下属人员的行为，要让别人同自己一起去完成组织目标。然而在组织中，任何事情都是靠人来处理的，所以管理者既管人又管事，而管事实际上也是管人，因为管理活动自始至终在每一个环节上都是与人打交道的，而且管理中除了人以外的所有资源、管理的各个环节都是靠人去运筹帷幄的，所以说，管理的核心是处理组织中的各种人际关系。

第二节　管理者

一、管理者的特征

在一个组织中，你会发现通常有这样一类人，即告诉别人该做什么以及怎样去做，他们被称为管理者。无论组织的规模、类型或所在地有何不同，每一个组织都需要管理者。管理者(manager)是指通过协调和监督其他人的活动与别人一起或者通过别人以实现组织目标的人。管理者的工作可能意味着协调一个部门的工作，也可能意味着监督几个人，还可能包含协调一个团队的工作。

根据在组织中的地位和作用的不同，组织成员可以大致分为两类：操作者和管理者（图1-4）。

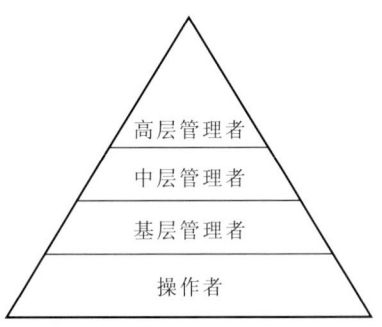

图1-4　组织的层次与管理者的分类

操作者(operatives)或称非管理雇员(nonmanagerial empolyees)，是指在组织中直接从事具体的业务，且不承担对他人工作监督职责的人，如工厂的工人、医院的护士、商店的售货员、学校的教师等。他们的任务就是做好组织所分派的具体操作性工作。

管理者或称管理人员、主管人员，是那些在组织中行使管理职能、指挥或协调他人完成具体任务的人，如工厂的厂长、医院的院长、商店的经理、学校的校长或系主任等。他们虽然有时也做一些具体的操作性事务，但其主要职责是指挥或协调下属开展工作。管理者是组织的心脏，其工作绩效的好坏直接关系到组织的成败兴衰。

管理者一般具有以下基本特征：一是组织中的一种角色；二是履行管理的四大

职能;三是拥有直接下属,负有直接指挥和协调他人工作的职责。

管理者与操作者的根本区别在于:管理者具有指挥和协调他人的职责,且拥有直接下属;而操作者则不具有这样的职责,且没有下属。

然而,随着组织与工作性质的变化,管理者与操作者之间的界线越来越模糊,许多传统的职位现在也可能包括了管理性的活动,特别是在团队中。如在一个团队中,成员们通常也要制定计划,做决策,监督自己的绩效,而这些过去都属于管理者的职责。

二、管理者的分类及职责

(一)管理者的分类

管理者按其在组织中所处层次的不同,可分为高层管理者(top managers)、中层管理者(middle managers)和基层管理者(first-line managers)(图1-4)。

(二)管理者的职责

在管理实践中,如果管理者在组织中没有履行其应该履行的职责,就会产生管理者错位现象。具体表现为:高层管理者事必躬亲、中层管理者上传下达、基层管理者做到哪儿算哪儿。也就是说,管理者该做的事没有做,却做了别人应该做的事。因此,明确各类管理者的职责,是每一位管理者做好本职工作的基础。不同层次的管理者应该履行的具体职责有所不同。

1. 高层管理者

高层管理者对整个组织的管理负有全面责任,并侧重于负责制定组织的大政方针,沟通组织与外界的交往联系等。具体来说,高层管理者负责设定组织目标(如公司应该生产何种产品,提供何种服务),决定不同部门之间应该怎样进行互动,监督各个部门的中层管理者如何有效利用资源以实现组织目标。他们的决策是否正确、职权的运用是否得当,直接关系到整个组织的成败。如学校的校长、医院的院长、工厂的厂长、公司的总经理、总裁等都是高层管理者。

2. 中层管理者

中层管理者贯彻执行高层管理者所制定的重大决策,并监督和协调基层管理者的工作。他们的主要职责是寻找一个高效率、高效果地开发利用组织资源的最佳方式来实现组织目标。他们在组织中起承上启下的作用,对上下信息沟通、政令通行等均负有重要责任。如学校的系主任、工厂的车间主任、公司的部门经理、机关的处长等都是中层管理者。

3. 基层管理者

基层管理者直接指挥和监督现场作业人员,保证上级下达的各项计划和任务的完成。他们遍布于组织中的各个部门。如学校的教研室主任、工厂的班组长、公司的科长等都是基层管理者。

可见,随着管理者在组织中所处的层次不同,其职责的侧重点也有所不同。但就管理者工作的本质而言,没有什么不同,所有的管理者不管处在哪一级管理层次上,都要履行计划、组织、领导和控制四大职能,只不过他们从事四项职能的内容与所花的时间有所不同而已(表1-2)。高层管理者花更多的时间进行计划和组织,因为这两项管理职能决定着组织的长远绩效,而基层管理者用于领导和控制职能上的时间更多。

表1-2 不同层次的管理者的时间分布

职能 层次	计划	组织	领导	控制
高层管理者	28%	36%	22%	14%
中层管理者	18%	33%	36%	13%
基层管理者	15%	24%	51%	10%

资料来源:Mahoney T A,Jerdee T H,Carroll,S J. The Jobs of Management. Industrial Relations,1965,4(2):103.

三、管理者角色

"管理者角色"这一概念,最早是由美国管理学家彼得·德鲁克(Drucker P F)在1955年提出的。20世纪60年代末,亨利·明茨伯格(Mintzberg H)认为,管理者做什么可以通过考察管理者在工作中所扮演的角色来恰当地描述。他对管理者所从事的工作进行了仔细的研究,提出了一个管理者在做什么的分类框架。他得出的结论是:管理者实际上在扮演10种不同的但高度相关的角色。所谓管理者角色(management roles),是指特定的管理行为类型,是指处于组织中特定位置的管理者被期望完成的一系列特定任务。明茨伯格将这些管理行为分为三个方面10种角色(表1-3),从而创建了管理者角色理论。

管理者扮演各种角色来影响组织内外个人和群体的行为。组织内部的人员包括其他管理者和非管理员工,组织外人员包括股东、客户、供应商、公众、政府或机构。明茨伯格把这些角色分成3类:人际关系角色、信息传递角色和决策制定角色。

人际关系角色(interpersonal roles)包含了人与人(下级和组织外的人)以及其他具有礼节性和象征性的职责。3种人际关系角色具体包括挂名首脑、领导者和联络者。信息传递角色(informational roles)包括接受、收集和传播信息,具体包括监听者、传播者和发言人3种角色。决策制定角色(decisional roles)是作出抉择,包括企业家、混乱驾驭者、资源分配者和谈判者。

表 1-3　明茨伯格的管理者角色理论

角色		描述	特征活动
人际关系方面	挂名首脑	象征性的首脑,必须履行许多法律性的或社会性的例行义务	迎接来访者,签署法律文件
	领导者	负有激励和动员下属,人员配备、培训和交往的职责	实际上从事所有的有下属参与的活动
	联络者	维护自行发展起来的外部接触和联系网络,向人们提供恩惠和信息	发感谢信,从事外部委员会工作,从事其他有外部人员参加的活动
信息传递方面	监听者	寻求和获取各种组织内部和外部特定的信息,以便透彻地了解组织与环境	阅读期刊和报告,保持私人接触
	传播者	将从外部人员和下级那里获得的信息传递给组织的其他成员	举行信息交流会,用打电话的方式传达信息
	发言人	向外界发布有关组织的计划、政策、行动、结果等信息	举行董事会议,向媒体发布信息
决策制定方面	企业家	寻求组织和环境中的机会,制定"改进方案"以发起变革	制定战略,检查会议决议执行情况,开发新项目
	混乱驾驭者	当组织面临重大的、意外的动乱时,负责采取补救行动	制定战略,检查陷入混乱和危机的时期
	资源分配者	负责分配组织的各种资源——事实上是批准所有重要的组织决策	调度、询问、授权,从事涉及预算的各种活动和安排下级的工作
	谈判者	在主要的谈判中作为组织的代表	参与工会进行合同谈判

资料来源:Mintzberg H. The nature of managerial work. New York: Harper & Row, 1973.

鉴于管理者扮演着不同的角色,明茨伯格认为管理者的工作实际上就是与他人、组织、组织外部环境进行相互交流。

大量的后续研究证明了明茨伯格管理者角色分类的有效性。研究表明,无论是在什么类型组织中或者组织的哪一个层次上,管理者都在扮演着类似的角色,只不过管理者角色的强调重点会随组织的层次不同而变化。如组织的高层管理者更多地扮演信息传播者、挂名首脑、谈判者、联络者和发言人的角色,而领导者的角色在低层管理者身上表现得更多。在履行计划、组织、领导和控制这些基本的管理职能的同时,管理者经常不断地扮演这些角色,信息技术和电子商务的发展为管理者提供了更多、更准确的信息,正在改变着管理者扮演这些角色的方式。

四、管理者的素质与能力

人的素质包括品德、知识水平和能力3个方面。管理者应具备怎样的素质才能扮演好管理者的角色,一直是管理学家们关注的重点。科学管理之父泰勒认为,管理者应具备脑力,教育,专门知识或技术知识、手艺或体力,机智,充沛的精力,毅力,诚实,判断力或常识,良好的健康状况9种品德。现代经营管理之父法约尔从身体、智力、道德、一般文化、专业知识和经验等方面提出了管理者应具备的素质。概括地说,他们认为管理者应具备一般的文化和专业知识、体力、智力与经验、坚强、毅力、责任心和首创精神。

管理是否有效,在很大程度上取决于管理人员是否真正具备了一名管理者所必须具备的管理技能。美国的管理学专家卡特兹(Katz R L)在1955年发表的论文《有效管理者的技能》一文中,针对管理者的工作特点,提出了技术技能(technical skills)、人际技能(human skills)和概念技能(conceptual skills)的概念。他认为,有效的管理者应具备这3种技能。

所谓技术技能,是指熟练完成特定工作所需的特定领域的知识和技术。它与一个人所从事的工作有关。对于管理者,应掌握诸如决策技术、计划技术、组织设计技术、评价技术等管理技术。所谓人际技能,是指在组织目标的实现过程中与人共事的能力,即与人打交道的能力。对于管理者,应具备与人共事、激励或指导组织中的各类员工或群体的能力,如倾听技术、表达能力、协调能力、激励能力、领导能力、公关能力等。所谓概念技能,是指对抽象、复杂情况进行思考和概念化的能力,即一种洞察既定环境复杂程度的能力和减少这种复杂性的能力。对于管理者,需要快速敏捷地从混乱而复杂的环境中辨清各种因素之间的相互关系,抓住问题的实质,并根据形势和问题果断地作出正确的决策,如分析能力、综合能力、决断能力等。

卡特兹指出,上述3种技能是所有管理者都必须具备的。只是3种技能对不同管理层次上的管理者的重要程度不同(图1-5)。一般来说,概念技能对高层管理者最重要,因为由高层管理者所作的计划、决策等都需要概念技能。技术技能对基层管理者特别重要,因为其最接近现场作业。由于管理工作的工作对象是人,因此人际技能是所有层次上的管理者必须掌握的基本技能。

此外,美国管理协会通过对实际工作的经理的调查,提出管理者应具备包括概念技能、沟通技能、效果技能和人际技能等的管理技能(表1-4)。

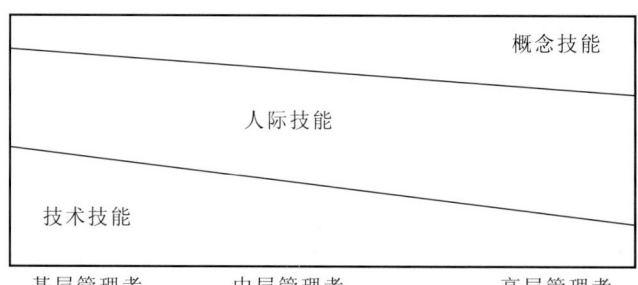

图 1-5 卡特兹的三大技能

表 1-4 管理技能

分 类	内 容
概念技能	运用信息解决商业问题的能力 识别创新的机会 界定问题范围并实施解决方案 从大量数据中筛选关键信息 理解技术在商业中的运用 了解组织运营模式
沟通技能	将构思转化为语言和行动的能力 同事、下属间的信任 倾听、提出问题 表达技能：口头方式 表达技能：书面或图示方式
效果技能	为企业使命或部门目标作贡献 关注顾客 多重任务：同时为多项任务工作 谈判技能 项目管理 检查运作并实施改善 设定和维持内外绩效标准 赋予受关注事物和活动的优先权 时间管理
人际技能	指导技能 多样化技能：在不同的文化中与不同的人一起工作 组织内部网络化 组织外部网络化 在团队中工作：合作与承诺

资料来源：Based on American management association survey of managerial skills and competencies. March/April 2000, found on AMA Web site, www.amanet.org, October 30, 2002.

第三节 管理的组织与环境

一、组织的定义与基本特征

在我们的生活和工作中,存在着各式各样的组织,如学校、政府、企业、研究所等。所谓组织(organization)是由两个或两个以上的人组成的,为实现某一特定目标而进行协作活动的集体。组织具有3种共同的特征。第一,组织成员是由两个或两个以上的人所组成。第二,每个组织都有明确的目标,如企业为满足顾客需要,生产产品、提供服务;学校为社会培养所需人才;医院为病人提供医疗和健康服务等。第三,组织有一个系统化的结构。组织需要科学地划分部门、层次,需要明确各部门、各层次的责任及权力与利益,需要根据每一成员的才能分配职务并落实每个人的责、权、利。同时,组织还需要建立有效的沟通、协商机制。也就是说,组织是由一群人所组成,有一个特定的目标,有一个由规章制度、职位职权体系、角色分工等构成的系统化的组织结构。

组织正在发生着变化,与传统的组织不同,今天的组织正在成为更开放、更灵活和更具有响应性的组织。表1-5比较了传统组织与新型组织的主要区别。

表1-5 变化中的组织

传统组织	新型组织
稳定的	动态的
缺乏灵活性	灵活的
关注职位	关注技能
根据职位定义工作	根据任务定义工作
个人导向	团队导向
永久性职位	临时性职位
命令导向	参与导向
由管理者做决策	雇员参与决策
规则导向	顾客导向
相对均质的员工队伍	多样化员工队伍
工作日从上午9时到下午5时	工作日长度没有限制
等级关系	横向的和网络化的关系
在上班时间利用组织设施从事工作	在任何地点、任何时间工作

资料来源:Robbins S P,Coulter M. Management (7th ed). Prentice Hall, Inc., 2001.

二、管理的环境

众所周知,美国的次贷危机不仅对美国本土经济产生了严重的影响,而且这种影响几乎席卷了全球,造成了全球范围内的经济萧条。这一案例充分说明,任何组织都不是独立存在的,而是存在于一定的环境之中。任何组织有效管理的关键要素之一就是确定组织与环境间的有机关系。所谓环境(environment)是指对组织绩效起着潜在影响的外部机构或力量。一般地,可以将环境分为一般环境和具体环境。

(一)一般环境

一般环境(general environment)是指可能对组织的活动产生影响,但与组织的相关性尚不清楚的各种因素,或者说是组织外部构成其总体背景的一系列作用因素。它包括政治环境、社会文化环境、经济环境、技术环境、自然环境5个方面。

1. 政治环境

政治环境包括一个国家的社会制度,执政党的性质,政府的方针、政策、法令等。不同的国家有着不同的社会制度,不同的社会制度对组织活动有着不同的限制和要求。即使社会制度不变的同一个国家,在不同时期,由于执政党不同,其政府的方针特点、政策倾向对组织活动的态度和影响也是不断变化的。对于这些变化,组织可能无法预测,但一旦变化产生后,它们对组织活动可能产生何种影响,组织则是可以分析的。组织必须通过政治环境研究,了解国家和政府目前禁止组织干什么,允许组织干什么,鼓励组织干什么,从而使组织活动符合社会利益,受到政府的保护和支持。

2. 社会文化环境

社会文化环境包括一个国家或地区的居民受教育程度和文化水平、宗教信仰、风俗习惯、审美观点、价值观念等。文化水平会影响居民的需求层次;宗教信仰和风俗习惯会禁止或抵制某些活动的进行;价值观念会影响居民对组织目标、组织活动以及组织存在本身的认可与否;审美观点则会影响人们对组织活动内容、活动方式以及活动成功的态度。

3. 经济环境

经济环境是影响组织,特别是作为经济组织的企业活动的重要环境因素,它主要包括宏观和微观两个方面的内容。

(1)宏观经济环境。主要是指一个国家的人口数量及其增长趋势,国民收入、国民生产总值及其变化情况以及通过这些指标能够反映的国民经济发展水平和发展速度。人口数量众多,一方面为企业经营提供丰富的劳动力资源,使得总的市场规模庞大;另一方面又可能因其基本生活需求难以充分满足,从而构成经济发展的障碍。经济背景的繁荣显然为企业等经济组织的发展提供了机会,而宏观的经济衰退则可能给所有经济组织带来生存的困难。

(2)微观经济环境。主要是指企业所在地区或所需服务地区的消费者的收入水平、消费偏好、储蓄情况、就业程度等因素。这些因素直接决定着企业目前及未来的市场大小。假定其他条件不变,一个地区的就业越充分,收入越高,那么该地区的购买能力就越强,对某种活动及其产品的需求就越大。一个地区的经济收入水平对其他非经济组织的活动也是有重要影响的。

4. 技术环境

任何组织的活动都需要利用一定的物质条件,这些物质条件反映着一定的技术水平。社会的进步会影响这些物质条件的技术水平的先进程度,从而影响利用这些物质条件的组织活动的效率。

技术环境的研究,除了要考察与所处领域的活动直接相关的技术手段的发展变化外,还应及时了解国家对科技开发的投资和支持重点、该领域技术发展动态和研究开发经费总额、技术转移和技术商品化速度、专利及其保护情况等。

5. 自然环境

自古以来,我们就强调"天时、地利、人和"。如果说"天时"主要是与国家政策有关的话,那么"地利"则主要取决于地理位置、气候条件以及资源状况等自然因素。

(二)具体环境

组织不仅在一般环境中生存,而且在特殊领域内活动。一般环境对不同类型的组织均产生某种程度的影响,而与具体领域有关的具体环境则直接、具体地影响着组织的活动。所谓具体环境(specific environment)是指对组织的目标实现有直接影响的外部因素。美国学者波特(Porter M)认为,影响行业内竞争结构及其强度的主要有现有竞争对手、潜在的竞争者、替代品生产者、原材料供应者和用户5种环境因素。

1. 现有竞争对手研究

(1)基本情况的研究。包括竞争对手的数量有多少,分布在什么地方,它们在哪些市场上活动,各自的规模、资金、技术力量如何,其中哪些竞争对手威胁特别大。基本情况研究的目的是要找到主要竞争对手。

为了在众多的同种产品的生产厂家中找到主要竞争对手,必须对它的竞争实力及其变化情况进行分析和判断。反映企业竞争实力的指标主要有3类。

1)销售增长率。指企业当年销售额与上年相比的增长幅度。销售增长率为正且大,说明企业用户在增加,反映了相关企业竞争能力的提高。反之,则表明企业竞争能力的衰退。

2) 市场占有率。是指市场总容量中企业所占的份额,或指在已被满足的市场需求中有多大比例是本企业占领的。市场占有率的高低可以反映不同企业竞争能力的强弱。

3) 产品的获利能力。这是反映企业竞争能力能否持续的支持性指标,可用销售利润率表示。如果市场占有率高,销售利润也高,那么表明销售大量产品可给企业带来高额利润,从而使企业有足够的财力去彻底改善生产条件,因此较高的竞争能力是有条件坚持下去的;相反,如果市场占有率很高,而销售利润很低,则表明企业卖出去的产品数量越多,得到的收入越少,补偿了生产消耗后剩余很少,甚至没有剩余,较高的市场占有率是以较少的利润为代价换取的,长此以往,企业的市场竞争能力是无法维持的。

(2)主要竞争对手的研究。比较不同企业的竞争实力,找出了主要竞争对手后,还要研究其对本企业构成威胁的主要原因,是技术力量雄厚?资金充足?规模大?或是其他原因。主要竞争对手研究是找出主要对手的竞争实力的决定因素,以帮助企业制定相应的竞争策略。

2. 潜在的竞争者研究

一种产品的开发成功,会引来许多企业的加入,这些新进入者既可给企业注入新的活力,促使市场竞争,也会给原有厂家造成压力,威胁它们的市场地位。新厂家进入行业的可能性大小,既取决于由行业特点决定的难易程度,又取决于现有厂商可能作出的反应。进入某个行业的难易程度通常受到下列因素的影响。

(1)规模经济。这个概念实际上描述了两个相互联系的经济现象。第一,它表明企业经营只有达到一定规模,才能收回经营过程中的各种耗费。低于此种规模,企业经营不仅不能盈利,反而会出现亏损。第二,这个概念还表明,企业生产和经营达到盈亏均衡点以后,在未超过某个上限之前,单位产品的生产成本随产量的增加而下降。在这种情况下,生产规模越大,企业就越具有成本优势。

(2)产品差别。不同企业提供的产品并不是完全同质的,必然存在着某种程度的差异。这种差异可能是客观存在的,既可能是由产品的材料性质、功能特点或外观形状决定的,也可能是其主观因素造成的。如果原已生产这种产品的厂家,其市场地位已经确定,其品牌已经获得了用户的广泛认可,甚至产生了一定的感情,那么新进入者要想把它们吸引过去,则需要付出更大的代价。

(3)在位优势。指老厂家相对于新进入者而言所具有的综合优势。这种优势表现在多个方面。比如,原有企业已经拥有某种专利,从而可以限制他人生产相关产品;原有企业已经建立了自己的进货渠道,不仅可以保证自己扩大生产的需要,甚至可以控制整个行业的原材料供应,从而可以限制新厂家的进入;原有企业已经建立的分销渠道对新竞争者进入销售渠道可能形成某种障碍。

3. 替代品生产者分析

不同的产品,其外观、物理特性可能不同,但完全可能具有相同的功能,生产这些产品的企业之间就可能形成竞争。

替代品生产者的分析主要包括两方面的内容:第一,确定哪些产品可以替代本企业提供的产品,这是确认具有相同功能产品的过程;第二,判断哪些类型的替代品可能对本企业经营造成威胁。为此,需要比较这些产品的功能实现能够给使用者带来的满足程度与获取这种满足所需支付的费用。如果是两种相互可以替代的产品,则低价格产品可能对高价格产品的生产和销售造成很大的威胁。

4. 用户研究

用户在两个方面影响着行业内企业的经营:第一,用户对产品的总需求决定着行业的市场潜力,从而影响行业内所有企业的发展边界;第二,不同用户的讨价还价能力会诱发企业间的价格竞争,从而影响企业的获利能力。因此用户研究的内容应包括用户的需求研究以及用户的讨价还价能力研究。

(1) 需求研究。一般包括以下内容:

1) 总需求研究。包括分析市场容量有多大,总需求中有支付能力的需求有多大,暂时没有支付能力的潜在需求有多少。

2) 需求结构研究。需要回答的问题是:需求的类别和构成情况如何?用户属于何种类型,机关团体还是个人?主要分布在哪些地区?各地区比重如何?

3) 用户购买力研究。需要分析用户的购买力水平如何?购买力是怎样变化的?由哪些因素影响购买力的变化?这些因素本身是如何变化的?通过分析影响因素的变化,从而预测购买力、市场需求的变化。

(2) 用户的价格谈判能力研究。一般考虑以下几个因素:

1) 购买量的大小。如果用户的购买量与企业销售量比较相对较大,企业的主要顾客则会意识到其购买对企业销售的重要性,因而拥有较强的价格谈判能力。同时,如果用户对这种产品的购买量在自己的总采购量、总采购成本中占有较大比重,必然会积极利用这种谈判能力,努力以较优惠的价格采购货物。

2) 企业产品的性质。如果企业提供的是一种无差异产品或标准产品,则用户坚信可以很容易找到其他供货渠道,因此也会在购买中要求尽可能优惠的价格。

3) 用户后向一体化的可能性。后向一体化是指企业将其经营范围扩展到原材料、半成品或零部件的生产。如果用户是生产型企业,购买企业产品的目的在于再加工或其他零部件组合,又具备自制的能力,则会经常以此为手段迫使供应者压价。

4) 企业产品在用户产品形成中的重要性。如果企业产品是用户自己加工制造的产品的主要构成部分,或对自己产品的质量或功能形成有重大影响,则可能对价格不甚敏感,他所关注的首先是企业产品的质量和可靠性。相反,如果企业产品在用户产品形成中没有重要影响,用户在采购时则会努力寻求价格优惠。

5. 供应者研究

企业生产所需的许多生产要素是从外部获取的。提供这些生产要素的经济组织从两方面制约着企业的经营:第一,这些经济组织能否根据企业的要求按时、按量、按质地提供所需生产要素,影响着企业生产规模的进一步扩大;第二,这些组织提供货物时所要求的价格决定着企业的生产成本,影响着企业的利润水平。因此供应商的研究内容包括供应商的供货能力,或企业寻找其他供货渠道的可能性,以及供应商的价格谈判能力。综合来看,需要分析以下因素:

(1)是否存在其他资源。企业如果长期仅从一个渠道进货,则其生产和发展必然在很大程度上受制于后者。因此,应分析与其他供应商建立关系的可能性,以分散进货,或在必要时启用后备进货渠道,这样便可以在一定程度上遏制供应商提高价格的倾向。

(2)供应商所处行业的集中程度。如果该行业集中程度较高,有一家或少数几家集中控制,而与此相对应,购买此种货物的客户数量众多,力量分散,则该行业供应商将拥有较强的价格谈判能力。

(3)寻找替代品的可能性。如果行业集中程度较高,分散进货的可能性也较小,则应寻找替代品。如果替代品不易找到,那么供应商的价格谈判能力也将是较高的。

(4)企业后向一体化的可能性。如果供应商垄断了供货渠道,替代品又不存在,而企业对这种货物的需求量又很大,则应考虑自己掌握或自己加工制作的可能性。这种可能性如果不存在,或者企业对这种货物的需求量不大,那么这时企业只能向价格谈判能力较强的供应商屈服。

当然,组织自身内部还有其特殊的内部环境,这也是当今学者和管理者探讨得较多的话题之一,如企业的所有者、董事会、员工等软环境,以及工作的物质条件等硬环境。

第四节 管理是科学还是艺术?

一、管理学及其特点

管理学作为管理类专业的一门必修的基础课,是一门系统地研究管理活动的普遍规律、基本原理和一般方法的科学。它以组织为研究对象,以研究管理的一般问题为己任,致力于研究管理者如何有效地管理其所在的组织。管理学具有以下特点。

1. 一般性

管理学是以所有的组织所共有的管理问题作为研究对象,研究的是组织管理的一般问题。即从不同组织(如企业、学校、研究所等)中概括、抽象、提炼出的共同的普遍原理和方法,及由此形成的系统的理论。管理学是一门研究一般组织管理理论的科学,是各类专门的管理学科的共同基础(图1-6)。

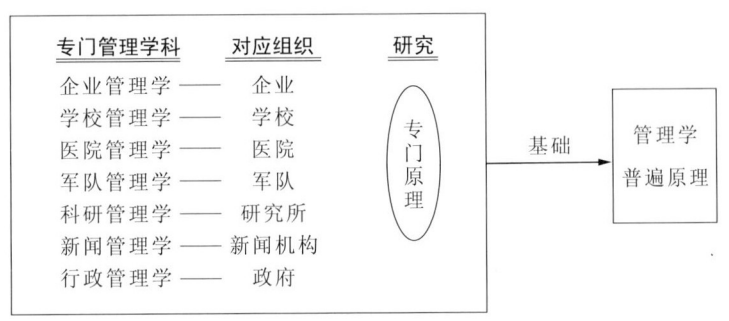

图1-6 管理学与其他学科的关系

2. 不精确性

精确的科学是指在给定条件下能够得到确切结果的学科,如数学等学科就属于精确的科学。管理学是在对前人的管理实践、管理思想和理论总结的基础上,逐步发展形成的反映管理过程客观规律的知识体系,是建立在实践基础上,揭示管理本质特征的理论体系,因此管理是一门科学。然而非常明显,它缺乏精确科学中的严密性。这是因为影响管理的因素众多,管理主要与人打交道,不可控因素太多,人们只能借助于假定或人为的分析,进行定性与定量相结合的研究,所以说,管理学是一门不精确的科学。也正因为它是不精确的科学,因此在实际运用中要具体问题具体分析。

3. 综合性

管理过程的复杂性、动态性和管理对象的多样性要求管理借助的知识、方法和手段的多样化。因此,管理学必然涉及各种学科知识的广泛运用,如经济学、社会学、心理学、生理学、人类学、政治学、法学、数学、系统科学、计算机科学等,它是多种学科综合的边缘科学。管理学的综合性决定了人们要从各种角度出发研究管理问题,要具备广博的知识,才能对各种管理问题应对自如。

4. 实践性

管理理论是在实践中提炼、总结出来的,反过来,管理理论又通过实践去验证。因此管理具有很强的实践性。另外,由于管理过程的复杂性和管理环境的多变性,管理知识在运用时又有很大的灵活性、技巧性和创造性,因此管理学是一门实践性很强的应用科学。它强调理论与实践的有机结合,在实践中运用和发展这门学科。

二、管理的科学性与艺术性

管理是科学还是艺术?这个问题曾引起过较大的争议,经过 100 余年的探索、研究,主要有以下观点。

1. 艺术观

早在 20 世纪 20 年代初,哈佛大学校长洛奥尔认为,管理是最老的艺术、最新的职业。

所谓艺术,就是用高度的形象来反映现实。管理的艺术性主要指管理者在管理活动中要凭技艺(技巧、才能)来处理管理问题。持艺术观点的管理学者们提出了以下证据:

(1) 管理凭直感、创造力和经验。

(2) 管理是技巧的运用,没有在任何条件下都能实现的准则。

(3) 管理是一种意识,对人本身的素质有一定的要求。

2. 科学观

科学是人们关于自然、社会和思维的知识体系。科学的实质在于揭示事物的本质和规律。管理活动本身是有规律可循的,即有规律必具科学性。持科学观点的管理学者们提出了以下证据:

(1) 现代管理建立在科学的基础之上(由技巧形成经验,进而上升为科学)。

(2) 管理有一些"放之四海而皆准"的原则,如统一指挥原则等。

(3) 管理知识可以通过书本学习、传授。

(4) 可以用计算机、数理等方法进行研究。

(5) 管理是理性弧,是有规律(原理—原则—方法)可循的。

3. 艺术与科学的结合

经过 100 余年的探索、研究和总结,在管理历史上已经形成了比较系统的管理理论,它们反映了管理工作中的客观规律,所提供的管理原则、方法等使我们能够对具体的管理问题进行具体的分析,并获得科学的结论,这便是管理的科学性之所在。然而,与自然科学相比,管理学还只是一门不十分精确的学科。管理活动的复杂性,管理环境千变万化,管理学所提供的管理手段与方法十分有限,因而管理者在管理实践中必须运用各种管理技巧、经验来解决具体的管理问题,而这些技巧和经验只能从长期的实践活动中获得。这就是管理的艺术性之所在。可见,管理既是一门科学,又是一门艺术。正如人们形象地说,管理既是铁的,又是灰色的。管理是科学性和艺术性的有机统一体。

自我测试

1. 有人认为管理就是管人,有人认为管理就是协调,你如何看待?
2. 管理的基本职能有哪些?它们之间的关系如何?
3. 如何理解管理就是"正确地去做正确的事"?
4. 从事管理工作的人就是管理者吗?在组织中,好员工就一定能成为好管理者吗?
5. 想一想学校里的校长、系主任(或院长)、班主任主要做哪些事情,他们的工作有共同之处吗?
6. 结合实际,谈谈如何扮演好管理者角色。
7. 在管理中经常是"外行领导内行",这说明了什么?请运用卡特兹的三大技能理论来说明。
8. 组织的3个基本特征是什么?新型组织发生了哪些变化?
9. 为什么说管理既是科学又是艺术?
10. 人们学习管理是为了当管理者吗?
11. 信息技术对管理者履行管理职能、扮演管理者角色产生怎样的影响?

互联网练习

搜索一家公司的网页,了解其中一位管理者履行计划、组织、领导和控制四大职能的内容。分析:这位管理者采用了怎样的管理方法?你将用什么标准来衡量这位管理者的工作是否有效?

管理视窗

"软能力"

某机构对1000名人力资源部经理进行了一项调查,调查结果表明:67%的被调查者反映他们倾向于雇用缺乏技能但拥有较强"软能力"(如

组织能力、交流能力、团队协作能力、问题处理能力、交际能力等)的应聘者;

9%的被调查者表示愿意雇用那些具有较强专业技能但人际交流能力较弱的应聘者。

因为,93%的被调查者认为,进行新员工培训时,专业技能比"软能力"更易于传授。

问题:

你同意上述观点吗?如果你是被调查者持何种观点?请解释说明。

无效的管理者?

一项针对100个快速变化的组织中的1000余名管理者进行的调查显示,管理失败的主要原因是:①无效的交流技能;②恶劣的工作关系/人际交流能力。

问题:

结合调查结果,你认为这些管理者需要提高管理职能和管理技能中的哪一项?

实战模拟

实战模拟一

目的:概念技能是管理者对抽象、复杂情况进行思考和概念化的能力。本实战练习通过对不同类型组织、不同管理层次的管理者工作情境的模拟,对他们应履行的管理职能、应扮演的管理者角色和应具备的管理技能进行归纳,帮助学生开发其概念技能。

知识点:管理的4项基本职能、10种管理者角色、3项管理技能。

模拟练习描述:

每3~5人组成一个小组,每组自行设计成员角色、管理情境以及需要解决的问题,要求人物涉及不同的管理层次,各小组的场景应涉及不同类型的组织(如政府、医院、学校、银行等)。

举例:

第一小组中的成员分别担任某公司的总经理、部门经理、班组长、员工。

总经理如何履行计划职能和扮演混乱驾驭者的角色？又将运用何种技能？

每组需完成的工作：

（1）每组成员分别列出各自应扮演什么管理角色，将运用何种技能，主要履行哪些管理职能。

（2）每个小组归纳出不同层级的管理者的工作异同。

（3）各小组相互交换看法，并讨论不同类型组织的管理者的工作异同。

（4）分别归纳出高层管理者、中层管理者和基层管理者应更多履行的管理职能、应更多扮演的角色以及应更多具备的管理技能。

实战模拟二

领导力画布是一种用来分析各级管理者在不同管理行为中投入的时间和精力的工具，管理者的行为和行动对应为"领导力画像"。在BRG公司，画布显示，高层管理者用大部分时间做中层管理者应该做的工作；中层管理者整日忙于保护现有的官僚程序；基层管理者则热衷于讨上级欢心，他们会将客户的质询传递给上级，让他们从控制中获得满足感。

画像显示，基层领导力画像被称为"取悦上司"；中层领导力画像被称为"保持控制，打安全牌"；高层领导力画像则是"缺乏战略思考，深陷日常运营"。

结合材料，请说明不同层级管理者的职责有何不同，并为BRG公司选择理想的领导力画像。

案例应用

许家印与恒大

许家印曾就读于武汉钢铁学院（现更名为：武汉科技大学）冶金系的金属材料及热处理专业，大学毕业后被分配到河南舞阳钢铁厂。他从员工做起，3年后便出任车间主任。刚开始工作时，他所管理的车间没有炉子开工，把车间的工艺技术规程迅速地建立起来成为当务之急。他当时的管理概念很清楚：要用制度去管人。在随后的两个月中，许家印通过自己对车间环境与工作人员的观察发现，由于企业的工作制度要求24小时三班倒，所以很多值夜班的工人会打盹。这样的情况不仅导致了生产效率低下，也造成了极大的安全隐患。于是，许家印决定制定一套完整的车间管理制度，最终他制定出了"生产管理300条"，其中"150°考核法"就是针对员工打盹而创立的一项规定：当值班人员身体打开的幅度超过150°，就定性为上班睡觉，要接受罚款。就这样，许家印凭借自己出色的车间管理能力，在舞阳钢铁厂工作了10年。

1992年，邓小平南巡讲话激发了改革开放后最大规模的一次下海潮，许家印也是其中的一位。当时的许家印选择了一家小企业做业务员，随后又被提升为办公室负责人。两年后，他从深圳来到广州，通过相关渠道收购了一家公司，取得了一个地产项目，他因此也顺利成为了这一分公司的负责人。许家印通过多方了解，获得了关于地产行业的多方面信息，同时他利用自己极高的商务谈判能力和与其他员工共事的能力，帮助总公司在一个地产项目上取得了两个多亿的现金流。但由于总公司不愿提高许家印的工资，致使许家印痛下决心，走上创业之路。

1996年，许家印在广州注册了恒大地产，几年之间，恒大便建立了金碧花园等诸多楼盘，到2004年，恒大地产跻身地产企业10强，而到了2009年11月，金融危机的余威尚在，恒大便在香港强势上市了。这时的许家印通过几十年的摸爬滚打也形成了一整套的管理哲学和管理体系，那就是他自己所创立的"紧密型集团化管理模式"，即公司运营中的重大事项都由集团进行统一管理。这种类似"中央集权"的模式实现了总公司对各分公司的垂直化管理，保证了恒大在扩张中最大程度地规避风险和提高效率。拥有公司绝对控制权的许家印，在2010年斥巨资买断了广州市足球队的全部股权，并将俱乐部更名为广州恒大足球俱乐部。为了让恒大足球队取得好的成绩，许家印特别制定了丰厚的奖金激励制度。2015年6月12日广州恒大淘宝足球俱乐部召开新闻发布会，正式宣布巴西名帅斯科拉里出任球队主教练。许家印表示，"换帅也是在俱乐部第二个五年计划之中，我们的目标是进入世界一流的俱乐部。"比赛期间，许家印夜宴恒大全队，十八字动员下令必夺中超和亚冠冠军。除了体育产业之外，有着丰富的综合管理能力与决断能力的许家印还指导恒大集团向更多的产业发展，努力实现产业的多元化，例如恒大冰泉矿泉水的问世、投拍电影电视剧、发展旅游业与酒店业等。

恒大集团作为世界企业界发展飞速的龙头企业，不仅与国内多家龙头企业建立了战略合作联盟，而且开创了国际"校企"合作的先河。2013年10月，许家印亲赴哈佛考察、交流，双方就绿色住宅产业发展合作事宜进行了深入交流与会谈，并达成一系列共识。此次合作大大提升了恒大在发展战略规划、运营管理升级、高新技术应用、人才队伍培养等多领域的综合能力和水平。

【教学功能】

本案例主要涉及管理者的技能与角色。管理者到底应该具备哪些管理技能，又如何扮演好其管理角色？通过本案例，学生可以体验到成功管理者的管理风采及角色定位。

案例分析关键词：管理技能、管理者角色

【知识点链接】

管理是否有效，在很大程度上取决于管理人员是否真正具备了一名管理者所必须具备的管理技能。美国管理学专家卡特兹提出，有效的管理者应具备技术技能、人际技能和概念技能。一般来说，概念技能对高层管理者最重要，因为由高层管理者所做的计划、决策等都需要概念技能。技术技能对基层管理者特别重要，因为其最接近现场作业。由于管理工作的工作对象是人，因此人际技能是所有层次上的管理者必须掌握的基本技能。

明茨伯格提出了一个管理者在做什么的分类框架。他认为，管理者实际上在扮演三大方面10种不同的但高度相关的角色。人际关系角色包含了人与人（下级和组织外的人）以及其他具有礼节性和象征性的职责，具体角色包括挂名首脑、领导者和联络者。信息传递角色包括接受、收集和传播信息，具体角色包括监听者、传播者和发言人。决策制定角色是作出抉择，包括企业家、混乱驾驭者、资源分配者和谈判者。

【问题】

1. 根据卡特兹的三大技能理论，在担任分公司的经理时，许家印的（　　）更重要。

    A. 概念技能 　　　　　　　　B. 技术技能
    C. 人际技能

2. 当许家印为公司制定"生产管理300条"、"150°考核法"时，对于许家印来说，（　　）更重要。

    A. 概念技能比技术技能　　　　B. 技术技能比概念技能
    C. 人际技能比概念技能

3. 许家印在担任车间主任、分公司以及集团经理期间，应该履行以下职责，除了（　　）。

    A. 制定恒大集团多元化发展战略　　B. 收购地产项目
    C. 建立车间的工艺技术规程和车间管理制度
    D. 直接监督值班人员，保证其上班不打盹

4. 根据明茨伯格的管理者角色理论，当许家印斥巨资买断广州市足球队的全部股权时，他所扮演的管理者角色是（　　）。

    A. 发言人　　　　　　　　　　B. 企业家
    C. 资源分配者　　　　　　　　D. 混乱驾驭者

5. 根据明茨伯格的管理者角色理论,广州恒大淘宝足球俱乐部召开新闻发布会,许家印正式宣布球队易帅时,他所扮演的管理者角色是(　　)。
   A. 监听者　　　　　　　　　　B. 挂名首脑
   C. 发言人　　　　　　　　　　D. 传播者

6. 根据明茨伯格的管理者角色理论,当许家印夜宴恒大全队,十八字动员下令必夺中超和亚冠冠军时,他所扮演的管理者角色是(　　)。
   A. 领导者　　　　　　　　　　B. 挂名首脑
   C. 企业家　　　　　　　　　　D. 发言人

7. 根据明茨伯格的管理者角色理论,当许家印决定进军恒大冰泉、投拍电影电视剧、发展旅游业与酒店业时,他扮演了下列管理者角色,除了(　　)。
   A. 资源分配者　　　　　　　　B. 企业家
   C. 混乱驾驭者　　　　　　　　D. 谈判者

8. 许家印的管理理念很明确,就是要用制度去管人。这说明(　　)。
   A. 效率比人更重要　　　　　　B. 人比效率更重要
   C. 应追求效率与人的统一

9. 从案例中可以看出,许家印两次辞职的原因是(　　)。
   A. 公司没有满足员工对薪酬和职位的要求
   B. 无论是工人还是管理者都关注薪酬,企业忽略了他们的需求
   C. 没有以人为中心
   D. 公司对效果的重视强于对效率的重视

盖茨与伯曼

　　微软最有特色的斯蒂文·伯曼,自封为微软公司的啦啦队长。此时此刻,7月27日,在新奥尔良,在公司的年销售大会上,伯曼站在搭建的舞台表演区域内,费尽力气喊:"我爱微软!我爱微软!我爱微软!"随后,6000人组成的销售部门的销售人员站着一起喊同样的口号,欢呼持续5分钟;接着,伯曼发表了热情洋溢的讲话,当他结束讲话时,再一次响起了一首歌,把听众带到现实,那是迪尼·沃维可唱的"让我说一些祈祷的话语"。在他生活的每一个重大的时刻,他都要听一遍这首歌。

　　伯曼确实需要他们的祈祷。在管理销售并支持软件部门成为巨无霸的6年之后,他受到CEO盖茨的提拔,成为负责销售和生产的董事长,使得盖茨可以专注于技术和为公司的未来描绘蓝图。这一提拔表明伯曼长期以来在微软公司扮演的角色最终得到了广泛的认可:比尔·盖茨的副手。这两个大学时代的室友一起铸造

了一个辉煌的、无可匹敌的、极富竞争性的计算机王国。盖茨是公司的"大脑",伯曼是公司跳动有力的"心脏",激励着这支无人能领导的军队向前。现在,盖茨仍旧是CEO,而公司正与司法部在打反垄断官司,和公司历史上遇到每一次危机时一样,关键时刻,负责日常生产的管理重任就落到了伯曼的身上。从各方面来说,微软都遇到了麻烦——不仅来自司法部门,还来自强有力的竞争对手,如IBM、Sun公司等。为了保持令人难以置信的28%的年增长率,微软必须在它有优势的桌面处理系统之外的市场也要获得成功,这意味着必须说服那些公司用户,微软公司的软件可以令人信服地用于管理他们最重要的生产过程;同时,微软公司还致力于把它的Windows软件运用于任何地方,如汽车、连接报警电话的建筑物;公司还将网站开发到那些赚钱人需要的软件上,1997年公司在这一块的业务上损失了3亿美元。

从许多方面来看,这位42岁的底特律人是为这项工作而出生的。盖茨是公司的技术幻想家,伯曼则是公司的最高营销战略家。获得这个头衔是因为他将微软的营销部门变成了公司审计方面第一流的团队。他担任过微软每一种主要的管理工作,他还受到过金融方面的训练,眼光锐利,能从每一个有缺点的商业计划里挑出毛病。同时,伯曼还派出成百的产品工程师去公司客户那里倾听客户的意见,通过这种方式改进他们的处理器问题,这也是微软需要做的。他经常与几十个员工座谈,查出产品开发中存在的问题。他力图消除那些使网站遭到攻击的因素。你还能看到他尽力促成公司电子商务系统的开发,以增加公司的收入并减少不必要的成本。

伯曼无所不在的力量帮助了微软。他的形象比他实际的样子要高大得多——他只有6英尺高,长得像后卫的身材,脑门光秃,声音急促。虽然享有60亿美元的股票期权,但他一刻不得空闲,有谣言说,因没有得到升迁他就考虑退休,对侮辱他的谣传他瞪大眼睛予以回击:"这绝不是真的。"他就是这种人,一旦冲动,浑身充满了怒气——直到怒气里里外外都消失了为止。

伯曼对家庭成员的关爱也是无限的。在家里,他每晚陪着两个年幼的儿子入睡。有一年夏天,他的双亲因患癌症而病倒了,他把他们接到西雅图,请了12个星期的假照看他们。微软原副总裁麦克·马普尔说:"并不是每个高级执行官都会放下工作这么对待家人的。"

但是,伯曼的性情中也有不好的一面。他有时候对情感比他理智的人略显粗鲁,对为他工作的人过分严厉,对手下人暴跳如雷,人们能从微软的雷蒙德总部的排风口听见他的训斥声。有时候,在公众面前说话不假思索,这都不像一个CEO的样子。虽然盖茨本人没有拿到文凭,却从不拿伯曼的缺点挑剔他。这两个人在哈佛大学读本科的时候认识,一直是很亲密的朋友。20世纪80年代晚期,盖茨说服伯曼放下斯坦福大学的工商管理课程帮助他管理初出茅庐的微软，当时的微软发展得太快了，都有些失控了。伯曼是微软的第一个非技术性人员，盖茨看中他在 Procter & Gamble 公司负责市场组装的经历。即使今天，他们仍旧会花上数小时谈论他们的挫折和梦想。"他是我最好的朋友。"盖茨说，"我们喜欢一起克服工作中的困难。我们彼此信任、彼此了解对方的想法。"伯曼对盖茨的感情也很深，"我们的友谊因为在一起工作的缘故而变得更加深厚，就像一场婚姻一样。"他说，微软所宣传的长期发展战略已经凸现，因为他和盖茨"都希望以此证明对对方的承诺"。当盖茨还在计划要他做哪些事情时，伯曼已经着手做了。微软前董事彼得·努珀说："斯蒂文的创造性之处就是，不要先有一个庞大的计划，做最划算的、显而易见能有利可图的事情。然后一步步走向你的希望。"彼得·努珀现在自己成了网上药房的 CEO。作为总裁，伯曼应该更加明智——更富于外交手腕。"他已经证明他是巴顿将军了。"负责微软产品的副总裁保罗·马里兹说，"现在，他必须做得更像艾森豪威尔。"

【教学功能】

作为一个高层管理者，如何履行其管理职责，如何有效领导其部下，又如何激励员工，都直接影响到管理的效率。本案例主要涉及管理者的职责、角色、领导方式等方面的内容。可在讲授管理导论、领导职能等内容时选用。

案例分析关键词：管理者职责、管理者角色、领导方式

【问题】

1. 案例中描述"盖茨是公司的'大脑'，伯曼是公司跳动有力的'心脏'"、"盖茨是公司的技术幻想家，伯曼则是公司的最高营销战略家"。你认为他们各自扮演了哪些管理者角色？

2. 结合案例说明伯曼的领导风格属于什么类型。

第二章　管理的今昔

学完本章后，你应该能够：

1. 了解20世纪前闪光的管理思想。
2. 阐述泰勒科学管理理论的要点。
3. 概括科学管理运动对管理的贡献。
4. 明确法约尔对管理的贡献。
5. 说明霍桑试验对管理的贡献。
6. 对比古典管理理论与行为科学理论的不同。
7. 了解现代管理理论丛林中最有代表性的理论。

开篇案例

超泰勒制[①]

一提起富士康这个"亚洲超级代工厂"，有人认为，富士康是泰勒制的典型代表。那么，富士康的管理模式真的是泰勒制吗？带着这个问题，我们来看看富士康是如何进行管理的。

富士康的领导者军人出身，他奉行严格的军事化管理和等级制度，下级必须服从上级，在极度强调执行力的"目标管理"下，对员工有严格的奖惩机制。整个企业内部有严明的金字塔结构：高层管理者负责制定战略、中层管理者负责高效的任务分配和监督任务的完成，底层员工进行高度分解、专业化的劳动任务。对于一线员工来说，他们仅负责整条流水线上的一个小小的细分环节，例如负责手机外壳边缘打磨工作的员工们工作期间唯一的动作就是盯住生产线上过来的手机半成品进行

---

① 改编自：杨俊青. 富士康的盈利模式与泰勒的科学管理. 经济发展方式转变与中国企业管理学术研讨会暨中国企业管理研究会2010年年会论文集, 2010.

打磨加工，其他生产工序上的员工也是如此。

除了这种高度细化的分工，在生产一线，富士康所有产品标准都是由 IE(Industrial Engineering)即工业工程部门制定。他们把生产线上的每一个动作、每一个步骤都分解开来，制定时间标准和质量标准，然后确定每一个员工一天内应该完成多少工作量，允许 5% 的浮动。IE 模型是以优秀工人生产线为标准制定的，如从流水线上取电脑主板—扫描商标—装进静电袋—贴上标签—重新放入流水线。这一工位忙的时候，一分钟至少要完成 7 个。如以工作 8 小时计，一天需完成 3360 个；如以 12 小时计，一天需完成 5040 个，且每天每月重复着同样的动作。

富士康对其一线员工的生活也实行军事化的管理。当时苹果在中国寻找代加工厂时，富士康在凌晨两点集合齐了所有员工，在天亮前赶制出了一批手机屏幕，给苹果公司留下了一个惊人的高效运作的印象，因此被选中成为其代加工厂商。富士康之所以可以在这么短的时间内召齐员工，开始运作，是因为其员工全部都住在封闭式的员工寝室里，在一个偌大的工厂里，员工每天都是重复三点一线式的生活。尽管大家住在一起，但员工与员工之间却没有时间去交流，因为有大量的工作任务等着他们去完成。

高度细分、紧张而枯燥的流水作业，制度化超时加班，工资贴着最低工资线发放，所有这些使员工流失率一直高居不下。然而，在人才市场上，应聘者却挤着向富士康的招工人员报名。这是因为富士康基于"经济人假设"，开出了比市场平均工资高出一千多的薪资，这对外出打工的人来说仍十分具有吸引力，但是这薪资的背后却是长时间的加班劳作。在富士康想要拿到高工资，就必须"主动地"多加班，给员工的基本工资十分低廉，而加班工资却十分诱人，员工的加班工资一般占到总工资的 60%。流水生产线上的员工工作中基本没有休息的时间，而且基层的管理者对这些员工的要求也十分严格。

富士康以"超泰勒式"的管理模式精心布局，使之从一个名不见经传的电脑小配件厂一跃成为世界"代工之王"，并跻身于世界 500 强。

富士康的管理实践表明，管理理论演进的动力在于寻找更好的组织资源利用方式。管理自古就有，所以研究管理首先应从管理的历史入手，研究历史上的管理，并从管理的思想、理论和方法的演变中去把握管理的本质和一般规律。对于管理的历史，可以分成 4 个阶段，即传统管理阶段、科学管理阶段、行为科学阶段和现代管理阶段。20 世纪初泰勒的科学管理理论的出现，是管理学形成的标志。对应于后 3 个管理历史阶段，形成了古典管理理论、行为科学理论和现代管理理论。所以在这一章里，将介绍在管理的历史长河中各种璀璨的管理思想和世界上公认的有代表性的管理理论。

第一节 早期的管理思想

人类出现以后,面对最原始的来自自然界的各种环境的生存压力时,群体联盟要比个人单枪匹马更易于生存,于是,组织便自然而然地产生。自从有了有组织的活动,就产生了管理活动。通过对一定环境下管理活动的开展、管理经验的积累总结,便形成了早期较零散的一些管理理想。

一、西方早期的管理思想

(一)早期的管理实践

从公元前 6 世纪的奴隶制时代开始,罗马、埃及、巴比伦等文明古国便在政治、经济、军事等方面为人类作出了杰出的贡献。

比如,古罗马帝国的兴盛并连续统治几个世纪,关键得益于其有效的组织和中央集权与地方分权管理相结合的分权制度。

古巴比伦王国利用颁布的《汉谟拉比法典》,建立了强硬的中央集权统治国家,同时在该法典中还涉及到了工资、会计、收据等经济管理思想。

古埃及建立了具有象征意义的金字塔式的管理方式,有严格的等级层次和分工协作管理。

而诸如埃及的金字塔、罗马的水道、巴比伦的古城等伟大的建筑更是表现出了惊人的管理实践,这些巨大的工程背后一定存在着非常复杂的规划、组织、领导与控制活动,若没有一些进步的管理思想是无法解决的。

但在这一阶段,人们并没有很好地对管理实践进行系统的研究和规律性的总结。真正关注并较好地研究有关管理问题的活动,起源于 18 世纪英国的工业革命(industrial revolution)。18 世纪下半叶的工业革命导致了机器取代人力,加速了资本的快速积累和企业规模的日益扩大,而企业组织的发展导致了对效率与效能的关注、技术与工具的需求等。这也促使了对管理的研究,其中对后期管理理论的形成与研究有较大影响的代表性人物有亚当·斯密、查尔斯·巴贝奇和罗伯特·欧文。

(二)早期的管理思想及代表人物

1. 亚当·斯密(Adam Smith,1723—1790)

亚当·斯密是英国政治经济学家,他在 1776 年发表的代表作《国民财富的性质和原因的研究》(简称《国富论》)中,不仅对经济和政治理论有系统的研究,也有不少关于管理思想的论述,其中最具深远影响的是他的劳动分工(division of labor)理论和"经济人"观点。他以制针业为例提出劳动分工能大大地提高劳动生产率,其主要原因在于:一是劳动分工增加了工人的技术熟练程度;二是节省了从一种工作状态转换到另一种工作状态所需要的时间;三是发明了既方便工作又节省劳动时间的机器。他的另一个重要的观点是:人们在经济活动中追求的是个人自身的经济利益,社会利益是以个人相互之间的利益限制为基础而产生的,这就是所谓的"经济人"观点。

2. 查尔斯·巴贝奇(Charles Babbage,1792—1871)

查尔斯·巴贝奇不仅是英国著名的数学家,而且对工厂的生产和管理也十分关心。在1837年出版的《论机器和制造业的节约》一书中,对劳动分工的好处和主管人员对设备、物质、人力使用上的具体管理技术进行了较为全面的论述。此外,他还提出了通过建立一种利润分享制度来正确处理工厂主与工人间的利益分配问题,使工人除固定工资外,还可以得到企业利润奖金与合理化建议奖金,从而建立起劳资双方的和谐关系。

3. 罗伯特·欧文(Robert Owen,1771—1858)

罗伯特·欧文是一位成功的英国企业家和空想社会主义者,最早注意到企业内人力资源的重要性,所以有人认为他是人事管理的创始人。他通过一系列的试验,提出在生产中要重视人,要缩短工人的工作时间,提高工人工资,改善工人住房条件和生产条件,认为重视人的作用和尊重人的地位可以使工厂获得更多的利润。

总体来说,这一时期有关管理问题的论述和研究还远未能形成系统的管理理论,但人们已经意识到管理在企业中的重要性,预见到管理的地位将不断提高,其管理思想为后来的管理学理论的形成奠定了坚实的基础。

二、中国早期的管理思想

管理实践与管理理论是与各国自身的生产力发展和民族文化特点相连的。中国是世界上历史最悠久的四大文明古国之一,自古就以幅员辽阔、人口众多而著称。早在5000年前,中国已经有了人类社会最古老的组织——部落和王国,有了部落的领袖和帝王,也就有了管理问题。翻开浩瀚的史卷,《论语》《孙子兵法》、《资治通鉴》、《红楼梦》等名著中无处不体现对管理的精彩论述,其对管理实践和理论的研究有着非常大的价值,只是后人未能作系统的整理与提炼,未能像西方形成系统的理论,从而掩盖了我国早期管理思想对管理学的贡献。

(一)治国思想

追溯至公元前200多年,秦朝就形成了与现代中国国土相近的统一国家,在以后2000多年的漫长历史长河中,中国经历了数百次的改朝换代,历代统治者都对辽阔的国土和众多的人口进行了有效的控制与管理,许多思想已成为管理国家的准则,如"行仁德之政"、"令顺民心"、"从民所欲,去民所恶"等。

(二)《孙子兵法》

中国在漫长的历史进程中,所经历的战争之多、规模之大,是世界各国所罕见的。伴随着战争产生了许多不朽的军事著作,其中最著名的代表作莫过于《孙子兵法》。著作中所阐述的"为将之道"、"用兵之道"、"用人之道"、"知己知彼,百战不殆;不知彼而知己,一胜一负;不知彼不知己,每战必殆",以及在各种错综复杂环境中为了取胜所采用的各种战略和策略,堪称人类智慧的结晶,对今天的各项管理工作都有着重要的参考价值。

(三)儒家思想

中国的儒家思想是传统文化的主流,在中国封建社会形成长达数千年的超稳定组织的过程中起到了极其重要的作用。儒家思想着重于对人们精神文明的研究,研究的主题就是人的本性以及人与人之间的社会关系。儒家提出"三纲"、"五常"作为处理个人与国家、社会、家庭及其他人之间相互关系的行为准则。中国的儒家思想不仅在中国有着深远的影响,并且至少早在一千年前就已越洋出界,传播到日本和东南亚各国,成为世界东方文化的渊源之一。

第二节 古典管理理论

早期的管理思想是管理理论的萌芽。较系统的管理理论的建立始于19世纪末20世纪初,该阶段的管理理论被称为古典管理理论。其主要理论成就有:①美国的泰勒等人以研究工厂内部生产管理为重点,以提高生产效率为中心,提出了生产组织方法科学化和生产程序标准化方面的科学管理理论;②法国的法约尔等人以企业整体为对象,以组织管理为核心,提出了关于管理职能和管理原则的一般管理理论;③德国的韦伯等人以组织结构为对象提出了行政组织理论。

一、泰勒的科学管理理论

20世纪初,随着企业的快速扩张和资本的快速累积,劳工的供应速度却比不上前二者的速度,造成了劳动力的严重短缺。因此,如何能提高劳工生产力和劳动效率,成为当时环境下企业关注的焦点。在此时代背景下,出现了专注于改善生产作业效率的科学管理(scientific management)理论,科学管理强调加强对工作方法进行科学研究,用科学方法管理生产过程以提高工人生产率。科学管理理论的代表人物当首推科学管理之父——泰勒。

(一)泰勒生平

弗雷德里克·温斯洛·泰勒(Frederick Taylor,1856—1915)出生于美国费城律师家庭,18岁开始进入钢铁厂当工人,从最基层的技工干起,先后做过技工、工头、车间主任、工程师。他从小就非常喜欢科学研究和试验。长期的"生产一线"工作经历使他发现了一个在当时非常普遍的工厂现象——工人们上班时在"磨洋工",而工厂主似乎也确实不知道工人到底一天应该干多少活。泰勒经过观察发现,这种现象的原因在于管理方法不科学。因此,他致力于要改变这种"磨洋工"的状况。为此,他进行了非常有名的工时研究试验、搬运生铁试验、铁锹试验和金属切削试验。

(二)科学管理的四大试验

1. 工时研究试验

泰勒认为工人偷懒的原因之一是工人有一种错误的思想,认为多干活会带来失业的高风险;原因之二是资本家也不知道工人一天能干多少活,形成了工人想干多少就干多少的局面。为此,泰勒进行了秒表测时试验,将每一个工作分解成若干个基本的动作,用秒表测工人干每一件活的时间,然后适当地多留出一点时间,就能较精确地确定每个工人一天能干多少活。在测量工人完成一件工作的时间的同时,工人为了延长某一工作的时间,进而得到较低的工作定额,有时故意加一些不必要的动作,或故意放慢工作节奏。为此,泰勒提出首先要把各个工作的操作标准化,即对工作进行认真研究,找出最合理的工作方法,通过训练后,工人应该按这种方法工作。这就是工时研究。

2. 搬运生铁试验

1898年伯利恒钢铁公司雇用泰勒来提高该公司的效率。当时公司的5座高炉的产品由一个约有75名工人的班组搬运。这些工人的工作任务之一是搬运生铁,其操作包括扛起一块生铁,抬到斜板上,然后把生铁块滑入车厢内。在泰勒开始研究之前,一名工人的每天搬运量为12.5英吨。

泰勒的搬运生铁试验是挑选一名身强体壮的工人,让其按他的方法搬运和休息,结果该工人一天完成了47.5英吨的任务,同时该工人的工资也从原来的1.15美元涨到1.85美元。然后,泰勒将此标准推广到其他工人。

3. 铁锹试验

伯利恒钢铁公司的堆料场雇用了一大批工人铲铁矿石和煤渣,试验之前,每个工人都是用自己的铁锹,一名工人铲煤渣时每锹的载重量不足2kg,用同一把铁锹铲铁矿石,每锹的负载量则超过15kg。为此,泰勒挑选了若干名一流的工人,付给其额外津贴,要求他们按照他的指导进行操作。他的试验表明,要取得最好的成果,每一锹平均负载量应为9kg左右。由于材料的比重不同,为了使工人在铲不同的材料时每一锹的负载大致相同,要给工人配置大小不同的铁锹。铁锹试验的结果是,堆料场的劳动力从400多人减少到140人,平均每人每天的操作量从16英吨提高到59英吨,每英吨的操作成本从7.2美分降到3.3美分,每个工人的工资从 1.15 美元涨到 1.88 美元。

4. 金属切削试验

在进行时间研究时泰勒发现,确定机加工工人的工作时间时,金属切削的速度对时间的影响特别大,于是他就开始进行金属切削试验。这项试验延续了 26 年,进行了 3 万多次的试验,多达 80 多万磅的钢铁被切成铁屑。在该试验的基础上,泰勒发明了高速钢,并获得专利。

(三)科学管理理论的主要内容

泰勒在管理方面的主要著作有《车间管理》、《科学管理原理》和《计件工资》。在这些著作中,泰勒提出了以下主要的管理思想:

(1)实行差别计件工资制。即做同样的工作,每一件产品的工资额是不一样的,关键取决于工人一天完成的总的工作量。如果超额完成了当天的定额,则按高标准计算工资,如果未达到当天的定额,则按低标准计算工资。

(2)科学管理是一场思想上的革命。以前劳资双方的兴趣集中在所取得的盈利的合理分配问题上。通过科学管理,提高劳动效率,就能使双方把注意力从盈利的分配转到增加盈余上,提高效率是工人能取得较高工资、资本家能获得较多利润的前提。只有劳资双方共同努力,把"饼"做得更大,每个人才能分到更多。

(3)制定科学的操作方法,以便合理地利用工时,提高工效。同时,要科学地选择和培训工人,这是提高效能的关键。

(4)用科学的管理方法来代替传统的经验管理。泰勒提出在管理实践中要通过建立各种明确的规定、条例、标准使一切科学化、标准化。

(5)将计划职能与执行职能分开,实行职能工长制,即将管理与劳动分开。泰勒认为,当时的管理者实际上同时在做两件事:一是计划职能,即先作出计划,规定标准的操作方法和操作规程,制定定额,下达计划,并监督计划的执行;二是执行职能,即执行已有的计划,但要在同一时间同时做好这两件事几乎是不可能的。所以应该由一部分人专门负责计划的制定,而由另一部分人专门去执行计划。那么从事计划职能的人称为管理者,执行计划的人则称为劳动者。

(6)提出例外管理原则。目的是解决总经理职责权限问题。在设置了计划职能与执行职能之后,总经理应避免处理工作中的细小问题,而只有例外的问题才交由他处理,这样,他才会有更多的时间去考虑更重要的问题。

实践证明,这种旨在提高劳动效率的改革在当时收到了很好的效果,生产效率得到了普遍提高,出现了高效率、低成本、高工资、高利润的新局面。

对泰勒提出的科学管理思想,我们应该用历史的眼光客观地加以评价:它冲破了传统的经验管理方法,创立了科学的管理方法;通过科学的管理使生产效率成倍地提高;将管理职能与执行职能分离,为后面的管理理论的研究奠定了实践基础。

泰勒提出的这若干条管理原则无疑对管理学的贡献是巨大的,他本人也因此被称为"科学管理之父"。但泰勒把工人看作"会说话的机器",把人看作纯粹的"经济人",忽视了工人的情感等社会需求,具有时代的局限性,是不可取的。

(四)其他的贡献者

除了泰勒外,科学管理观点的主要贡献者还有不少,其中以吉尔布雷思夫妇(Gilbreth F and Gilbteth L)、亨利·甘特(Gantt H)和福特(Ford H)最为著名。

吉尔布雷思夫妇(Gilbreth F and Gilbteth L)最有名的研究是砌砖动作研究,他们通过对基本动作元素(therbligs)的研究来消除砌砖时不必要的手部与身体的动作,从而使工人的劳动效率提高了两倍多。同时他们还把动作研究推广到其他行业,并通过对动作的拍摄进行分析,保留应该的动作,剔除多余的动作,并重新制定出一系列动作的先后次序和速度大小,最后制定出标准的操作程序,应该说他们的动作研究比泰勒更细致。其研究成果集中反映在1911年出版的《动作研究》一书中。

亨利·甘特(Gantt H)曾是泰勒的同事,其著名的贡献是设计了甘特图。这是一种条形图,其中一轴表示时间,另一轴表示工作计划及目前的进度,常用于编制工作进度计划。同时,他还提出了与泰勒的"计件工资制"不同的"计件奖励工资制",即除了支付日固定工资外,超额完成定额部分再计件奖励,完不成定额的,只能拿到日固定工资部分。这种制度使工人有收入保障,一定程度上能激发起工作积极性。甘特的研究成果集中反映在《工业的领导》(1916年版)和《工作组织》(1919年版)中。

福特(Ford H)是世界上将标准化思想应用于现代化大生产的开创者。他将泰勒的单工序动作研究的思想应用到整个生产过程,采用大规模流水作业方式,将"产品标准化、工序作业标准化、工人操作标准化和工具标准化"应用于流水线,结果大获成功,极大地提高了劳动效率,降低了成本。

二、法约尔的一般管理理论

泰勒及其同时代的追随者们对科学管理的研究主要局限在生产现场的操作与管理问题,基本未涉及到除生产现场以外的其他管理,如财务、营销、人力资源等,而法约尔正好弥补了这种不足。

(一)法约尔生平

亨利·法约尔(Henri Fayol,1841—1925)1860年毕业于矿业大学后进入矿业公司,1888年出任公司总经理,并成功地将处于困境中的公司解救了出来,并使之改善和发展,有着非常丰富的管理大企业的经验,同时他还担任过大学管理学教授,其经历决定了他的管理思想比泰勒全面,视野更开阔。他的《一般管理理论》

(general administrative theory)于 1916 年发表在法国工业协会公报上,并于 1925 年出版《工业管理与一般管理》一书。

法约尔认为,一个企业无论大小,其全部活动可以概括为以下 6 个方面:

(1)技术活动,包括生产、制造和加工等;

(2)营业活动,包括购买、销售和交换;

(3)财务活动,包括筹措和使用资金;

(4)安全活动,包括维护设备和保护工作的安全;

(5)会计活动,包括编制财产目录和资产负债表、计算成本、进行统计等;

(6)管理活动,包括计划、组织、指挥、协调和控制 5 个要素。计划就是探索未来和制定行动方案,组织就是建立企业的物质和社会双重结构,指挥就是使其人员发挥作用,协调就是连接、联合和调和所有的活动与力量,控制就是注意一切是否已按计划执行。

法约尔认为,这 6 种活动需要 6 种不同的能力,而这 6 种能力在企业各个阶层中都应具备,只是侧重点会有所不同。对基层工人来说,主要要求具有技术能力,随着职位的提高,管理能力的要求也逐步提高,且随着企业规模的扩大,管理能力愈显重要。

(二)法约尔的 14 条管理原则

法约尔在他的《工业管理与一般管理》一书中首先提出了非常有名的一般管理的 14 条原则(principles of management),这 14 条原则中有许多原则至今仍是管理者奉行不渝的管理原则。

(1)分工(division of work)。劳动的专业化分工减少了工人所需掌握的工作项目,故可以提高劳动生产效率,同时专业化使得规模生产和成本节约有了可能。

(2)权力(authority)。法约尔认为,权力就是"下达命令的权力和强迫别人服从的力量",也即指挥他人及促使他人服从的权威和力量。他特别强调权力和责任的统一,认为二者应该同时存在,有权力没有责任不行,有责任没有权力也不行。

(3)纪律(discipline)。法约尔认为,纪律实际上是企业领导人同下属人员之间在服从、勤勉、积极、举止和尊敬等方面达成的一种协议。纪律是领导人制定的,遵守纪律必须从领导做起,各级领导要称职,协议要明确且公平,处罚要合理且公正。

(4)统一命令(unity of command)。即一个下级只应接受一个上级的命令,否则会使下级无所适从,不知服从谁的命令好,这样会违背纪律原则。

(5)统一指导(unity of direction)。一个项目应只有一个人按照一个计划总负责,这样才能保证行动的统一。

(6)个人利益服从集体利益(subordination of individual interests to the general interest)。一个组织的利益大于个人利益,组织目标高于个人目标,因此当个人利益与集体利益有冲突时,个人利益应服从集体利益。

(7)报酬(remuneration)。法约尔认为,员工在完成组织目标时作出了贡献,就应给予报酬,这种报酬应该尽可能公平合理,且与业绩挂钩,尽可能使员工与公司双方均满意,对贡献大的员工要给予奖励。

(8)集权(centralization)。法约尔认为,权力集中在企业是一种正常现象,企业的重大决策总是只由少数人作出。至于决策的集中程度则取决于具体情况。

(9)等级链(scalar chain)。等级链是企业自上而下的等级系列,显示了执行权力的路线和信息传递的渠道。与此同时,法约尔还认识到,完全遵守等级链会带来官僚作风和工作的低效率。为克服该问题,他提出了非常著名的跳板原则——法约尔跳板原则:当两个部门的下属有必要发生沟通时,只要他们对应的上司同意就可以进行,不需要更高级的上司同意,当交往发生后,他们应该也只需要向他们各自的上司汇报即可。这样既保证了等级链,又提高了工作效率。

(10)秩序(order)。所谓秩序是指人和物必须各有其位。管理人员要了解每个岗位的职责,并安排合适的人到合适的岗位,使人尽其能。对物资和设备也应做到有序布置。

(11)公平(equity)。法约尔认为,每一个人都有平等的愿望,而平等是公平与友好的结果,公平就是在执行各项规章制度时要一视同仁,友好是指领导应该善意地对待自己的下属。

(12)人员保持稳定(stability of tenure of personnel)。一个人要有效地从事某项工作需要相当长的一段时间,而培训新人又需要花费较长的时间和较高的费用,尤其是培养管理人员。一个成功的管理人员必须是稳定的,不必要的人员流动对企业是一种损失和浪费。因此,任何组织都应鼓励职工尤其是管理人员长期为企业服务。

(13)主动性(initiative)。给员工以发挥主动性的机会将促使员工提高自己的思考能力和创新精神,这对组织来说将是一种巨大的发展动力。

(14)集体精神(esprit de corps)。一个企业内集体精神的强弱取决于企业内员工之间的和谐与团结,全体成员的和谐与团结是企业发展的力量,所以管理人员应尽一切可能保持和巩固员工的团结。

法约尔的组织管理理论是西方管理思想与理论发展史上的一个里程碑,法约尔也因此被称为"管理理论的创始人"。有关的组织管理理论为后来的管理理论的发展勾勒出了基本的理论框架,为以后的管理学教育奠定了基础,使管理具有一般科学性。

三、韦伯的行政组织理论

组织管理理论学派的另一个代表人物是马克斯·韦伯(Max Weber,1864—1920)。韦伯出生于德国,对社会学、宗教学、经济学和政治学有广泛的兴趣。他在管理思想方面的贡献主要体现在《社会组织与经济组织理论》一书中,在该书中他提出了理想行政组织体系(ideal bureaucracy),由此被人们称为"行政组织理论之父"。其主要管理思想可以归纳为以下几方面。

(一)权力论

按韦伯的说法,古往今来,组织建立在3种权威之上:一是传统的权威,这是由历史沿袭下来的惯例、习俗而规定的权力,它是以对古老传统的不可侵犯性按传统执行权力的人的地位的正统性和对过去传统的尊崇为基础的;二是神授的权威,它是以对某人的特殊和超凡的神圣、英雄主义模范品质的崇拜以及对先知启示和超人智慧的迷信为基础的;三是合理合法的权威,它是以对法律确立的职位或地位权力的服从为基础的。韦伯认为,在这3种权力中,传统权力的效率最差,神授权力则过于带感情色彩且是非理性的,凭前两种权力建立的组织不是科学的理想组织,只有在第3种权力基础上建立的组织,才在绝对纪律性和可靠性等方面比其他任何组织都要优越。他把这种组织称为官僚制组织。

(二)理想的行政组织体系

韦伯的所谓"理想的行政组织体系"是指这种组织体系并不是最合乎需要的,而是组织的"纯粹的"形态。在这里也就是官僚制组织。其主要特征有:

(1)实现劳动分工,明确规定每个成员的权力和责任,并正式实施,使之合法化;

(2)各种公职或职位权力等级严密组织起来,形成指挥体系;

(3)根据正式考试成绩或在培训中取得的技术资格来挑选组织的所有成员;

(4)实行任命制,只有个别职位才实行选举制;

(5)公职人员都必须是专职的,并有固定收入保证;

(6)职务上的活动应被认为是私人事物以外的事情,公私有明确的界限;

(7)公职人员必须严格遵守纪律,受规则和制度制约,而且是毫无例外地适用于各种情况。

韦伯的官僚组织理论,是适应传统封建社会向现代工业社会转变的需要而提出的,它具有里程碑的意义,影响十分深远。

第三节 行为科学理论

行为管理思想的产生,是因为科学管理思想尽管在提高劳动生产率方面取得了显著的成绩,但由于它片面强调对工人进行严格的控制和动作的规范,把人看作是"活的机器"、"经济人"等,过分强调提高劳动生产率的主要办法是物质刺激,而忽视了工人的社会需求和感情需求,从而引起了工人的不满和社会的责难。在这种情况下,科学管理理论已不能适应新的形势,需要有新的管理理论和方法来进一步调动工人的积极性,从而提高劳动生产率。

一、人际关系理论

行为科学的早期理论是从人际关系理论开始的,人际关系理论的代表性人物是埃尔顿·梅奥(Elton Mayo, 1880—1949)。他参加了在芝加哥附近的西方电气公司的霍桑电话机厂进行的一系列试验,即非常著名的引起管理学界重视的霍桑试验。

(一)霍桑试验(Hawthorne Studies)

霍桑试验于1924年开始,历时8年,当时是根据科学管理理论中关于工人会对不同的工作条件作出相应的反应的假设进行的,目的是找到工作条件对生产效率的影响,以寻求提高劳动生产率的途径。主要的试验有以下几个。

(1)照明试验。研究人员将参加试验的工人分成两组,一组为试验组,一组为参照组。参照组始终在正常的照明强度下工作,而不断变化试验组的照明强度,看照明强度对生产效率的影响。但试验的结果发现,照明强度的变化对生产率的影响不明显。

(2)继电器装配试验。目的是研究工作环境中各种因素的变化对工人工作效率的影响。试验先增加休息次数、延长休息时间、缩短每日工作时间、实行5天工作制等,然后又取消这些待遇,恢复为原来的工作状态,并将原来的集体奖励制度改为个人奖励制度。结果发现,无论工作条件如何变化,产量都能得到提高,而且工人的缺勤率也减少了80%。这是为什么呢?工人们认为,是因为没有领班的监督,可以自由自在地工作,工人之间增加了接触的机会,也增加了感情。试验过程中试验者与工人沟通得较好,什么事都是一起商量,工人感到备受尊重,所以特别愿意干,怕干不好对不起试验者。

试验结果使梅奥否定了工人是"经济人"的假设。他提出,工人的态度对劳动成果有很大影响,生产效率的提高不在于生产条件与环境的变化,而在于人的因素。为证实这一结果的正确性与普遍性,他们又进行了广泛的调查与采访。

(3)大规模的访谈。试验者从 1929 年起又在西方电气公司进行了大规模的访谈,在两年多的时间里,他们与公司 4 万工人中的 2 万多人进行了个别谈话,了解工人对工作、工作环境、管理人员、公司和令他们烦恼的任何问题的看法,以及这些看法是如何影响生产效率的。

(4) 14 名配电器装线工人试验。目的是了解非正式组织的存在对工作绩效的影响。试验的工作场地、工具和设备以及操作方法都是按照科学管理方法设计的,对工人实行的小组计件工资也符合科学管理思想,完全有可能超过他们原来的实际产量。但是试验结果却与设想大不相同。近 5 个月的试验结果统计,他们的产量总是维持在一定水平上,而且,每天未到下班时间,他们就洗手不干了。如果谁多干了,其他人会暗示他放慢工作速度,大家都按这个集体标准工作,谁也不拔尖,谁也不偷懒,且他们中存在着自然领袖人物,证实了"非正式组织"的存在,且非正式组织对组织内的成员有相当大的约束力。

试验和访谈结果表明,生产率不仅与物质实体条件有关,而且与工人的心理、态度、动机、群体中的人际关系、领导者与被领导者的关系等密切相关。

(二)人际关系理论的要点

根据霍桑试验的结果,梅奥提出了人际关系理论,他在 1933 年出版的《工业文明中人的问题》一书中进行了归纳总结,提出了以下主要观点:

(1)工人并不是把金钱当作刺激积极性的唯一动力的"经济人",而是在物质之外还有社会和心理需求的"社会人",即追求人与人之间的友情、安全感、归属感、受人尊重的需求等。因此,提高劳动生产率的关键因素在于满足工人的心理需求,提高士气,从而激发其积极性。

(2)任何正式组织内部都有非正式组织的存在。非正式组织存在的基础是员工的情感需要,非正式组织的存在只可意会不可言传,相互之间联系的纽带是情感,是成员的相互关系。非正式组织对成员的行为有约束作用,对正式组织的目标实现可能是有益的,也可能是不利的。因此,正式组织管理者应寻求有效的途径积极引导非正式组织成员的行为规范,使其行为对正式组织有积极的作用。

(3)管理者应采取新的管理方式,注重满足员工的需要,促进相互之间的沟通与交流,以提高士气,求得长期的合作、和谐、发展。

梅奥的人际关系思想为管理科学的研究开辟了一个新的领域,即重视人的因素,从而成为行为科学研究的先驱。但梅奥只强调要重视人的行为,并未进一步去研究和探讨人的行为规律以及如何去影响人的行为以达到组织的预定目标。行为科学学派则着重于研究这些规律。

二、行为科学理论

行为科学学派运用心理学、社会学、管理学、人机工程学等学科知识对个体、群体行为进行科学的分析,强调从人的作用、需求、动机、相互关系及社会环境等方面研究其对管理活动及结果的影响,研究决定人的行为的因素,以及如何去激励人,如何正确处理人与人之间的关系,如何有效地引导成员为实现组织目标而努力。其主要理论有以下3种。

(一)需要层次理论(hierarchy of needs theory)

心理学家认为,人的行为是由动机产生的,动机又来源于人的各种需要,而人的需要各种各样,一定程度上可以说人的需要是无限的。美国心理学家亚伯拉罕·马斯洛(Abraham Maslow,1908—1970)通过大量的研究,提出了人的需要层次结构,他把人的需要分为5类:

(1)生理的需要(physiological needs)。这是保证人生存最基本的需要,包括衣、食、住、行、医疗保健等需要,如果不满足这些需要,人便无法生存。

(2)安全的需要(safety needs)。一旦最基本的生理需要得到满足以后,人就会产生更高一级的安全需要,比如作业过程中的安全保障措施、职业病的预防等。

(3)社会的需要(social needs)。这是人的社会性需要,凡人都有与他人交往、融入集体以及友谊、情感交流等愿望。这和民族文化、宗教信仰、教育等密切相关。

(4)尊重的需要(esteem needs)。包括自尊、自信以及受他人尊敬和赞赏等。

(5)自我实现的需要(self-actualization needs)。这是一种最高境界的需要,最能体现人存在的价值。正如马斯洛所说"人希望越变越完美的欲望,人要实现他所能实现的一切欲望"。

同时,马斯洛认为,第一,这5种需要有等级层次之分,生理的需要是最低等级的需要,自我实现的需要是最高层次的需要。第二,人在某一阶段的需要取决于他已经得到的和尚未得到的,只有尚未得到的、尚未满足的需要才能够影响他后一阶段的行为。也就是说,只有尚未满足的需要才产生激励作用,已经满足的需要则不再产生激励作用。第三,人在某一段时期可以同时有多种不同层次的需要,但这些需要一定有轻重缓急之分,那么在这一阶段,人表现出来的行为通常取决于其主导需要,即最希望满足的需要。

(二)双因素理论(motivation-hygiene theory)

美国心理学家弗雷德里克·赫兹伯格(Frederick Herzberg,1923—2000)于1959年在《工作与激励》一书中提出双因素激励理论。他把影响人的行为的因素分为两类(表2-1)。

一类是保健因素(hygiene factors),如工作环境与工作条件、同事的关系、上下级的关系、工作的安全状况等。这类因素与人的不满情绪有关,若满足了这些需要,员工就不会产生消极情绪,但也不会起积极的激励作用;若未满足这些需要,员工就会产生消极情绪。这就如同医疗保健可以防病,但不能治病是一个道理。

另一类是激励因素(motivators),如工作的挑战性、工作的成就感、工作性质、职位的提升等。这类因素与工作内容本身有关,若满足了这些需要,可以产生积极的激励作用;若未满足这些需要,员工也不会产生消极情绪。

表 2-1 保健因素与激励因素

保健因素	激励因素
薪金	工作本身
管理方式	赏识
地位	进步
安全	成长的可能性
工作环境	责任
政策与行政管理	成就
人际关系	

激励因素是以工作为中心的,而保健因素则与工作的外部条件相关,是保证工作完成质量的基本条件。所以,只有区分清楚哪些因素属于保健因素,哪些因素属于激励因素,才能真正调动起员工的工作积极性。

(三)X、Y 理论(theory X, theory Y)

这是基于对人性的不同看法划分的几种理论。其中美国麻省理工学院教授道格拉斯·麦格雷戈(Douglas McGregor,1906—1964)在 1960 年发表的《企业中的人的因素》中提出了关于对人性的看法的两个理论——X 理论和 Y 理论。

1. X 理论

X 理论对人性的基本假设是:①人的天性是好逸恶劳,且尽可能逃避工作;②人天生没有主动承担责任的愿望;③人缺少集体意识,对组织和他人漠不关心;④人天生宁愿受人支配,且很容易被欺骗;⑤一般人都胸无大志,习惯于平平稳稳,墨守成规。基于对人性的这种看法,管理者常用的就是"胡萝卜加大棒"式的管理方式,即认为要想实现组织的最终目标,就必须采取以强制性为主的措施,处罚多于奖励,把人看成是赚钱的机器,认为人是"经济人"。因此,基于此假设下的管理根本无激励可言。

2. Y 理论

Y 理论对人性的基本假设是:①人并不是天生懒惰的,人们之所以会产生厌恶或喜欢一项工作的情绪,是与所处的工作条件有关的;②人有积极承担责任的愿望,愿意对工作负责;③人都愿意发挥自己的才能和创造性;④恰当的激励手段能发挥人的工作潜力和工作积极性。基于对人性的这种看法,管理者采取的管理方式是以激励为主,奖励多于惩罚,鼓励下属参与组织的决策,并有意识地创造条件,以使员工的个人潜能得到充分施展。

可见,X 理论和 Y 理论实质上代表了对人性的两种不同的看法。

在 X 理论、Y 理论之后,美国的洛尔施和莫尔斯又提出了超 Y 理论。他们通过将 X 理论和 Y 理论分别在不同的工厂和研究所做试验,发现采用 X 理论的单位和采用 Y 理论的单位结果都有效率高和效率低的情况,也就是说,并不能肯定 Y 理论一定比 X 理论好,或者 X 理论一定比 Y 理论好。由此,他们提出了超 Y 理论,其主要观点有:对不同的人应采取不同的管理方式,对不同的环境应采取不同的管理方式。比如,有的员工愿意用正规的规章制度来约束自己,愿意完成自己的额定工作,但不愿过多地参与决策或承担责任,那么,这种人通常应以 X 理论为基础来管理。反之,当员工有愿意承担责任的愿望且有工作热情和创造性,期望得到较多的个人发展空间和机会时,则应以 Y 理论为指导来实施管理。

第四节 现代管理理论

如果把泰勒和法约尔的古典管理理论比作管理学的幼芽,那么现在这颗幼芽已长成一片茂密的丛林。可以说,各种各样的管理学派犹如雨后春笋,林立丛生。由于科技的迅速发展,组织所处的环境复杂多变,管理所面临的问题越来越复杂,这也给现代管理实践提出了更高的要求和挑战。尽管管理理论丛林枝繁叶茂,但新的管理理论仍不断应运而生。这其中先后出现了两种有代表性的现代管理理论:系统管理理论和权变管理理论。

一、系统管理理论

20 世纪 60 年代,管理研究者开始从系统的角度分析组织。系统管理理论(system approach)是用系统论的观念来考察和研究企业的管理活动,其主要代表人物是卡斯特(Kast F E)和罗森茨韦克(Rosenzweig J E)。

该学派强调应用系统的观点,全面考察与分析研究企业和其他组织的管理活动、管理过程等,以便更好地实现企业的目标。

系统管理理论认为,组织是一个由相互依存的众多要素所构成的整体,其中这些要素可称为子系统。系统的运行效果是通过各个子系统相互作用的效果决定的。组织这个系统中的任何子系统的变化都会影响其他子系统的变化。为了更好地把握组织的运行过程,就要研究这些子系统及它们之间的相互关系,以及它们怎样构成了一个完整的系统。管理者的作用就是确保组织中各个部分之间的相互协调,以实现组织的整体目标。

按照系统论的观点,系统(system)有封闭系统和开放系统两种。封闭系统(closed systems)不与它所处的环境发生相互作用,不受环境的影响;开放系统(open systems)则动态地与它所处的环境发生相互作用。系统管理理论认为,组织是一个开放的系统。即组织是一个与周围环境相互影响、相互作用的系统,组织与环境之间存在着相互作用。因而管理者应能及时察觉环境的变化,并适时作出正确的反应。

组织作为一个开放系统,它从环境中获取输入(如原材料、人力资源、资本、技术和信息等),并将其转换为输出(如产品和服务、财务结果、信息和人力资源结果),这种输出通过反馈对组织的再输出产生影响。可见,组织对环境是开放的,它与环境持续地进行交互作用(图2-1)。

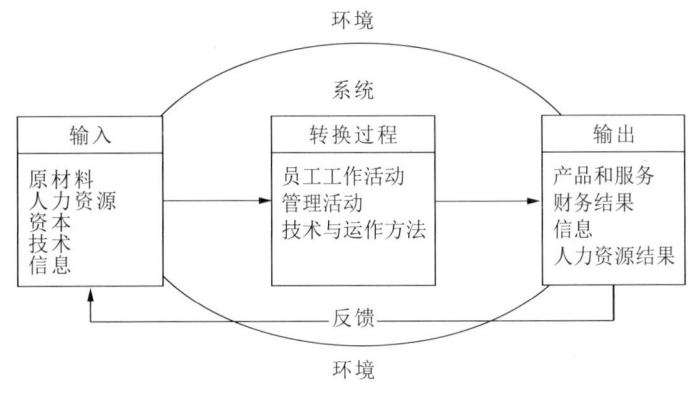

图2-1 开放的组织图
(据 Robbins S P,Coulter M,2007)

20世纪60年代是系统管理理论的鼎盛时期,但到了20世纪70年代,"权变热"代替了"系统热"。

二、权变管理理论

权变管理理论(contingency approach)是在20世纪70年代开始形成的一种管理理论,而在此之前的管理研究倾向于寻求普遍适用的管理方法。所谓权变,其精髓就在于"看情况",也就是具体情况具体分析,根据不同的内外环境情况权衡变通。其核心思想是:在管理中要根据企业所处的内外条件随机应变,没有什么一成不变、普遍适用的"最好的"管理理论与方法,即应根据不同的情况采取不同的最合适的管理模式、方案或方法。该理论又称为管理的相对论。该理论的价值在于,它强调了不存在简单的和普遍适用的管理原则。相反,管理者的工作包含着不同的和变化的情景,管理者所采取的行动应当适合所处的情景。

1976年美国的卢桑斯(Luthans F)通过环境变量与管理变量之间的函数关系系统概括了权变管理理论。他认为,管理变量=F(环境变量)。管理变量包括管理过程变量、计量变量、行为变量和系统变量;环境变量包括外部环境和内部环境。

迄今为止研究者们至少识别出 100 多种不同的权变变量,其中最普遍应用的权变变量为组织规模、任务技术的例行程度、环境的不确定性以及个体差异(表 2-2)。

权变理论在提出以后的几十年内,其理论价值和应用价值日益为管理实践所证实,故而得到了越来越多的人支持,成为具有重大影响的管理学派之一。

表 2-2　普遍的权变变量

权变变量	含　义
组织规模	组织规模越大需要协调的问题越多。如 20 000 名员工的组织结构就不适合于 20 名员工的组织
任务技术的例行程度	组织通过技术实现其目的。例行技术需要的组织结构、领导风格和控制系统不同于需要客户化、非例行技术的组织
环境的不确定性	环境的不确定性程度影响着管理过程。那些在稳定的、可预见的环境中有效的方法,可能完全不适用于快速变化的、不可预见的环境
个体差异	个体在成长的愿望、自主性、对模糊的承受力以及期望上存在差异。这些差异对管理者选择激励方式、领导风格和工作设计特别重要

资源来源:Robbins S P,Coulter M. Management (9th ed). Prentice Hall, Inc. ,2007.

第五节　管理的新趋势

经济的全球化、知识化、虚拟化、网络化、创新化和协调化,生产方式的变革、组织的活动空间与内涵的拓展以及环境的急剧变化,所有这些为管理带来了深刻的革命性的变革,给管理理论、管理思想等注入了新的内涵,管理领域的中心议题变成"唯一不变的就是变",传统管理范式受到前所未有的挑战。本节试图从传统管理体系与新的管理体系的对比中,初步探析管理发展的新趋势。

一、传统管理范式与管理新范式的比较

在管理思想上,传统管理范式强调专业化、规范化和制度化,通过严格的等级制度和管理规则来控制和协调组织的活动,强调对员工进行外部控制,管理的基本任务是建立秩序,突出的是"管"的观念;管理新范式强调快响应、柔性化,其基本任务是应付变革、适应环境和改造环境,强调多样化、员工的相互协调和自我控制,突出的是整个管理系统的"合作"和"协调"的观念。注重情感管理、自主管理以及文化管理的人本管理将成为新型组织的核心管理思想和管理哲学。

在组织设计和管理目的上,传统管理范式构建的是传统的稳定-机械式层次结构,其权力主要来源于职位,这种等级式结构具有目标的单一性,它追求效率、稳定

与连续性;而管理新范式构建的则是以"应变"为核心的新型的适应-学习型"有机"结构,其权力主要来源于知识与专业特长等个人影响力,这种网络式结构通过不断调整自身的多目标学习系统,追求的是组织的绩效、创新、持续发展与员工的满意并重。

在对人的认识上,传统管理范式认为,人为别人工作,更看重的是人的技术功能,而忽视了对人的社会心理系统的考虑,属典型的"见物不见人"、"见技术不见人"的"经济人"看法,其理论基础是 X 理论;而管理新范式视人为"复杂人",力求在技术功能和社会心理系统之间建立更具有人性和更能发挥人的潜能的一种理想平衡,认为人为自己工作,强调员工的新生与自我实现,其理论基础是 Y 理论。

在管理要素上,传统管理范式涉及的主要要素是人、技术和组织结构;而管理新范式则强调管理范围是组织的整个投入-产出过程,涉及到组织的所有要素。时间(空间)和信息也成为管理的要素。

二、管理的新趋势

(一)未来的管理哲学、管理思想

在管理哲学上,西方崇尚科学、理性,其哲学基础是还原论。它强调分析,在整体分解的基础上,对具体问题有具体的解决方法。然而,面对复杂的管理问题和现象,这种解析性的分析方法已显得捉襟见肘。而东方重整体、感情,根基于天人合一的哲学思想。如同中医治病,有时虽能把握一些整体特性,但往往难以深入具体问题具体处理。管理问题或现象大多是复杂系统问题,具有不可分性,因此管理应集二者之所长,这就是管理哲学上呈现出的趋势——"既见树木,又见森林"的"总体论"。

由于管理问题或现象大都是复杂系统问题,使得人们永远无法完全预知其最终状态,加上人的认识的有限理性,人们永远不会在当前状态下确定未来的最优决策。因此追求"当前状态下可预期内的最优或最满意",即动态最优观成为管理发展的新趋势。

综观管理的发展史,管理思想实现了从经验到科学、从效率到效益、从重技术到重视人本身、从寻求普遍适用的管理方法到管理上的随机制宜的 4 次飞跃,管理的发展方向由沿着效率和人两大方向发展到将二者融为一体。

(二)未来的人

信息社会对组织来说最重要的资源是信息、知识和创造力,而这些资源的唯一来源是人,人已成为实现快速反应与动态创新的根本。由于经验型管理将在更大程度上被系统的、科学的智能化管理所取代,因此未来管理将更注重智能,它要求管理者成为技术素质和管理素质兼备的柔性人才,其角色不再是监督者,而是员工的教练、教师和良师益友,其核心任务和职责是同时实现组织绩效和个人自我满足这两个目标。由于变革和速度比稳定和效率更加重要,管理者需增加的新的职责是:确立组织定位,指明组织的目标;调动员工的能动性,培养员工的学习能力,使组织充满创造力;诚实正直,建立相互信任的氛围。管理者靠与员工沟通协调来创造组织价值。传统组织的员工靠"手"上技能,未来的员工将更多地依靠头脑和软件去实现组织的目标。

(三)未来的组织

创新是未来组织的灵魂。未来组织的创新不仅仅表现在技术上,还涉及组织战略目标、组织结构的变革、组织文化的重构、组织资源的开发以及现场管理的柔性化过程等,如组织再造。这是美国 MIT 教授哈默为首的专家学者提出的思想。所谓企业再造是"将组织的作业流程作根本的重新思考与彻底翻新,以便在成本、品质、服务与速度上获得戏剧化的改善"。可见,组织再造是对企业流程进行基本的再思考和彻底的再设计,以期取得在成本、质量、服务、速度等关键绩效上重大的改进。再造的程序包括:内外部环境分析、企业战略调整、问题诊断、目标设定、新流程设计、实施、绩效评价与反馈。

根据詹姆斯·昌佩等的总结,未来的组织不再是传统的金字塔型,而是各种适应性网络型组织形式,管理者致力于建设学习型组织,让员工全面加入发现问题和解决问题的过程。未来的组织将以快速应变、柔性化来实现组织的共同目标。

(四)未来的管理职能

未来决策的走势:决策日益分散化、信息化、快速化,决策不再仅仅是管理者的职责,未来高层主管甚至必须与顾客、公众分享决策权,未来决策通过分权和授权,以提高组织灵活、快速应对复杂多变情况下的整体决策集成能力。

由于影响计划过程的因素(如投资成本、风险、生产能力、技术发展、外部环境变化的影响等)增加和新的计划辅助手段(如决策支持系统、专家系统等)的不断涌现,未来的计划将更富有弹性,以动态地适应环境变化。

未来组织的走势:合作联盟、分散经营、重视智力基础设施的开发。未来的组织设计不仅仅考虑管理幅度和管理层级数、部门划分与职权划分,还引入时间变量以考虑组织对变化的反应速度和应变时间,通过提供扁平化、网络化、信息化的组织以及适当的分权、授权,加快组织的反应速度。未来组织结构的总趋势是以学习型组织、柔性组织等来主动应变或以少变应万变,传统的等级结构体系将被工作丰富化、参与管理和工作团队等平面结构所取代。

未来的领导重视非正式权力作用的发挥,重视"领"的本领的建设和环境的营造,更多地授权,强调内在激励,领导风格更富有弹性。领导的工作与效率将取决于其说服部下和协调人际关系的能力,员工希望有挑战性的工作,以及拥有更大的自由来完成他们的工作。

由于组织目标的复杂化和多元化,信息系统将普遍用于控制过程,许多有效的控制方法将不断涌现,控制由外部控制转向内部控制,两者交互进行。

未来的管理资源不仅涉及人、财、物,还涉及到时间(空间)和信息等。

自我测试

1. 科学管理理论的主要内容有哪些？其实质是什么？
2. 结合你身边企业的例子谈谈哪些做法是符合科学管理思想的。
3. 梅奥的人际关系学说与泰勒的科学管理理论有何不同？
4. 结合实际谈谈法约尔的14条管理原则中的哪些原则在今天依然是有效的。
5. 霍桑实验的主要结论有哪些？
6. 请描述一位对你影响最大的管理大师,说说他或她对管理的主要贡献。
7. 试用表格形式写出管理发展各个阶段的主要代表人物及其贡献。
8. 你认为大部分大学生目前处于需要层次中的哪一层次？最大的需要是什么？并列出他们主要的保健因素和激励因素。

互联网练习

通过浏览网页,查找一家详细介绍了其发展历程的公司。分析:该公司发展经历了哪些重要阶段？各自遇到了什么样的问题？

管理视窗

计件工资制解谜

假如你是在校大学生,在某大型超市兼职暑期促销员,主要工作是发放超市促销传单。超市有3种工资计算方式供选择:

① 每小时 30 元;
② 每发放一份传单 0.03 元;
③ 当日发放8000份,获得基本工资300元,超过部分按0.05元/份计算

奖酬。

超市会随机抽查你的工作质量，如果发现传单被直接丢弃，你的当日工资将会被扣100元。

问题：

你会选择哪种方式？为什么？

实战模拟

目的：通过实际访谈或登录相关网站等方式，领略管理历史长河中形成的璀璨的管理思想、成功的管理实践以及代表性的管理理论。

知识点：科学管理理论、行为管理理论、系统管理理论、权变管理理论、"经济人"观点、"社会人"观点。

模拟练习描述：

每3~5人组成一个小组，以小组为单位，通过采访或谈话、登录相关网站等方式，选择你感兴趣的某一组织或世界500强中的某一组织，了解该组织的历史与管理演进过程，明确该组织的管理方式、管理思想、管理者对待员工的态度等。

每组需完成的工作：

(1)从该组织的高层主管身上，归纳出成功管理者的特征。

(2)描述该组织的管理采用了哪种管理学派的思想。如果不是很有效，请给出有效的管理方式。

(3)该组织的管理者对待员工的态度是怎样的？

案例应用

小细节中的大成功

在快递行业中，当"四通一达"、天天等快递企业如雨后春笋般涌现时，顺丰速递（以下简称顺丰）就已经凭借其响应速度快、服务优良、坏件率低等核心优势"收买"了用户的心，集聚了超高的人气，在市场中处于领先地位。那么，是什么使得顺丰能够在如此激烈的市场环境中独占鳌头呢？

从 2002 年开始，顺丰就通过组织架构的大变革成立了自己的总部，并在随后的发展中一直坚持直营模式，自建物流网络，公司上下严格遵守"永远比竞争对手快半天"的服务时效准则，共同努力，不断缩短其取送件的时间。在这个过程中，顺丰深知，公司内部的快递小哥是公司直接面对用户的一扇窗户，是企业实现高效运作的主力军。那么顺丰如何通过快递小哥来实现公司的发展和口碑建设呢？关键的措施是开展时间与动作研究，制定一系列制度来规范快递小哥的行为。

首先对快递员工作时的各种操作开展动作研究，将各种标准化的动作规范贯穿、落实到快递员收、派件的整个流程中的每一个步骤，要求快递员必须按照公司规定的动作规范来精准地完成操作。

从收件开始，每个快递员都配备一个内有三层的背包，用于快件类别的区分，快递员先对快件进行分类，然后将整理好的快件按照后送先装的时间顺序装入背包。其中，文件类快件一律按照运单面朝外的方式斜插进背包内侧夹层；小件包裹类则要求快递员必须把运单面朝内或者正面朝上放置在背包中间夹层，这样的分类和放置方式便于配送过程中的拿取。在拿取过程中，快递员也不是随随便便翻出快件。以文件类快件为例，顺丰严格要求快递员右手托着包裹，左手拇指与食指捏住文件封的短边，其余三指撑开快递封，取出快件，因为根据顺丰对员工工作中操作行为的观察和计算得出，这样的手法可以比其他手法节约几秒钟。

时间研究贯穿于快递员的动作研究之中，例如开箱验视、码放、递送签字笔等一系列动作都经过一番研究，规定快递员完成动作的具体操作和时间，以帮助节约时间，提高配送的效率。之前对快递种类、目的地以及派送路线的整理和规划按照标准动作需要花费 8 秒的时间，但由于这 8 秒的前期工作，可以在后续派送环节节约近 20 秒的时间。

顺丰的高效运作就是靠着每一秒时间的节约而实现的。据不完全统计，顺丰标准化操作之后，在快递员可控的时间范围内，上门收取普通包裹每件节约 54 秒，派件则节约 46 秒。标准化的操作对收、派大件快递的效率提升更加明显，分别节约 134 秒和 212 秒。

除了对动作规范的要求，顺丰还对动作的力度，快递员在取件、派送过程中的礼貌用语以及说出这些礼貌用语的时机等都作出了明确规定，如整理过程中不得扔快件超出 30 厘米、与客户对话过程中不得抢话、不耐烦等。正是这些点点滴滴的规范和标准，成就了顺丰高效有序、服务良好的企业形象。

但随着用户个性化、多样化需求的发展，以及其内部员工越来越年轻化的趋势，顺丰在坚持其服务标准化的同时，也逐渐开始向打造柔性化服务转变，以满足市场多样化的需求和企业员工的要求。未来，顺丰是继续坚持标准化还是发展柔性化，这是一个值得探讨的问题。

【教学功能】

科学管理的中心问题是提高劳动生产率,以科学的管理方法来代替传统的经验管理方法。所以顺丰能在激烈的市场环境中独占鳌头,实现"永远比竞争对手快半天"的服务时效准则。通过本案例,学生们可以体验到科学管理的精髓,以及如何开展时间与动作研究,制定高标准定额等。

案例分析关键词:科学管理理论、时间与动作研究、标准化管理

【知识点链接】

科学管理的中心问题是提高效率,为了提高效率,需要开展时间与动作研究,以制定高标准定额,为每项工作的每一组成要素开发一种科学的方法来代替传统的经验方法。围绕提高效率这一中心,管理者应将工作重点放在工作方法、工作条件和工作定额的标准化和科学化上。

【问题】

1. 顺丰通过时间与动作研究,坚持服务的标准化管理,体现了哪种管理理论的思想?请具体说明。

2. 请结合顺丰的管理经验,谈谈提高工作效率应从哪些方面着手。

3. 为了满足用户个性化、多样化需求,你认为顺丰应继续坚持标准化还是发展柔性化?

快乐的企鹅员工

相比富士康的军事化管理,腾讯则更加关心员工的利益和成长,始终把人放在第一位。马化腾说过,对腾讯而言,业务和资金都不是最重要的,而人才才是腾讯最宝贵的财富。

腾讯在其企业内部广泛推广"工作室创业模式",每个工作室都有与其盈利状况呈正相关的独立权限,像一个小公司一样保持创业激情,使每一个人都感觉到自己是公司中重要的一员。并设立了许多专项对作出杰出贡献的员工和团队进行精神激励,每一个员工都有机会成为公司的"明星"。

腾讯力求打造开放、平等和尊重的文化。腾讯内部有一个实名制的乐问BBS平台[①],任何人都可以在上面提出任何有关企业产品、管理等方面的问题,有些问题马化腾也会参与讨论,一起集思广益。在这个平台上,所有人提出的问题都能够得到充分的讨论。普通员工也可以通过每两周举办的"总办午餐日",现场打探企

---

① 改编自:李全伟.腾讯人才管理真经.哈佛商业评论,2015-12-18.

业高管成员的八卦消息、心路历程以及财富人生。

为了留住人才,腾讯注重在企业内部营造一种和谐的大家庭氛围,关心每一位员工的身心健康发展。在工作之余,腾讯每年会举办圣诞晚会以及周年庆等大型娱乐活动,邀请公司全体员工及其家属共同度过这些盛大的节日。不仅如此,腾讯每两年还举办一次"Q 歌 Q 魅",为员工提供展示自己的平台,丰富员工的娱乐生活;成立舞蹈、音乐、篮球、英语角等企业内部协会,帮助员工平衡工作与生活;开通身心健康热线,举办关爱大讲堂,邀请专家随时解答员工及其家属的身心健康问题,舒缓员工的工作压力,做到快乐工作、快乐学习、快乐生活。

尽管如此,近年来腾讯的离职率开始逐年增长。有些毕业生在通过了严格的层层面试后进入腾讯工作,却在一两年后选择跳槽,这是因为腾讯团队体系越做越大,公司架构以及业务日趋成熟,新进入的员工虽然有着十分丰富的平台资源和福利,但晋升的空间却受到了压缩。也有人说,在腾讯,耐得住寂寞,才能走得更远。

【教学功能】

组织中有关员工激励政策的制定,直接影响到员工的工作积极性。行为科学理论认为,人的行为过程表现为:需要——动机——行为。要使人的行为朝着组织的目标努力,就需要研究这种行为是由人的何种动机引发的,又需要满足人的何种需要。通过本案例可以帮助学生加深对人际关系学说及相关激励理论的理解。

案例分析关键词:人际关系学说、需要层次论、双因素论

【问题】

1. 腾讯公司采用的以下激励员工的做法,分别满足了员工哪一层次的需求?
   A. 工作室创业模式　　　　　　B. 员工成为公司的"明星"
   C. 实名制的乐问 BBS 平台　　　D. 开通身心健康热线
   E. 举办"Q 歌 Q 魅"
2. 结合案例,运用人际关系学说具体说明腾讯对员工激励措施的合理性。
3. "在腾讯,耐得住寂寞,才能走得更远。"这句话说明了什么?
4. 运用双因素论,请为腾讯激励政策的制定提出完善建议。

第三章　计　划

学完本章后,你应该能够:

1. 明确决策的含义和分类。
2. 掌握决策的基本过程。
3. 区分理性决策、有限理性决策与直觉决策。
4. 明确群体决策的优缺点。
5. 掌握风险型和不确定型决策方法。
6. 明确计划的含义、特性。
7. 了解计划的表现形式。
8. 掌握计划的基本过程。
9. 描述目标管理,说明其怎样利用目标作为激励因素。

开篇案例

一家没有打印机的打印店
——寒武印纪与它的在线打印

在中国,每一所高校都拥有不止一家打印店,而每一家打印店都会为学生及老师提供有偿的复印、打印等业务,并随着时间的积累开始拥有自己固定的客户群体。在这样的竞争氛围中,寒武印纪希望通过自己独特的战略与决策在这个已经固化的高校打印市场闯出属于自己的一片天地。

寒武印纪是一个创立于2016年的在线打印平台,旨在通过全新的商业模式为学生提供免费打印服务。在这个微商遍布、广告硬性植入已成常态的时代,人们对于广告的反感几乎达到了极点,而此类广告的主要接收群体即为高校大学生。学生较容易接受什么类型的广告?什么样的情况下学生会翻看宣传广告?带着这样的疑问,寒武印纪开始了一次冒险之旅。

寒武印纪的创始人范融奎毕业于中国地质大学（武汉），四年的大学生活让他发现了学生与打印店之间的微妙关系，似乎每一份单面影印的非重要材料最后的结局都是课堂或生活中的演算纸，甚至大部分最终只是变成了桶里的垃圾。但其实，每一页材料的页眉页脚处看似小小的空白，都蕴含着巨大的可发挥的空间。全新的广告植入模式开始在他的脑海中浮现，即将广告植入页眉页脚处，让学生在接收商家广告的同时获取免费打印的服务。可是如何实现这一想法成为他需要考虑的又一个重要问题。

经过创始团队的反复探讨，最终得出了一套满意且可实施的方案。寒武印纪将企业商家聚合，单个商家只需付出较低的获客成本，即可实现在整所高校的用户覆盖。而另一方面，由商家来提供免费打印服务，用户选择提供服务的商家，这样一来，用户由被动接收广告转变为主动选择广告，在其过程中帮助商家实现精准投放和品牌深化服务。最终，企业广告文案"简版"将会覆盖在学生非重要资料的页眉页脚，"长版"将通过微信公众号群发，"动态版"将在学生使用自助终端时进行播映。不参与高校影印市场的竞争，而是与高校打印店合作，不需要一台打印机，寒武印纪即可实现免费打印。

2016年1月，寒武印纪正式注册公司。同年3月，其专属微信公众平台正式上线，开始大规模的宣传。目前，寒武印纪主要通过手机端及网页端为高校学生提供免费的打印服务，未来寒武印纪还将设立自己的自助终端，通过三大渠道帮助学生实现"免费打印"和"自助打印"。

计划是全部管理职能中最基本的一个职能，它通常先于组织、领导和控制活动，而处于管理职能工作的首位。本章将主要介绍管理的首要职能——计划。

由于决策渗透于整个计划过程，因此将决策作为计划职能的一部分来介绍。本章将具体阐述计划和决策的概念、分类和基本过程，目标管理，计划的主要方法，理性决策、有限理性决策和直觉决策，群体决策，风险型和不确定型决策方法等。

第一节 决 策

我国古代有一句名言："夫运筹帷幄之中，决胜千里之外。"说明在竞争和对抗活动中，都必须统筹谋划，正确研究对策，以智取胜，而对策研究和确定过程就是决策。在任何一个组织中，决策是管理者的基本工作内容，美国一名管理学家曾经说过，如果向高层管理者提出3个问题："你每天花时间最多的是在哪些方面？""你认为你每天最重要的事情是什么？""你在履行你的职责时感到最困难的是什么？"那么绝大多数人的回答只有两个字："决策。"诺贝尔经济学奖获得者西蒙也提出"管理就是决策"的观点,可见决策的重要性。就长期而言,决策决定了组织的绩效与成败。

一、决策与决策过程

(一)决策的定义

关于决策(decision)的定义,不同的学者有不同的看法,目前较为典型的有以下两种:

一是认为,决策是为了达到某一特定的目标而从若干个可行方案中选择一个满意方案的分析判断和选择的过程。该定义较侧重于决策的基本过程,其内涵包括:第一,要有明确的目标,这是决策的前提条件。第二,要有多个可行的备选方案,这是科学决策的根本。从理论上说,达成任何一项目标的途径通常都有若干条,而这若干条途径就是这里所说的备选方案。第三,决策的重点在于科学地分析、判断与选择,这是决策质量的保证。第四,决策的结果在于选择"满意"方案,而非"最优"方案。为什么没有最优方案,只有满意方案?这是因为我们所处的环境总是不断变化的,今天的最优选择到了明天可能就不是最优选择,而且由于人的能力有限,对外界信息的了解不可能是完全的,因此所选的备选方案也不可能"穷尽"各种可能,那么基于不完全的信息所作出的决策也就谈不上是最优的。

二是认为,决策是组织或个人为了实现某种目标而对未来一定时期内有关活动的内容、方向和方式的选择与调整过程,该定义较全面地涵盖了决策的类型。其内涵包括:第一,要有明确的目标,这是决策的前提;第二,决策的范围既包括了活动的内容、方向,这是明确组织未来一段时期要"干什么"的战略性问题,也包括了活动方式的确定,这是明确组织未来一段时期要"怎么干"的战术性问题;第三,决策的结果既可能是全新的零起点方案,也可能是基于原有方案的适当调整,是一种追踪决策。

(二)决策的基本过程

决策是一项复杂的活动,需要遵循科学的决策程序。在现实经济活动中,导致决策失败最主要的原因是没有严格按照科学的程序进行决策。一般而言,决策过程(decision-making process)大致包括7个基本的步骤(图3-1)。

1. 识别机会,发现问题

决策是为了解决现实中存在的需要解决的问题或是为了达到想要的目标,所以决策的前提条件一定是发现问题,决策的质量取决于对问题了解的准确程度。如果没有问题,则不需要决策,如果问题不明确,则难以作出正确的决策。所以认识并分析问题是最为重要也是最为困难的环节。图3-2是对问题(problem)的描述方法——SCOC模型。

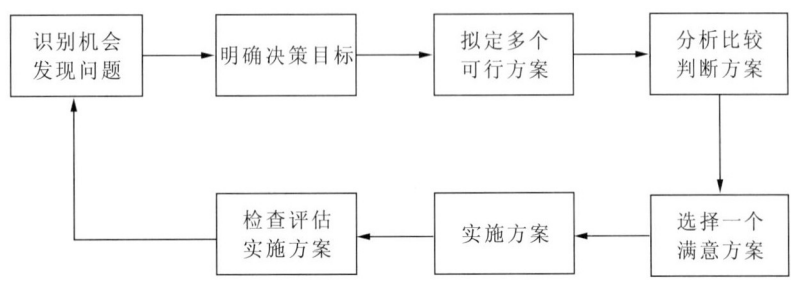

图 3-1 决策的基本过程

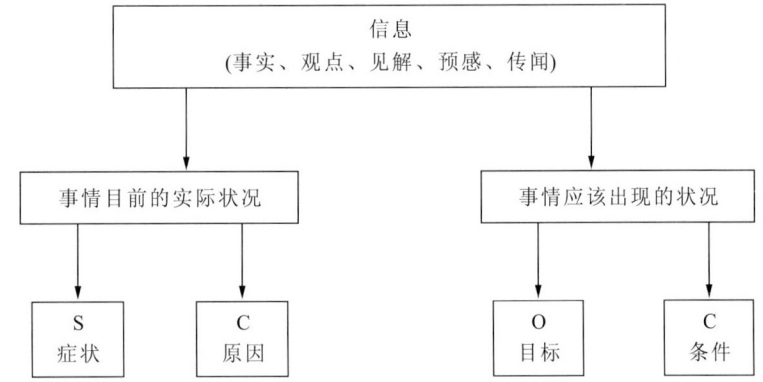

图 3-2 问题描述方法——SCOC 模型

(据[英]史蒂夫·尼兰,2001)

问题通常产生于"应然"与"实然"的差距。所谓"应然",就是理论上说应该达到的状态,"实然"则是实际出现的状态,这二者之间没有差别则没有问题,有差别则说明出现了问题。而"实然"与"应然"均来自于大量信息的收集。一旦出现问题,则要从两个方面来进一步分析。首先,明确理想中应该出现的目标状态是什么,达到该状态必须具备哪些条件;其次,分析实际工作中出现问题的症状有哪些,为什么会出现这些症状,哪些症状需要解决,哪些是可以容忍的,需要解决的这些症状可不可以解决,哪些是企业自身可以解决的,哪些必须借助于外部才可以解决。理清了这些问题,才会有下一步该怎么办的思考。

2. 明确决策的目标

决策目标是组织根据找出的所要解决的问题,在进一步明确解决了该问题之后的结果应该是什么的基础上而设定的。目标的明确十分重要,因为同样的问题,目标不同,采取的决策方案可能就会不同。比如,若把目标分为长期目标、中期目标和短期目标,那么长期目标的决策通常采用战略决策方法,中期目标的决策常用战术决策方法,而短期目标的决策则惯用业务决策方法。

3. 拟定多个可行的备选方案

为了解决问题,实现既定的目标,管理者必须积极地寻找各种切实可行的方案。一般而言,找到的备选方案越多,决策的风险越小,决策的质量和正确率会越高。但是方案一般都不是显而易见的,需要决策者付出大量的努力和劳动才可能获得,而且为了提出更多更好的方案,仅凭决策者个人或少数人的经验与智慧远远不够,要充分调动他人的积极性和创造力,善于征询他人的意见。国外常通过头脑风暴法、德尔菲法、哥顿法等方法集思广益,收集富有创造性的方案。当然还应该牢记的是拟定的方案必须紧紧围绕所要解决的问题和决策的目标。

4. 分析比较备选方案

这一步需要对前面拟定的所有方案逐一地进行评价,通常采用定量分析与定性分析相结合的评价方法。为了充分体现决策的科学性,降低经验主义的作用,应提倡通过多种定量化的分析手段的运用,实事求是,尊重数据。当然,定性分析方法在很多情况下也是必要的。

为了做好该步工作,第一,要明确决策准则(decision criteria),体现决策者最关心的是哪些指标,如成本、收益、风险、可行性等;第二,运用一致的分析方法来分析每一个方案,所选择的分析方法要与决策者关心的指标体系相关;第三,比较每个方案的优劣程度,如每个方案满足指标的情况、达成目标的程度、存在的风险、得到的回报大小以及为得到此回报需付出的代价大小等。

5. 选择满意方案

在对所有方案的优劣信息都清楚以后,决策者最终要从其中选择一个相对满意的方案作为实施方案。这时往往经验和决策者对待风险的态度会起较大的作用。因为从理论上说通过计算选择一个满意化程度最高的方案是非常简单的,但实践中往往这若干个方案的差别可能不是特别明显,或者说每个方案均有各自的优劣势,这个方案在某一方面较有竞争力,但在另一方面又显得欠缺,而另一方案可能正好相反。因此,到底如何取舍,有时取决于决策者的价值观、风险意识、审时度势的能力等。

6. 实施方案

一旦作出了最终决策,就要付诸实施。实施决策,应当首先制定实施方案,包括在组织内部向全体成员宣布决策、解释决策、分配决策任务等,以取得大家的理解与支持,这是任何决策得以顺利实施的关键。因为尽管决策由决策者作出,但决策的实施是由广大组织成员共同完成的。

7. 实施情况的监督与信息反馈

决策结果的正确与否是通过实践检验出来的,同时,在实践过程中,随着环境的变化有时需要对决策进行调整。因此建立完善的监督与信息反馈渠道对决策的顺利执行非常必要。通过有效的监督机制,可以保证决策执行的高效率和质量;通过信息反馈,可以及时纠正决策执行中的偏差,同时对已有的决策进行不断的修正和完善。

二、决策的类型

根据决策所要解决的问题的实质,可以将决策分为若干种类型。决策者首先必须弄清楚面临的决策属于什么类型,才可能做到有的放矢,寻找适合该类型的决策方法。

(一)按决策的重要性程度分类

按决策的重要性程度,可将决策分为战略决策、战术决策、业务决策。

1. 战略决策

对组织而言,战略决策是最重要的,直接关系到组织的发展,其涉及的大多为全局性、长期性的问题。通俗地说,战略决策最终要解决组织在未来一段时期活动的内容和方向,即回答"干什么",如组织目标的确定、机构的设置与调整、产品的更新换代等。一般来说,由于战略决策所要解决的问题牵涉到的范围较广、内容较复杂、思维较抽象、可借鉴性资料不多,需要管理者有高度的敏感力、抽象思维的能力、创造能力和丰富的经验,因而对管理者的素质要求非常高。这类决策一般由高层管理者作出。

2. 战术决策

战术决策是在战略思想指导下的具体方法的选择和运用,要解决如何执行战略决策的问题,也即解决"怎么干"的问题,如具体方案的选择、资源的分配、绩效评估、产品的定价、资金的筹措等。一般战术决策涉及的问题比战略决策更具体、更局部化,且多数问题的解决方案可以定量化且有借鉴性资料。这类决策一般常由中层管理者作出。

3. 业务决策

业务决策是在日常的生产和服务活动中为了提高劳动效率所作的决策,如一周生产任务的安排,进度安排,车间班组、科室岗位责任的落实等。一般业务决策要解决的问题非常明确且带有较强的程序化,属于常见的问题,决策者通常也非常清楚决策要达到的具体目标是什么、可以利用的资源有哪些、实现的途径有多少、实施的结果是什么。这类决策一般由基层管理者作出。

(二)按决策的重复性程度分类

按决策的重复性程度,可将决策分为程序化决策与非程序化决策。

1. 程序化决策(programmed decisions)

程序化决策所面临的问题一般会经常性地重复出现,如常见的产品质量缺陷、设备故障等,解决这类问题的方法有先例可循,所以决策者只要碰到此类问题,就可沿用已往的解决方法,因而该类决策又称为例行性决策或常规性决策。

2. 非程序化决策(nonprogrammed decisions)

非程序化决策所面临的问题常是例外发生或偶然发生的,如重大的人事变动、大的投资开发项目等。这类问题没有现成的解决问题的办法,需要管理者根据具体情况寻找出解决问题的具体途径。

(三)按决策的状态分类

按决策的状态,可将决策分为确定型决策、风险型决策和不确定型决策。

1. 确定型(certainty)决策

确定型决策是指个人完全知道所面对的问题,替代方案也很明确,且每个方案的结果是唯一的且可以预见的。由于各方案的条件、结果均已知,所以只要比较一下各方案,就可作出最终决策。这类方案通常可利用净现值、投资回报率、投资回收期等定量化计算方法来进行。例如,企业拟投资1000万元,投资方案有3个,每个方案的经济效果值非常清楚,年投资回报率分别为15%、12%、10%,在其他条件均不变的情况下,理所当然选择投资回报率为15%的方案。

2. 风险型(risk)决策

风险型决策是指对某事件出现的结果不能确定其唯一性,但可能出现的几种状态是可以预见的,且每种状态出现的概率和经济效果是可以估算到的,可以通过比较各方案的期望值来进行决策。但这类决策过程定量化程度不高,决策时需要冒一定的风险。比如,某人拟炒股票,炒股票的结果是一定获利或一定亏损,无法给出结论,因为一旦经济形势发生变化或出现重大事件或政策倾向有所调整,都可能会引起股市的波动。但炒股票的结果只有几种可能性,要么赚钱,要么亏损,要么不盈不亏,且可根据历史资料和对未来股票动向的估计大概估算出几种可能出现的概率,再计算出每种状态下的期望值,根据3种情况下期望值的结果进行分析选择,确定是否值得投资股票。

3. 不确定型(uncertainty)决策

不确定型决策所遇到的问题因为信息不明朗,或无历史资料可借鉴,通常非常不明确,既不知道结果,也不知道结果出现的概率,所以解决的办法通常依靠经验和胆识。

(四)按决策主体的多少分类

按决策主体的多少,可将决策分为群体决策和个人决策。

个人决策是指决策由一个人独立作出,群体决策则是指由多人共同参与作出的决策。群体决策和个人决策各有其优缺点。

(1) 相对于个人决策而言,群体决策可以借助更多人的经验与智慧,提供更多、更完整的信息,因此可以提出更多的替代方案,特别是当群体的组成成员来自于不同专业、不同学科的专家时,该优点会更加凸显。所谓"三个臭皮匠胜过一个诸葛亮"正说明了群体决策的优势。

(2) 群体决策由于是群体成员共同参与的结果,可增加对解决方案的认同和承诺程度,实施起来更加容易接受。

(3) 群体决策通常较费时,且易增加成本。群体的组成本身需要耗费时间,且群体间为了达成共识,也相当费时,效率较个人决策差。

(4) 群体决策有时会产生责任的含糊。在个人决策中,谁应该对决策的结果负责是非常明确的,但在群体决策中,由于群体成员共同分担决策的责任,往往造成责任的模糊与逃避。

三、决策模式

(一)理性决策(rational decision-making)

日常生活中,我们常会评价一个人"很理性",其中含有"讲理、冷静"的意思。而这里讨论的决策的"理性"是指经济理性,经济学上所说的理性决策,是指一个人会在特定的限制因素下进行价值最大化的选择,即决策的目的是为组织获取最大的经济效益。因此,理性决策模式有其基本的假设条件。

第一,决策者理性,即决策者充分了解决策目标,全面掌握信息情报,找到所有的备选方案,始终保证决策的目的是经济利益最大化。

第二,决策程序理性,即整个决策过程完全符合理性决策的全部步骤,这些步骤包括界定问题、明确决策准则、赋予决策权重、提出所有可行方案、评估方案和选定最佳方案。

第三,决策信息理性,即与决策相关的信息充分、正确。只有决策信息理性,才能保证决策者理性和决策程序理性,才能保证决策者选择的方案是最佳方案。

理性决策的最显著特点是选择的方案一定要"最佳",而非"满意"。但实际上完全理性的假设在现实经济生活中几乎不存在,因为人都是在不完全信息基础上作出的决策,而且决策者自身的能力也有限,因此当我们面对复杂问题时,完全理性是不可能的。所以完全理性决策理论只是一种纯理论探讨,对实际工作指导意义不大。

(二)有限理性(bounded rationality)决策

最先对理性决策理论提出质疑的是赫伯特·西蒙(Herbert Simon),他在《管理行为》一书中指出,理性的和经济的标准都无法确切说明管理的决策过程,进而提出"有限理性"假设和"满意"(satisficing)选择原则。因为影响决策者选择的不仅仅是经济因素,还有其他非经济因素,如个人的态度、情感、经验等。

有限理性决策的主要论点如下:

第一,管理者所拥有的信息是不完整且不完美的。

第二,决策是在有限理性下达成的。因为在高度不确定和极其复杂的现实环境中,人的知识、时间、经验和能力是有限的。

第三,决策是追求满意解,而非最佳解。

有限理性决策理论认为,在绝大多数情况下,当问题被确定以后,决策者会寻找决策准则和替代方案,但所能找到的准则和方案是有限的,而决策者也会只注重那些容易找到和界定的替代方案,且决策者对这些方案的评估也只注重找到一个"够好"的方案,而不是去找一个"最好"的方案。

有限决策的观点并不意味着要放弃完全理性,事实上,它只是告诉我们,完全理性是可遇不可求的,决策越接近完全理性,效果会越好。对管理者而言,有限理性给我们的最大启示是:完全理性只是告诉我们决策"应该"怎么去做,有限理性则说明了"实际上"如何去做。在完全理性很难被满足的情况下,决策会受到决策者本身的价值观、组织的文化、过去的决策、职权等的影响。

(三)直觉决策(intuitive decision-making)

其实,我们每个人每天都在利用直觉进行日常问题的决策,如大多数人在挑选一件衣服时就常依赖于自己的直觉。直觉决策有时会起到重要的作用,如当客观事实很少且不相干,而我们又必须作出决策时;尽管事实摆在面前,但我们仍然不知道应当怎么做时;时间紧迫,不允许广泛收集信息时;几种方案均可行,且各自的优劣势不明显时。

直觉不是理性的反义词,更不应是随意的猜测或主观臆测,它应该建立在广泛的实践经验基础之上,是对理性分析的补充,二者相辅相成。常见的几种情况如下:

(1)决策者倾向于基于印象鲜明的信息来作为判断的基础。一般而言,凡是引起强烈情绪、深刻印象或新近发生的事件等都会导致我们高估该事件发生的几率。比如,许多人不敢乘飞机,宁愿乘车,就是因为人们高估了飞机失事的几率。因为每次飞机失事留给人们的印象太深刻了。事实上从失事的历史数据来看,火车、汽车失事的频率远远高于飞机。

(2)决策者倾向于依据相似的信息作为决策的基础。决策者在评估某一事件的发生几率时,常会依该事件发生的状况与类似事件的相似性程度而定。如,某些用人单位对某院校的大学生特别有好感或反感,都是来自于先前对该校毕业生的使用经验。所谓"以貌取人"、"脸谱化"等都是这种情况的代表。

(3) 决策者倾向于以过去的资料作为现在调整决策的基础。决策者在进行评估时,常由某一起始值开始,然后再调整到一定的程度。这个起始值可能是历史事件、问题呈现的方式,也可能是一随机的信息。比如,公司在雇用新人时的薪水常会受该新人过去薪资的影响,在此基础上再做一定的调整,确定给新人的薪水。事实上,人们都有这种决策倾向,消费者在购买特价商品时,关注的不仅是商品降价之后的价格,还关注原来的价格,根据二者之差来判断该商品是否值得购买。

但由于决策者的知识、能力、经验及性格的影响,直觉决策常会犯一些错误,从而增大决策的风险。比如,股市中的追涨现象,明知随着股票价格的上涨投资的风险会加大,但仍有人追涨。又比如,当你倾向于购买某一品牌的商品时,你会对该品牌商品的正面信息更为关注;当你不倾向于购买某品牌的商品时,你会对该商品的负面信息更加关注。

一个优秀的管理者应努力学会正确运用自己的直觉,在普通管理者尚未发觉之前就能感知到问题的存在,在最终决策时能够运用直觉对理性分析的结果进行检查,从而协助其作出正确的抉择。

四、决策方法

(一)风险型决策

在实际工作中,当比较和选择活动方案时,如果未来情况不确定,但知道每种情况发生的概率,则需要用风险型决策方法。风险型决策是最常见的。由于风险型决策问题大多复杂且凌乱,因此为了避免出错,惯常用一种简明的图示形式来辅助决策,即决策树法。决策树方法简便明了,容易掌握,尤其是在方案众多或需要作多级决策的情况下,决策树方法更显出其优点。

决策树是决策过程中的一种有序的概率图解表示,决策者根据决策树所构造出来的决策过程的有序图示,不但能纵观决策过程的全局,而且能系统地对决策过程进行合理的分析,从而得到较好的决策结果。决策树由节点和分枝组成,表现为一个树状图示,如图3-3所示。节点有两种,一种叫决策点,用□表示,从决策点引出的分枝称为方案分枝;另一种叫状态点,用○表示,从状态点引出的分枝叫概率分枝。每一概率分枝表示一种自然发生的状态,在概率分枝的末端标明相应方案在该状态下的损益值,在概率分枝上注明不同状态可能发生的概率大小,在状态点上注明该方案计算所得的期望值。

例如某公司拟投资建厂扩大生产规模,现有3个互斥的可选方案:

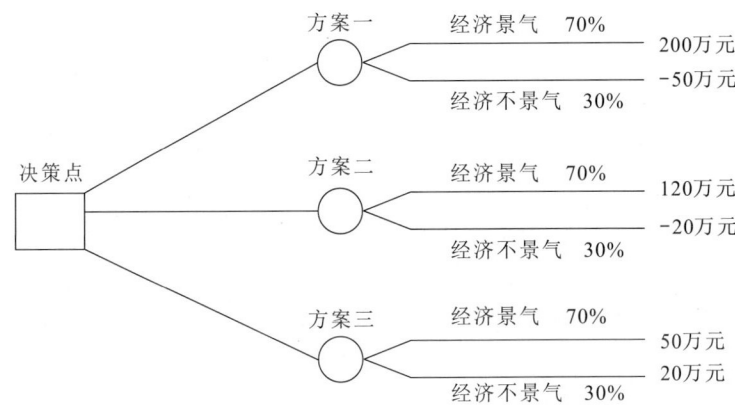

图 3-3 投资建厂决策树示意图

方案一：新建大厂。需一次性投资 1000 万元，据预算，若经济景气，每年可获利 200 万元；若经济不景气，每年会亏损 50 万元。

方案二：新建小厂。需一次性投资 500 万元，若经济景气，每年可获利 120 万元；若经济不景气，每年会亏损 20 万元。

方案三：改建老厂。需一次性投资 200 万元，若经济景气，每年可获利 50 万元；若经济不景气，每年仍可获利 20 万元。

假设经济景气的可能性为 70%，经济不景气的可能性为 30%，资产的使用期为 10 年，在不考虑税收、资金时间价值的情况下，请选择一可行方案。

首先画出决策树，如图 3-3 所示。根据决策树图上的数据可以算出各种方案的期望收益。

方案一的期望收益为：$(200×70\% - 50×30\%) × 10 - 1000 = 250$（万元）

方案二的期望收益为：$(120×70\% - 20×30\%) × 10 - 500 = 280$（万元）

方案三的期望收益为：$(50×70\% + 20×30\%) × 10 - 200 = 210$（万元）

计算结果表明，方案二的期望收益最大，因此，在不考虑资金时间价值等因素的情况下，会选择方案二作为实施方案。

(二) 不确定型决策

当决策者无法预知方案的实施结果会有几种状态，或者虽然知道有几种状态，但无法判断其发生的概率时，可采用不确定型决策方法。如上例中，假设不知道经济景气和经济不景气的概率，那么就无法计算出各方案的期望值，只能用不确定型决策方法来选择满意方案。进行不确定型决策时，决策者的主观因素起很大作用。常见的不确定型决策方法有乐观分析法、悲观分析法、折中分析法、最大后悔值最小分析法。

1. 乐观分析法

采用这种方法的决策者一般富有冒险精神,对未来持乐观态度,看到的是光明的一面,因此,在进行方案选择时,常常会更加关注每个方案盈利状态时的经济效果值,通过对几个方案盈利时经济效果值的比较,选择盈利最大的方案作为最终的决策结果。如上例中,3个方案在经济形势好的时候的盈利分别是200万元、120万元、50万元,那么乐观的决策结果将会选择方案一作为最终的实施方案。

2. 悲观分析法

采用这种方法的决策者一般比较保守,对未来持谨慎态度,看到的是方案实施后可能带来的亏损结果,因此,在进行方案选择时,常常会更加关注每个方案亏损状态时的经济效果值,会选择几个方案中亏损最小的方案作为实施方案。如上例中,3个方案在经济不景气时的经济效果情况分别是亏50万元、亏20万元、盈20万元,那么悲观决策的结果将会选择方案三作为最终的实施方案。

3. 折中分析法

采用这种方法的决策者遵循中庸之道,既不过于乐观,也不过于悲观,其基本假设是最乐观的状态和最悲观的状态均可能产生,并给最乐观的状态一个乐观系数,给最悲观的状态一个悲观系数,乐观系数与悲观系数之和为1,然后用最好状态下的期望值乘以乐观系数加上最差状态下的期望值与悲观系数的乘积。

4. 最大后悔值最小分析法

管理者在选择了某方案后,如果将来方案的自然状态表明其他方案的收益更大,那么他会为自己当初的选择而后悔不已。最大后悔值最小分析法就是试图使这种后悔值降到最小。首先计算各方案在各自然状态下的后悔值=该自然状态下的最大收益-该方案在该自然状态下的收益,找到各方案的最大后悔值,然后比较几个方案的最大后悔值,选择最大后悔值最小的方案作为满意方案。如上例中,经济景气时,3个方案的收益值分别是200万元、120万元、50万元,用最大收益200万元去减每个方案在该状态下的收益值,得到的后悔值分别为0、80万元、150万元。再计算经济不景气时3个方案的后悔值分别为70万元、40万元、0,由此得到方案一的最大后悔值为70万元、方案二的最大后悔值为80万元、方案三的最大后悔值为150万元,根据最大后悔值最小的原则,最终选择方案一作为实施方案。

第二节 计 划

古人云:"有备无患,凡事预则立,不预则废。"说的就是计划工作的重要性。管理是对资源进行优化配置的过程,要把资源协调好离不开计划,没有计划或计划不周会降低管理的效率,甚至直接影响到组织目标的实现。在日常生活中,许多组织应该说是有明确目标的,但总也不能达成目标,为什么?很大程度上是因为没有具体的实施计划,使得许多目标成为"口号"、"空头支票"。因此,有效的计划工作是为达成目标而提供的一种合理的实现方向。正如哈罗德·孔茨所说:"计划工作是一座桥梁,它把我们所处的这岸与我们要去的对岸连接起来,以克服这一天堑。"有效的计划能有效地配置资源;有效的计划有助于及时预见危险,发现机会,早作准备,防患于未然;有效的计划能提高效率,调动积极性;有效的计划是控制工作的基础。

一、计划的概念与类型

(一)计划的概念

计划有名词和动词两层含义。从名词意义上来说,计划是对组织未来一段时期内活动的内容、方向以及方式方法的预测与安排处理。从动词意义上来说,计划是管理者为了达成既定的目标而制定行动方针的过程。所以狭义的计划实际上就是计划的制定过程,而广义的计划除了计划的制定以外,还包括计划的执行与控制过程。

当计划以书面的形式出现时,就是我们所说的计划书。一份完整的计划书中的计划内容包括:

目标——明确做什么(What);
目的——回答为什么(Why);
人员——由谁去做更合适(Who);
地点——确定在哪里做(Where);
时间——何时开始做(When);
方式与手段——如何去做(How)。

除此之外,在一项计划书中还应说明计划有效的前提条件,以便在实施过程中明确在什么情况下需要修改计划;当实际情况与计划条件不符时应采取的措施,以增强计划的适应性。此外,为了便于在情况发生较大变化时能够判断是应该放弃计划还是应该竭尽全力去创造条件完成计划,计划书中还应该说明进行这项工作或实现相应目标的意义或重要性。

计划(plans)的表现形式很多,目标、战略、政策、规章制度、预算、程序、规划等都属于计划的范畴。

(二)计划的类型

依据不同的侧重点,可以将计划作不同的分类,常见的计划分类方法有以下几种。

1. 按计划完成的时间划分

按计划完成的时间,可将计划分为长期计划、中期计划和短期计划。一般地,把 5 年以上的计划称为长期计划(long-term plans),1 年以内的计划称为短期计划(short-term plans),介于 1 年与 5 年之间的计划称为中期计划。长期计划体现了组织在较长时期的发展方向和方针,规定了组织各个部门在较长时期内从事某种活动应达到的目标与要求,绘制了组织长期发展的蓝图。例如,一个企业的长期计划要指出该企业的长远经营目标、经营方针和经营策略等。中期计划来自于长期计划,但比长期计划更具体和详细,它主要起协调长期计划和短期计划之间关系的作用。长期计划以问题和目标为中心,中期计划以时间为中心。短期计划比中期计划更为具体与详尽,具体规定了组织的各个部门在目前到未来的各个较短阶段应该从事何种活动,从事该活动应达到何种要求,因而为组织成员提供了短期内行动的依据与准则,如企业的年度销售计划就是短期计划。

在一个组织中,长期计划与短期计划之间的关系应是"长计划,短安排",即为了实现长期计划中提出的各项目标,必须制定相应的一系列中、短期计划并加以落实,而中、短期计划的制定又必须围绕长期计划中的各项目标展开。

2. 按计划的广度划分

按计划的广度,可将计划分为战略性计划与战术性计划。战略性计划(strategic plans)是由高层管理者制定的具有全局性、长远性的指导性计划,它描述了组织在未来一段时期内总的战略构想与总的发展目标以及实施的途径,决定了在相当长的时间内组织资源的运动方向,战略性计划涉及到组织的方方面面,并在较长时间内对组织有指导作用。而战术性计划(operational plans)是在战略计划规定的方向、方针和政策范围内,为确保战略目标的落实和实现,确保资源的取得与有效运用而形成的具体计划,它主要描述如何实现组织的整体目标,是战略计划的具体化。战略性计划具有全局性、指导性和长远性特点,战术性计划具有局部性、指令性和一次性特点;战略性计划侧重于确定组织的宗旨、目标,战术性计划侧重于明确落实战略的各种措施和方法;战略性计划的目的是提高效益,战术性计划的目的是提高效率。战略性计划涉及到整个组织,战术性计划则局限于特定的部门或活动。

3. 按计划的对象划分

按计划的对象,可将计划分为综合计划、部门计划和项目计划。综合计划是指具有多个目标和多方面内容的计划,它可能关联到整个组织或组织中的大多数部门,一般年度预算计划是综合计划。部门计划是在综合计划基础上制定的,其内容较为专一,局限于某一特定的部门或某一特定的职能,一般是综合计划的子计划,是为了达到组织的目标而制定的分计划。如企业营销部门制定的年度销售计划,就是根据总生产计划制定的分计划。项目计划是针对组织的特定活动所作的计划,例如某新产品的开发计划等。

4. 按计划的明确程度划分

按计划的明确程度,可将计划分为指令性计划与指导性计划。指令性计划(specific plans)是由上级下达的具有行政约束力的计划,它规定了计划执行单位必须执行的各项任务,其规定的各项指标没有讨价还价的余地。指导性计划(directional plans)是由上级给出的一般性的指导原则,具体如何执行具有较大的灵活性。现实生活中,指导性计划由于没有明确的要求,因而具有较好的灵活性,而且,由于指导性计划规定了一般性的指导原则,从而使其在多变的环境中具有较好的可控性。指导性计划的灵活性和可控性优点恰恰是指令性计划的局限性之所在。

5. 按计划的重复性划分

按计划的重复性,可将计划分为程序性计划与非程序性计划。西蒙认为,组织的活动可分为两类:一类是例行的重复出现的活动,对这类活动的决策称为程序化决策,与之相对应的计划工作就是程序性计划或常规计划,包括政策、标准方法和常规作业程序,所有这些都是用来解决常发性问题的。另一类是非例行的不重复出现的活动,对这类活动的决策称为非程序化决策,与之相对应的计划工作就是非程序性计划或专项计划,包括为特定的情况专门设计的方案、进度表等,它用来处理一次性的而非重复性的问题。

二、目标管理

(一)目标

正如百米运动员的目标是距离起跑点 100 米处一样,任何一个组织要有效地运用其有限的资源,首先必须明确其目标。没有明确的目标,整个组织的活动就是杂乱无章的,更无从评价管理的效率与效果。因此,目标对各个组织而言都起着非常重要的作用。

1. 目标的概念

所谓目标(goals),是指一个组织在未来一段时期内期望达到的目的,它反映了组织在特定的时期内,在综合考虑内外部环境条件的基础上,希望某一时期内在履行其使命上能够达到的程度或取得的成效。组织的目标与组织的宗旨不同,宗旨表达的是组织的一种追求,不仅比较抽象,而且也许最终也无法完全实现。如医院的宗旨是救死扶伤,学校的宗旨是教书育人。它是组织的一种使命,说明了该组织存在的根本目的或价值。但仅有宗旨显然不够,需要通过目标的具体化才能转化为组织成员具体的行动指南。所以目标是一种行动承诺,比宗旨具体,且可操作、可实现、可检验。

2. 目标的特点

(1)目标的差异性。目标的差异性主要体现在不同性质的组织目标有所不同，比如，服务性组织与有形产品生产组织、企业与事业组织，由于它们的组织宗旨不同，因此其组织目标也不同。企业更加注重营利，事业单位则不以营利为主要目标。即使是相同性质的组织，由于自身资源与外部环境不尽相同，其组织目标也可能会有所不同，如同一行业中的不同企业追求的目标就不完全相同。

(2)目标的多元性。不同的组织会有不同的目标，在同一个组织内部，不同的部门也会有不同性质的多个目标。彼得·德鲁克提出，凡是成功的企业都会在市场、生产力、发明创造、物质和金融资源、人力资源、利润、管理人员的行为、工人的表现和社会责任方面有自己一定的目标，如表3-1所示。

表3-1 德鲁克提出的经营成功的企业所包括的各种目标

目标性质	目标内容
市场方面	应表明本公司希望达到的市场占有率或在竞争中应占据的地位
技术改进与发展方面	对改进和发展新产品、提供新型服务内容的认识与具体措施
提高生产力方面	有效地提高原材料的利用，最大限度地提高产品的数量和质量
物质和金融资源方面	获得物质和金融资源的渠道及有效的利用
利润方面	用一个或几个经济指标表明希望达到的利润率
人力资源方面	人力资源的获得、培训和发展，管理人员的培养及个人才能的发挥
职工积极性发挥方面	发挥职工在工作中的积极作用，采取激励和报酬等措施
社会责任方面	注意本公司对社会产生的影响，说明对社会应尽的责任

综合德鲁克提出的以上目标，组织的目标通常应包括以下几个主要方面：

1)生存目标。是组织的最基本目标，是组织生存和发展的必要前提，如学校的生源、企业的最低产出规模等。

2)经济目标。主要包括组织的资金运用、成本核算、投资回报等。比如，对营利性组织而言，经济目标常用投资回报(率)、生产与销售收入、成本、利润(率)等指标加以衡量。对非营利性组织而言，经济目标常用费用的控制、资金的运用等指标加以衡量。

3)内部员工目标。主要指组织内部的人力资源的开发与管理，包括人员的招聘、员工的培训、奖惩措施的制定、人际关系的协调等。

4)社会目标。包括社会责任、环境保护、组织的社会形象等，与组织所处的环境有关。

(3)目标的层次性。从组织的总战略目标到每一个部门、每一个员工的工作目标,组织目标往往要经过逐层的分解与细化。一般地,组织有多少个管理层次,目标就会经过多少层的分解与细化。从最高层的战略目标,经过部门目标,最后形成岗位目标,从而使得抽象的目标具体化,并成为指导每一个组织成员工作的标准。

(4)目标的先进性。所谓目标的先进性,主要体现在制定的目标要有一定的高度,即起点要高,要求要高,要有一定的难度,如果目标定得太低,员工不需要付出太大的努力就可达到,则不能体现目标的先进性,但目标的先进性要视工作的性质和内容而定,并要充分考虑到员工能否完成;如果目标定得太高,员工们即使付出了最大的努力也无法达到,那么员工唯一能做的就是放弃努力或干脆不干,反而会适得其反。所以先进的目标应该如同挂在树上的苹果,能得到,但必须付出努力,要跳一跳,甚至要借助于其他工具方可得到,不应该是画中的大饼,永远可望而不可及。另外,目标的先进性还体现在目标的量化,特别是越往基层,目标应该越能定量化,这样才便于考核。这里的定量化包括"什么事"、"什么时间"、"完成多少"等。

(5)目标的时间性。目标的时间性包含两层含义:一是指要在规定的时间内完成组织目标,所以目标应有完成的时间限制;二是指组织目标应随着时间的变化作相应的调整,特别是当环境发生较大的变化后,原先制定的目标也应有所变化,体现出目标的弹性,而非目标一旦确定,就永远一成不变。

3. 目标的设定

(1)目标设定应遵循的原则。

1)设定的目标要遵循市场需求的客观经济规律。每个组织要想较好地生存与发展,并取得社会的认同,就必须体现出自身的社会价值,并能满足一定的社会需求。因此,进行目标的设定时,要把分析社会需求、满足社会需求作为制定目标的前提。

2)设定的目标要充分体现组织的社会责任。因为在整个社会大系统中,每个组织都是社会的一份子,是社会的基本组织单位,因此,每个组织在考虑自身目标的同时,都应考虑到自身的社会角色,自觉地承担起社会的责任与义务。

3)设定的目标要有利于组织资源的最优化配置。组织所拥有的资源是稀缺的、有限的,因此,组织在设定目标时要注意将有限的资源作最有效的配置,充分体现效益最佳原则。

4)设定的目标要有利于调动组织成员的积极性和创造性。目标是在未来一段时间内在某一方面要达到的目的,因此,目标值的确定必须有切实可行性。在制定目标时要全面分析组织现有的各种资源条件和通过努力能够获得的其他资源条件,并充分考虑各方面可能的创新。既不能脱离实际,凭主观愿望把目标定得太高,失去指引和激励作用,使组织成员失去信心,也不能把目标定得过低,不求上进,满足于现状,这样最终会在竞争中被淘汰。

(2)目标的设定步骤。

1)进行内外部环境与条件分析。全面收集、调查、整理外部环境与内部条件的资料,从而对组织内外环境的现状、发展趋势、对组织的影响程度作出客观的分析和判断,以此作为确定目标的依据。

一般地,组织面临的外部环境包括国家政治体制、经济政策和法规、经济发展水平、人均消费能力等,通过对过去若干年来的发展情况和未来可能的变化趋势分析,明确组织未来发展过程中可以利用的外部资源条件及可能面临的机会与威胁,也即明确组织可以做什么。

而组织的内部条件分析包括组织自身所拥有的物质资源、资金状况、技术条件、人员素质和管理水平等,通过对这些条件的综合分析,明确组织自身的实力,即组织自身的优劣势,也即明确组织能够做什么。

2)明确组织自身的愿景与价值观。即明确管理者的价值观、人生观,组织成员的追求以及组织群体的价值观。也就是要了解组织成员愿意做什么、愿意做到什么程度。这是进行目标设定的人的意识形态体现。

3)提出总体目标方案。通过外部环境给予我们的"可以做什么"、内部条件提供的"能够做什么"以及组织成员潜意识的"愿意做什么"来进行组织目标的逼近,将三者的选择集合起来,取其三者兼而有之的中间范围作为拟定的目标方案。

4)评估各可行方案并确定一个满意方案。按照科学决策的过程进行多方案选择,并确定一个最满意方案作为最终目标的抉择。评估时主要从以下几个方面考虑:①限制因素分析。分析哪些因素会影响目标的实现,影响程度有多大,尤其是本组织与竞争对手之间的比较,看能否找到本组织的竞争优势。②综合效益分析。综合分析每个方案带来的效益,注意分析的效益应是多方面的,除了经济效益外,还要分析社会效益,要使组织的价值最大化。③潜在问题分析。对实施每一目标方案时可能会发生的问题、困难和障碍进行预测性分析,看组织是否有能力去解决这些可能遇到的困难。

5)分解总目标,使其具体化。组织的总体目标确定以后,还应将其分解、细化,层层落实,形成一个完整的目标体系。总体目标的具体化体现在两个方面:一是要根据总目标制定出相应的战略目标与战术目标,即首先要明确为了实现总体目标必须要做些什么,然后再进一步确定该怎么去做;二是要将总体目标分解为部门目标与岗位目标,确定组织中各部门、部门中各成员应当做什么以及相应的权力和承担的责任,做到目标落实到人。

(二)目标管理

目标管理(management by objectives)是美国管理学家彼得·德鲁克(Drucker P)于1954年在其所著的《管理实践》中提出的,其后他又提出"目标管理和自我控制"的主张。德鲁克认为,并不是有了工作才有目标,而是相反,有了目标才能确定每个人的工作,所以"企业的使命和任务必须转化为目标"。因此,管理者必须通过目标对下级进行管理,当组织最高层管理者确定了组织目标后,必须对其进行有效分解,转变成各个部门以及各个人的分目标,管理者根据分目标的完成情况对下级进行考核、评价和奖惩。

"目标管理"的概念提出以后在美国迅速流传,因为当时正值第二次世界大战后西方经济由恢复转向迅速发展的时期,企业急需采用新的方法调动员工积极性以提高竞争能力,目标管理的出现可谓应运而生,故被广泛应用,并很快为日本、西欧国家的企业所仿效,在世界管理界大行其道。

目标管理的具体形式各种各样,但其基本内容是一致的。所谓目标管理,是一种程序或方法,它强调对工作的关心与对人的关心的结合。它首先由组织中上下级管理人员与员工一起,根据组织的使命确定一定时期内组织的总体目标,再层层落实,制定各自的分目标,并以此形成组织中所有成员的责任和分目标以及其职责范围,最终用这些目标作为组织进行管理、评估和奖惩的依据。由此可见,目标管理在指导思想上是以Y理论为基础的(Y理论认为,在明确目标的情况下,人们是能够对自己的行为负责的),而具体操作方法上则是科学管理理论的进一步发展。

1. 目标管理的特点

(1)重视人的因素。目标管理重视员工的参与和自我控制,是一种把个人需求与组织目标有机结合的管理制度。它强调由上下级共同确定目标和建立目标体系,下属不再仅仅是被动地执行目标,而是目标的制定者。这样不仅能使组织目标更符合实际,更具有可行性,而且能激发起员工的工作热情、积极性与创造性,使员工能从工作中得到工作的满足感和成就感。在这种制度下,上下级之间是平等、尊重、信赖与支持的关系,而下级在承诺目标和被授权后是自觉的、自主的和自治的。

(2)建立目标的系统管理。目标管理通过专门设计的过程,将组织的整体目标层层分解,转换为各部门、各员工的分目标。从组织目标到经营单位目标,再到部门目标,最后到个人目标。在目标的分解过程中,权、责、利三者已经明且相互对称。这些目标方向一致,环环紧扣,相互配合,形成协调统一的目标体系。只有每个成员完成了自己的分目标,组织的总体目标才可能完成。

(3)重视成果。目标管理以制定目标为起点,以目标完成情况的考核为终结。工作成果是评定目标完成程度的标准,也是人事考核和奖惩的依据,成为评价管理工作绩效的唯一标志。至于完成目标的具体过程、途径与方法,上级并不过多干预。所以,在目标管理制度下,监督的成分很少,而控制目标实现的能力却很强。

2. 目标管理的实施步骤

目标管理的具体操作分为3个步骤:目标的制定与展开、过程管理、成果评价。

(1)目标的制定与展开。这是目标管理最重要的一步,一般先由高层管理者根据组织的特点、优势与劣势以及组织面临的机会与威胁,确定组织在未来一定时期内的总体目标任务,再逐步展开,确立下级的目标。当然,为了使每个目标都有合适的人负责,在确立下级的目标时,首先要让下级参与到目标的制定中,使确定的目标能得到员工的认同,要与下级共同商量确立下级的分目标,并就实现目标所需要的条件及实现目标后的奖惩事宜达成一致意见。同时,分目标确定后,相应地要授予下级相应的资源配置的权力,真正体现权、责、利三者的统一。

同时要注意:制定的分目标要尽可能量化,便于考核;分目标既要有挑战性,又要有实现可能;每个员工和部门的分目标要与其他员工或部门的分目标协调一致,支持组织目标的实现。

(2)过程管理。目标管理强调结果,重视员工的自我控制,但并不等于管理者就不应该管或就可以不管,相反,由于制定的目标是环环相扣的,牵一发而动全身,一旦在某个环节上发生失误,会影响整个目标的实现,而且管理者要对员工的工作失误负最终责任,因此,管理者在目标实施过程中的管理与控制是不可或缺的。比如,定期检查,便于随时了解工作进度;当下级在工作过程中出现问题或困难时,要及时协调,帮助解决等。

(3)成果评价。到了规定期限后,下级首先提交书面报告,进行自评,然后上下级一起根据预先设定的目标和奖惩条例进行考核,给予相应的奖励或惩罚。如果未完成目标,应分析其原因,总结经验教训,同时为下一轮的目标制定提供参考。

3. 目标管理的优点

目标管理作为一种行之有效的管理方法,受到国内外许多企业的青睐。

(1)通过目标管理,可使各项工作都有明确的目标与方向,从而避免了工作的盲目性,避免了"磨洋工"和做无用功。

(2)目标管理调动了员工的主动性、积极性和创造性,同时由于强调自我控制、自主管理,并将个人利益与组织利益紧密联系在一起,因而提高了员工的士气。

(3)目标管理有助于实现有效控制,解决了控制中控制标准和控制手段等难点问题,使控制工作落到了实处。

(4)目标管理强调员工的参与,促进了上下级之间的关系改进与交流,改善了人际关系,有助于增强全体组织成员的团结合作与内部凝聚力。

4. 目标管理的缺点

在实际工作中,目标管理法也存在一些问题,主要表现在:

(1)目标难以制定。因为目标的影响因素很多,若干个目标之间也难以平衡,而且目标的确定过程耗时耗力,使得组织内的许多目标难以定量化、具体化。因而在实际工作中,有的组织就搞形式主义,草率从事,把目标管理变成了一种数字游戏。

(2)目标管理法是基于对人性的Y假设而言的,但在现实生活中,人是有"机会主义本性的",尤其是在监督不力的情况下,目标管理所要求的承诺、自觉和自主难以达到,从而使得目标管理的效果难以保证。

(3)目标管理强调全体员工的共同参与,强调员工、部门、组织的协调一致;目标管理注重成果的考评,注重结果与奖惩的挂钩。因而容易使得部门、个人只关注自身目标的实现,而忽略相互协作与组织总体目标的实现,滋长本位主义和急功近利思想。

(4)不能按目标成果兑现奖惩。目标管理强调最终考核时要以目标的完成情况来对照奖惩协议给予相应的奖励或处罚。但是当完成的结果远远出乎预料时,比如,当员工超额完成目标时,管理者不愿多奖励;或者当员工未达到规定的目标时,碍于人情,惩罚措施也落不到实处。这样就会使目标管理流于形式。

因此,在实行目标管理法时要注意:一是要建立、健全各项规章制度,改进领导作风和工作方法,使目标管理的推行建立在一定的思想基础和科学管理基础上;二是要长期坚持,长抓不懈,不断完善,使目标管理发挥预期的作用;三是要提高员工的职业道德水平,培养合作精神。同时要注意,开始实行目标管理时,目标方案的制定应尽可能完备,以保证事后奖惩的公正性。方案一旦确定,就应该具有严肃性,坚决执行,不能随意更改。

三、制定计划的方法

(一)滚动计划法

由于计划工作本身是对未来一段时期即将要进行的工作的规划,是一种预测工作,很难准确地预测未来组织可能面临的各种影响因素的变化,这种状况会随着计划期时间跨度的增大而越不确定,因此,如果机械地按照若干年前制定的计划标准实施,很可能会导致重大的失误。滚动计划法就可以避免这种不确定性带来的风险。

滚动计划法是根据近期计划的执行情况以及当前的环境变化情况,定期地修改未来的计划,并逐步地向前推移。它使短期计划、中期计划和长期计划有机地结合起来,并通过不断地修改计划,使制定的计划更加切合实际情况,如图3-4所示。

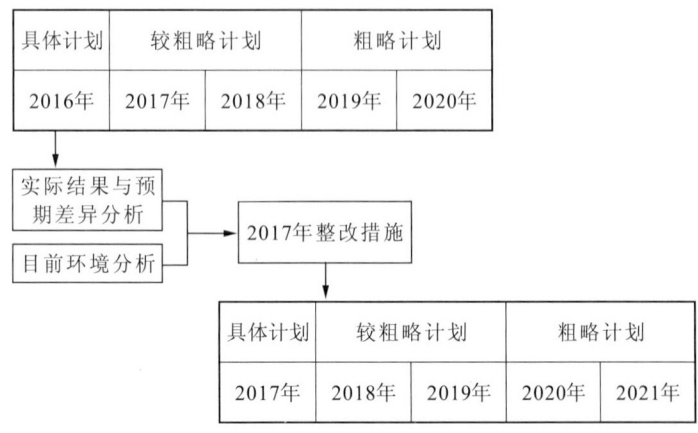

图 3-4 滚动计划法示意图

滚动计划法的具体做法是:在制定计划时,同时制定未来若干年的计划,但计划内容粗细不同,越是近期计划,内容越细越具体,越是远期计划,内容越粗越定性。当执行了最近的一个周期的计划后,根据该期计划执行的具体情况与预期结果作差异分析,同时根据当前内部条件和外部环境的变化情况,对原定的下一期计划进行修订,并将整个计划向前滚动一个周期,以后逐年根据同样的原则进行定期的修订与滚动。

滚动计划法的优点是:

(1)使长期计划、中期计划和短期计划相互衔接,保证了计划随着环境的变化而不断地及时调整。

(2)使计划更加切合实际,由于人们无法对未来环境的变化作出准确的估计和判断,所以计划的时期越长,不准确率就越大,实施的难度也就越大,而滚动计划缩短了计划的时期,从而加大了计划的准确性和可操作性。

(3)滚动计划法大大加强了计划的弹性,提高了组织的应变能力。

滚动计划法的缺点是编制计划的工作量太大。但随着计算机的普及和辅助计算功能的加强,这一难点问题已得到很好的解决。

(二)网络计划技术

网络计划技术于20世纪50年代产生于美国,最初运用于国防导弹工程,后被广泛运用于组织管理活动中。

网络计划技术包括以网络为基础制定计划的各种方法,如关键路线法(CPM)、计划评审技术(PERT)、组合网络法(CNT)等。其基本原理是:把一项工作或项目分解成各种作业,然后根据作业的先后顺序进行排列,通过网络的形式对整个工作进行统筹规划与控制,从而以较少的资源和最短的工期完成规定的工作任务。具体运用步骤包括:运用网络图形式表达一项计划中各种工作(任务、活动、过程、工序)之间的先后次序和相互关系;进行网络分析,计算网络时间,确定关键工序和关键路线;利用时差不断地改善网络计划,求得工期、资源与成本的优化方案,并付诸实施;在计划的执行过程中,通过信息反馈进行监督和控制,以保证预定计划目标的实现。

1. 网络图的绘制

网络图由箭线、结点、虚箭线和路线组成。

(1)箭线。箭线代表一项活动、工作、作业。由箭头和箭尾组成,箭尾表示活动的开始,箭头表示活动的结束。活动(activities)是要消耗资源和时间的,活动时间一般写在箭线的下方,活动的名称除用文字或代号表示外,还可以用箭线起始结点的编号和结束结点的编号来表示,一般写在箭线上面。箭线的长短与活动或作业所需的时间无关,可长可短可弯曲,但不能中断。在网络图上,箭线把各个结点连接起来,以表明各项作业或各道工序之间的先后顺序和相互关系。

(2)结点。结点用圆圈表示,代表某项活动的开始或结束。结点不占用时间,也不消耗资源,只是表示某项活动应当开始或结束的符号。网络图中的第一个结点称为始点,表示一项计划最初作业的开始;网络图中的最后一个结点称为终点,表示整个计划最终作业的结束;介于始点与终点之间的结点称为中间结点,表示中间各项作业的结束和开始。在绘制网络图时,对各个结点要按其先后次序进行统一编号,始点编号可从"0"开始,也可从"1"开始。

(3)虚箭线。虚箭线用带箭头的虚线表示,代表一种作业时间为零但实际上并不存在的作业或工序。它只是一个符号标识,既不占用时间也不消耗资源,它的作用是把两个结点之间的多项作业分开,以明确表示各项作业或各道工序之间的逻辑关系。

(4)路线。路线是指网络图中从始点开始,沿着箭头方向到达网络图终点为止,中间由一系列首尾相连的结点和箭线所组成的一条通道。在同一个网络图上,往往有多条时间长短不一的路线,其中,在路线上的各项作业时间之和最大的路线,称为关键路线(critical path),它直接影响整个计划完成的时间期限。除关键路线外,网络图上的其他路线均为非关键路线。关键路线在网络图中一般用粗线或红线加以标识。

绘制网络图的步骤是:先通过调查研究弄清整个活动过程,并对计划任务进行分析,弄清它的内在联系和要求,然后根据计划任务的内在逻辑关系与要求绘出网络图草图,最后经过修正,作出网络图正图。具体步骤如下:

(1)分析计划任务。弄清各项活动之间的关系,明确计划的各种要求。也就是说,要进行任务分解,把整个计划活动分解为若干道工序或作业,明确各项作业之间的逻辑关系,按照各项作业的先后约束条件,明确哪些作业是前后衔接关系,哪些作业是平行并列关系,并确定各项作业所需时间。一般地,人们常用列表法或网络图法来表示各项作业之间的逻辑关系。

列表法是用表格的形式将各项作业之间的相互关系和作业时间的衔接用文字记录下来。如某工程有8道工序,分别以A、B、C、D、E、F、G、H表示,各工序所需时间分别为4、2、6、8、4、4、10、4天,各工序之间关系为:A完成后才能开始C、D,B完成后才能开始E,C完成后才能开始F,只有当C、D、E均完成了才能进行G,当F、G完成后才能开始H。则用列表的方法表示以上工序的先后顺序,如表3-2所示。

表3-2 列表法

工序代号	A	B	C	D	E	F	G	H
紧前活动			A	A	B	C	C、D、E	F、G
作业时间	4	2	6	8	4	4	10	4

网络图法则是根据前面介绍的有关知识,用箭线、圆圈、虚箭线来表示各项作业或工序之间的先后顺序关系。如上例中所述的8道工序之间的先后顺序反映在网络图上,如图3-5所示。

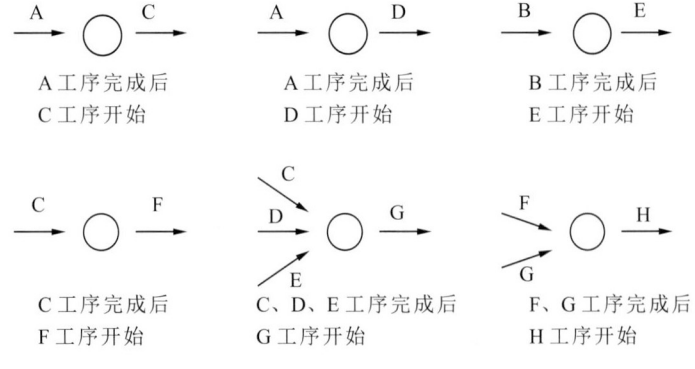

图3-5 网络图表示法

(2)绘草图。根据任务分解、作业时间及先后逻辑关系,用网络图表示法画出草图。例如根据表3-2画出网络图草图,如图3-6所示。

(3)绘正图。在上述基础上,按照各工序在计划任务中的先后关系,进行规范化,形成正式的网络图。如由图3-6草图绘成的正图,如图3-7所示。

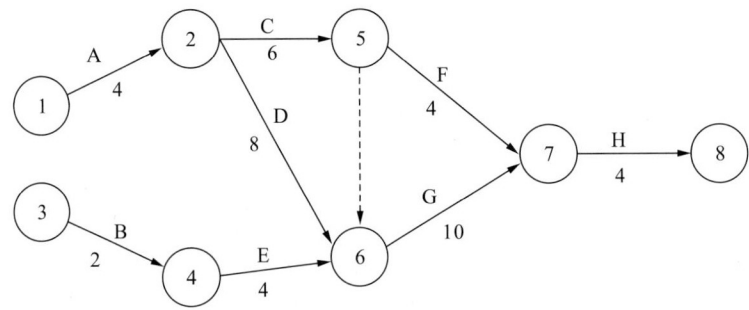

图 3-6 网络图草图

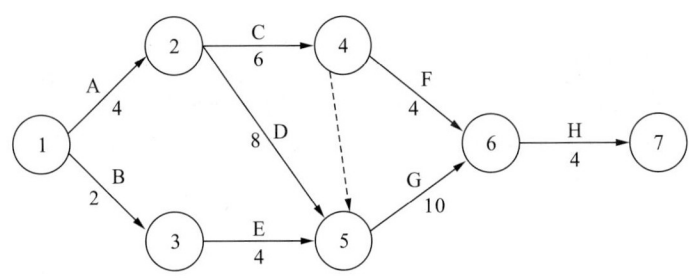

图 3-7 正式网络图

绘制网络图时要注意遵守以下重要规则：

(1)各项活动之间的衔接必须按次序进行。只有当所有的紧前活动全部完成之后,后续活动才能开始。即只有当进入某结点的箭线作业全部完成后,从该点出发的箭线活动才能开始。

(2)网络图中不能出现封闭的循环线路,否则在使用计算机运算时会因出现死循环而无法得出结果。网络图中箭线的方向只能从左到右,不能反方向,以免形成回路。

(3)两个结点之间只能有一条箭线。如果在两个结点之间存在多项平行的作业活动,则除保留一项作业活动的结点外,其余活动要通过增加结点,用虚箭线相连接的方式表示,如图 3-8 所示。

(4)一张网络图中只允许有一个始点和一个终点。如果有多项始点活动,可从一个始点引出;如果有多项终点活动,最后也要汇集到一个终点上,中间不允许出现始点或终点。

(5)网络图中的所有结点均需按从小到大的原则进行统一编号,以便于识别、检查和计算。编号顺序是从始点到终点,不允许编号重复使用,并且箭头结点的号

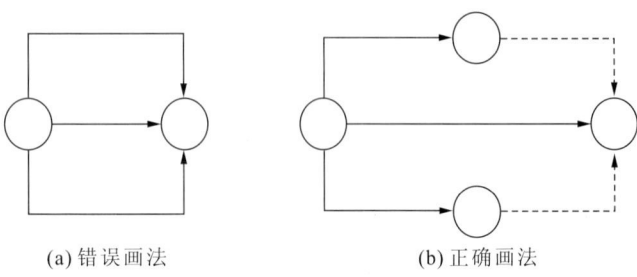

(a) 错误画法　　　　　　(b) 正确画法

图 3-8　结点间作业关系的表示

码必须大于箭尾结点号码。号码数字要写在结点的圆圈内，以免与作业时间相混淆。

2. 网络图的运用

(1)作业时间的确定。网络图中各项作业的时间值是编制计划和安排活动的基础。作业时间是指完成某项作业或某道工序所需的时间，常用符号 T 表示。作业时间的单位视具体情况而定，一般可用月、周、日、时表示。网络计划技术中确定作业时间值的方法一般有单一时间估计法和三点时间估计法。

单一时间估计法是指在估计某项作业时间时，只确定一个时间值。它是以完成该项作业的最大可能时间为标准的，适用于变化因素少或有先例可循的活动。

三点时间估计法是指在估计作业时间时，先预计 3 种时间值，然后据以计算出完成作业时间的平均值，这 3 种时间值是：

1)乐观时间值。指在顺利的情况下完成该项作业所需的最少时间；

2)正常时间值。指正常情况下完成该项作业所需的最有可能的时间；

3)悲观时间值。指在不正常情况下完成该项作业可能需要的最长时间。

根据以上 3 种时间值，按下列公式计算出作业时间平均值 T：

$$T = (a + 4m + b)/6$$

式中：a——乐观时间值；

m——正常时间值；

b——悲观时间值。

(2)作业最早开始时间和结束时间的计算。在网络图上，每一项作业都存在一个最早可能在什么时间开始和最早可能在什么时间结束的问题。作业最早可能开始的时间称为活动的最早开始时间；作业最早可能结束的时间称为活动的最早结束时间。活动的最早开始时间和最早结束时间有密切的关系。最早结束时间等于最早开始时间加上作业时间，即：

$$EF_{(i,j)} = ES_{(i,j)} + T_{(i,j)}$$

式中:$EF_{(i,j)}$——作业 $i \to j$ 的最早结束时间;

$ES_{(i,j)}$——作业 $i \to j$ 的最早开始时间;

$T_{(i,j)}$——作业 $i \to j$ 的作业时间;

i——一项作业的箭尾结点的编号;

j——一项作业的箭头结点的编号;

$i \to j$——从结点 i 开始到结点 j 结束的作业。

在简单的网络图中,前一项作业的最早结束时间即为后一项作业的最早开始时间。但在实际网络图中,有时有好几项作业汇集到一个结点,或有好几项作业同时从一个结点出发。这时就要计算从该结点开始的各项作业最早可能开始的时间。也即,当从某一个结点开始的作业有好几项时,这几项作业的最早开始时间是相同的,都等于这个结点的最早开始时间。计算网络图上各结点的最早开始时间应从始点开始,自左至右顺序推算,直至终点。始点的最早开始时间为零,终点的最早开始时间和最早结束时间是相同的。

(3)作业最迟开始时间和结束时间的计算。在网络图中,每一项作业为保证下一项作业的按时开工,又都有一个最迟必须在什么时候开始和最迟必须在什么时候结束的问题。这就要求计算出各项工作的最迟开始时间和最迟结束时间。

设:$LS_{(i,j)}$ 为作业 $i \to j$ 的最迟开始时间,$LF_{(i,j)}$ 为作业 $i \to j$ 的最迟结束时间。

则: $$LS_{(i,j)} = LF_{(i,j)} - T_{(i,j)}$$

即某项作业的最迟开始时间等于其最迟结束时间减去作业时间。

在简单的情况下,下一项作业的最迟开始时间等于前项作业的最迟结束时间。但当若干项作业从同一个结点出发时,则应分别计算从该结点出发的每一项作业的最迟开始时间,然后选择其最小值,作为前项作业的最迟结束时间,这样,若进入某一结点 j 的作业有好几项时,这几项作业的最迟结束时间是相同的,我们把这个时间称为结点 j 的最迟结束时间。结点 j 的最迟结束时间的计算公式为:

$$LF_{(j)} = \min\{LS_{(j,j+k)}\}$$
$$= \min\{LF_{(j+k)} - T_{(j,j+k)}\}$$

式中:$j+k$——从结点 j 开始的各项作业箭头结点的编号;

$k \geqslant j$;

$LS_{(j,j+k)}$——作业 $j \to j+k$ 的最迟开始时间;

$LF_{(j+k)}$——箭头结点 $j+k$ 的最迟结束时间;

$T_{(j,j+k)}$——作业 $j \to j+k$ 的作业时间。

利用上述公式,就可以计算各结点的最迟结束时间,其方法、程序与计算最早开始时间相反。它是从终点开始,自右至左,逐个用减法进行逆算,直至终点。结点的最迟结束时间等于最迟开始时间,等于整个计划的总工期。

(4)总时差的计算。所谓总时差(slack time),是指在不影响紧后活动最迟开始时间的条件下,完成某项作业可供机动的总时间。总时差又称机动时间,一般而言,机动时间愈多,生产潜力愈大,应采取措施加以利用,以充分发挥人力、物力的作用。总时差的计算公式为:

某作业的总时差 = 该作业最迟开始时间 - 该作业最早开始时间
= 该作业最迟结束时间 - 该作业最早结束时间

即: $TF_{(i,j)} = LS_{(i,j)} - ES_{(i,j)}$
$= LF_{(i,j)} - EF_{(i,j)}$

(5)关键路线的确定。在网络图中,若某项作业的总时差为零,即没有机动时间,就称之为关键作业,由关键作业或工序连接而成的路线即为关键路线。关键路线是网络图中费时最长的路线,它决定了项目的最早完工时间或最迟结束时间。凡是在关键路线上的作业,其时差均为零。关键路线一般只有一条,但有时也有可能同时出现几条。

绘制出网络图,估计了各种作业时间,并计算出最早开始和结束时间、最迟开始和结束时间及找出关键路线之后,管理人员就可以据此对该项活动进行计划优化和控制了。

3. 网络计划技术的优点

网络计划技术适用于各行各业,特别是包含较多项作业、需要多家单位配合完成的大型工程项目。因为网络计划技术具有以下几个特点:

(1)系统性。通过箭线关系,能把整个计划中的各项工作之间的内在联系和制约关系清晰地表示出来,使管理者对他们各自在计划中所处的地位和作用一目了然,易于对一项复杂的任务有条不紊地进行全面考虑与安排,并可促进相关人员之间的互相了解、协调和配合,有利于发挥各自的作用,处理好局部和整体之间的关系,从而实现系统整体效益的最优化。

(2)动态性。利用网络技术编制的计划是一种灵活性很强的弹性计划,它把计划执行过程看成是一个动态过程,可不断根据计划实际情况的信息反馈,通过调动非关键路线上的人力、物力与财力加强关键作业,确保预定目标的最终实现。通过对工程的时间进度与资源利用实行优化,既可节省资源,又能加快工程进度。

(3)可控性。利用网络技术编制的计划便于组织和控制,特别是对于复杂的大项目,可分成许多子系统来分别控制。由于网络图提供了明确的活动分工以及相应的期限要求,这就为管理人员提供了现实的控制标准。通过对每一道工序或作业的计算与分析,给管理人员指明了计划中的关键工序和关键路线以及控制的重点,并为管理人员采取适当的控制措施指明了方向,有助于提高控制效果。管理人员可事先评价达到目标的可能性,指出实施中可能发生的困难点和这些困难点对整个任务产生的影响,以便准备好相应的措施,以减小完不成任务的风险。

(4)易掌握。网络计划技术把图示和数学方法结合起来,计算简便,直观性强,容易掌握运用,有利于普及推广。进一步地,由于网络图可以通过计算机进行计算,所以采用网络计划技术还有利于实行计算机管理,从而提高管理效率。

自我测试

1. 决策有哪些类型?
2. 决策过程包含哪几个阶段?为什么强调满意决策而非最优决策?
3. 理性决策、有限理性决策与直觉决策有何不同?
4. 目标管理的实质是什么?为什么说目标管理法是一种行之有效的管理方法?运用目标管理法时要注意哪些问题?
5. 诺贝尔经济学奖获得者西蒙提出"管理就是决策"的观点,请结合管理的四大职能,谈谈决策在各个职能中是如何体现的。
6. 为什么在制定目标时既要强调目标的先进性,又要注意目标的可实现性?
7. 一项完整的计划应包括哪些内容?
8. 某公司对一个新产品是否投放国际市场需进行决策。已知下列条件:

(1)若投放国际市场,需新产品研制费5万元;

(2)若投放国际市场,有竞争对手的概率为0.7,且有竞争对手时本公司采取的价格策略有两个,所面临的竞争对手采取的价格策略、相应概率,以及本公司对应的收益值见下表:

本公司采取的价格策略	竞争对手采取的价格策略	竞争对手采取此价格策略的概率	本公司的收益值(万元)
高价	高价	0.2	12
高价	低价	0.8	2
低价	高价	0.3	10
低价	低价	0.7	4

(3)若投放国际市场,无竞争对手的概率为0.3,且无竞争对手时本公司也有两个价格策略,所对应的收益值是:高价20万元,低价10万元。

试用决策树法为该公司选择最优方案。

互联网练习

通过浏览网页,搜索一家刚刚作出一项重大决策的公司,了解这项决策的内容并分析该公司为什么要作出这项决策,该项决策成功或失败的原因是什么。

管理视窗

你的直觉如何?

根据下面"1~5"的范围评定自己。得分越高,你的直觉就越灵敏。

程度由高到低,分值范围是 1~5 分。

1. 你可以明确你没有仔细观察过的某些事情。
2. 观察云彩,你脑子里会出现许多形象。
3. 你总是会知道什么时候是停下来的理想时机。
4. 你擅长猜想。
5. 你擅长侦探性工作;你知道哪些部分可以很好地联系在一起。

总分:_____

资料来源:Questionnaire items excerpted from Daniel Cappon,"The Anatomy of Intuition", Psychology Today,1993,26:42~43.

问题:

你的直觉如何?你的同桌同意你的分数吗?他人对你的直觉水平反应如何?直觉是如何帮助你做决策的?

实战模拟

目的:决策决定了组织的绩效与成败,它需要遵循科学的决策程序。本实战练习帮助学生明确决策的分类,掌握决策的基本过程以及科学的决策方法。

知识点:目标设定、决策的基本过程以及正确决策的方法。

模拟练习描述:

每 3~5 人组成一个小组,以小组为单位,分别选择以下情境中的一种进行决

策模拟:

(1)某中国汽车品牌中长期目标的制定以及战略方案的选择,目标是能在国内市场赶超国际品牌进入前三(方案提示:聚焦于某一车型市场;全面覆盖市场;高端车型品牌突破等)。

(2)在"互联网+"浪潮下,某珠宝公司需要作出是否建立电子商务平台的决策,根据决策结果制定公司未来发展计划。

(3)校园ofo共享单车在某高校的运营中出现了密码被破解、违规骑行、车辆丢失等问题,假如你们是ofo运营团队,需要作出是否退出该高校的决策。

(4)大学生创业团队——寒武印纪拟进军某高校打印市场。

每组需完成的工作:

(1)总结目标设定过程的科学性。

(2)描述决策的基本过程。

(3)说明采用了何种决策模式,是理性决策、有限理性决策,还是直觉决策?

(4)形成小组的决策计划报告。

案例应用

独占先机的京东物流[①]

网络时代,电商竞争风起云涌,各大平台都在不断找寻自己的特色,期望能够在这个暗流涌动、纷争不断的天下得到一块属于自己的领地。而作为其中的佼佼者,每每提到京东,首先为人称道的就是它的物流。

8年前,京东集团的CEO刘强东不顾投资人和高管的一致反对,决意自建物流。这是京东历史上最重要的战略决策,现在来看,相当成功。谈及京东的核心竞争力,所有人都会指向物流。

很多人认为,京东自建物流单纯为的是更好的用户体验,但事实远不止于此,毕竟良好的用户体验也可以通过物流外包得以实现。京东打造物流系统的目的是在前端给客户提供最佳体验的同时,后端也可以降低整个的物流成本,保证企业充足的现金流。除了这两方面的诉求,京东那时也刚好遇到了一个潜藏的巨大机会:国内物流服务质量普遍不高,但成本极高,而且尚未出现电商自建物流体系的先例。于是,京东便牢牢地抓住了这次机会,建立起自己的物流体系,并通过减少货

---

① 改编自:刘强东剖析京东:为何巨亏也要做物流.新浪科技,2014-07-26.

物搬运次数的核心理念降低成本,提高产业链效率,在电商这片广阔的天地建立起了自己强大的王国。

电商竞争日趋激烈,显然,从京东身上看到机会的其他竞争者不可能让京东独吞电商物流的天下。另一巨头阿里继战略入股苏宁后,在自身拥有外卖平台"口碑外卖"的情况下,投资了同是外卖平台的"饿了么",也正是看好了这二者的物流配送体系。2016年1月,阿里在菜鸟公布了"众包计划",通过联合部分快递企业,做到了当日达、次日达的服务,在时效方面可以媲美京东。

面对来自阿里的挑衅,京东当然不会无动于衷,而是入股永辉超市。2016年4月,京东旗下的京东到家与外卖配送平台达达合并,前者是中国最大的超市生鲜O2O上门服务平台,后者是中国最大的众包物流平台,二者优势互补,强强联合,电商物流领域的拉锯战再次爆发。

而对于京东物流未来的战略决策,刘强东表示,京东未来要实现无人仓储、无人快递和无人机送货,而新的项目小组也早已形成。与追求低成本、高效率自建物流体系的理念相同,在传统商品流通成本变高、渠道日益繁多、效率已逐渐不能满足消费者需求的今天,智能以及无人技术将是物流未来发展的必然趋势。

【教学功能】

科学的决策制定受到诸多因素的影响,本案例主要涉及计划职能中的决策和计划,可在讲授计划职能中的决策类型、决策的基本过程、计划的制定等知识点时使用。

案例分析关键词:战略决策、程序化决策、非程序化决策、决策的基本过程、计划

【知识点链接】

决策是为了达到某一特定的目标,从若干个可行方案中选择一个满意方案的分析判断和选择的过程。

决策的基本过程包括:①发现问题;②明确决策的目标;③拟定多个可行的备选方案;④分析比较备选方案;⑤选择满意方案;⑥实施方案;⑦实施情况的监督与信息反馈。

按决策的重复性程度,可将决策分为程序化决策与非程序化决策。

计划的内容包括:目标——明确做什么,目的——回答为什么,人员——由谁去做更合适,地点——确定在哪里做,时间——何时开始做,方式与手段——如何去做。

【问题】

1. 京东的战略是如何体现其"低成本、高效率"的理念的?

2. 京东集团 CEO 刘强东所作出的自建物流的决策属于程序化决策还是非程序化决策？为什么？

3. 请分析案例中京东与阿里的决策基本过程。

4. 根据刘强东对京东物流的新一轮决策，请模拟制定京东物流未来的发展计划。

迷失的人人网？[①]

那年它还叫校内网，犹如一阵清新的风，从清华吹向全国各地，开创了国内大学生社交网站的历史。

而如今，它已变成人人网，随着微信和微博的崛起，逐渐从人们的视线中消失，也在多样化市场竞争的纷争下迷失了自己的方向。

作为人人网前身的校内网，早期曾是校园版的 MySpace，是学生社交圈子和校园文化的基地，从清华园卷起的狂风短短的几个月便吹遍全国各大高校。但由于考虑到校园社交太过于垂直细分，想象空间太小，因此后来校内网被改名为人人网，人人网董事长想冲破校园篱笆，抓社会群体。但如此一来，却冲到了微信与微博的领地上来。这一决策无疑是失败的，成为人人网最终走向衰弱的重要导火索。2013年人人网曾想重归校园，但为时已晚，曾经的用户都已经走了。

这一决策失败的直接结果就是人人网变成了四不像，无法再专注于大学生这个领域，同时也无法获得更多的白领用户，处于一个比较尴尬的境地。一来使得老用户生命周期变短：得不到职场用户，那也就意味着大学生毕业后接触的很多同事没有"人人"，与同事无法在"人人"交流，那么必定需要新的平台，微博便担当起这个角色，所以人人网用户的可持续性不强，毕业后就转战别的平台成为普遍的现象。二来让新用户有所迷惑，可能直接选择微博等替代物。目前人人网虽然实际上还是大学生用户居多，但它的定位并不仅仅针对大学生领域，功能也没有针对大学生进行优化，在很多人眼中微博跟"人人"都是联系同学、获取知识的平台，"人人"并没有针对大学生的专业性，而微博信息多、有名人，所以直接选微博的可能性是非常大的。这样老用户流失＋新用户导不进来，人人网没有办法陪老用户"成长"，也没有办法满足新用户的需求，想转变又没有足够能力，举步维艰。

从"校内"到"人人"的这种转变，表面上看仅两字之差，但实际上却是根本性的改变。"校内"这个特色鲜明的"核心价值观"被放弃，"大学生"的归属感瞬间消失，可以说，正是这种核心价值观的改变给人人网带来了灾难性打击！

[①] 改编自：王宇飞. 人人网——正在下沉的巨轮. 中国信息产业网—人民邮电报，2013-03-19.

【教学功能】

该案例主要涉及计划职能中的决策模式、决策的基本过程等知识点,通过本案例可以帮助学生加深对科学决策的理解。

案例分析关键词:理性决策、有限理性决策、直觉决策、决策的基本过程

【问题】

1. 从"校内网"到"人人网"这一决策属于哪种决策模式?为什么?
2. 请分析案例中人人网的决策基本过程,并说明决策失败的原因。
3. 假如你是陈一舟,对于校内网的未来发展,你现在会怎么做?

第四章 组 织

学完本章后,你应该能够:

1. 明确组织的含义。
2. 明确组织设计的六要素。
3. 会进行部门划分、职权划分和管理层次划分。
4. 明确授权的原则、集权与分权的关系。
5. 描述常见的传统组织结构形式及其优缺点和适用范围。
6. 描述团队结构、矩阵型和项目型结构、无边界组织以及学习型组织。
7. 了解机械式与有机式组织结构的特征。
8. 描述具有激励作用的工作特征模型。
9. 明确人员配备的原则与内容。
10. 了解组织变革的动因、类型与模式。
11. 了解未来组织的发展趋势。

开篇案例

易迅网的组织架构调整[①]

易迅网是由上海易迅电子商务发展有限公司于2006年创建的3C数码领域专业电商平台。2010年,易迅获腾讯投资并与腾讯电商进行了优势资源互补整合。自此,易迅网大踏步地开始了全国化的布局,以上海、深圳、北京、重庆、西安、武汉等核心城市为中心进行区域市场的拓展和仓储物流中心的建设,初步成为一家服务能力可以覆盖全国的大型购物网站。在激烈的行业竞争中,易迅网保持了

[①] 改编自:易迅宣布调整组织架构:电商业进入最后决赛阶段,http://tech.163.com/13/0304/19/8P578FU1000915BF.html,2013 - 03 - 04。

行业最快增长,不断赢得了消费者的赞誉和口碑。从2012年起,行业竞争已经进入最后决赛阶段,2~3年内行业格局将基本成型,易迅将迎来最后一波发展机遇,同时也将面对更大挑战。为更好地迎接挑战,易迅网除了继续保持物流体验和低价口碑的核心竞争能力之外,还对其组织架构进行了调整,分别成立了三个本部和一个委员会。

1. 电商经营本部

作为腾讯电商旗下自营业务电商平台,易迅肩负着"以自营创造用户口碑,良性拉动开放平台和其它非实物业务"的战略定位。为巩固公司优势品类、拓展新品类、提升公司品类经营能力、打造易迅自营口碑,易迅成立了电商经营本部。电商经营本部下设四个品类事业部,分别是手机通信、家电、3C数码及日用百货;横向上,还成立了包括研发、运营、市场、综合管理、供应链、客服等多个支持中心。

2. 物流本部

对电商企业而言,建立高标准低成本的物流体系对提升用户体验、降低成本具有重要意义。易迅网在上海、成都、济南等地建设了10余个仓储配送基地,并推行"闪电送"服务,在仓库基地周边的重要城市实施一日多送的配送服务。与此同时,积极与第三方物流合作,为全国1000个城市的消费者提供货到付款服务。

3. 企业发展本部

企业发展本部的成立主要有两方面的使命。一是负责新业务孵化和预研工作,为企业长远发展储备力量;二是整合公司电商资源,构筑差异化竞争优势。企业发展本部的成立有利于推动新业务的开发及应用,达到提升用户体验、增加市场份额的目的。

4. 新区管理委员会

为进一步拓展市场,易迅对于"不太成熟的大区"成立了新区管理委员会,由公司高层担任委员。新成立的大区可直接向委员会汇报,这有利于更快、更灵活地决策。新区管理委员会有利于更好地支撑易迅进行全国化布局,加速其全国化布局的进程。

除以上变革外,易迅网仍沿用HR与管理平台、IT信息中心、财经管理平台等职能部门,对业务发展提供有力支持。新的组织结构分工更明确,部门的整合关联性更强,有利于提升易迅业务协调能力及组织决策能力,推动其全国化布局进程。

在计划职能确定了组织的具体目标,并对实现目标的途径作了大致的安排之后,为了使人们能有效地工作,还必须设计和维持一种组织结构,这就是组织职能的作用。正如著名的管理学家哈罗德·孔茨所言:为了使人们能为实现目标而有效地工作,就必须设计和维持一种职务结构,这就是组织管理职能的目的。

第四章 组织

本章将主要阐述有关组织的概念、组织工作的特点、组织设计的六要素、授权、常见的组织结构类型、工作特征模型与工作设计方法、人员配备的原则与内容、组织的变革以及未来组织的发展趋势等。

第一节 组织与组织工作

组织工作是设计和维持组织内部的结构和相互之间的关系，使组织中的各个部门和每一位成员为实现组织目标而协调一致的工作过程。因此，组织工作主要涉及组织结构的设计和变革、组织内部相互关系的确定和维护。

一、组织及其相关概念

(一)组织的定义

组织是为了达到预定的目标，对各种资源的配置过程和由此而产生的权力机构。组织的内涵包括两个方面：一是指组织结构；二是指组织过程。实际上，组织就是设计一种组织结构，并使之运转的过程。

(二)相关概念

组织(organization)是按照一定目的和程序而组成的一种权责角色结构。

职权(authority)是指经由一定的正式程序所赋予某个职位的一种权力，即管理者依据其在组织中的地位所享有的为达到组织目标而进行决策和使用资源的权力。它是一种职位权力，而不是某个人的个人权力。

职责(responsibility)是指某个职位应该完成某项任务的责任。

负责(accountability)是指反映上下级之间的一种关系。

组织结构(organizational structure)就是组织内部对工作的正式安排。

组织设计(organizational design)是管理者在建立和变革一个组织的结构时所开展的工作。

组织结构图(organizational chart)是指反映组织内各部门、岗位上下左右相互关系的图表。

二、组织工作

(一)组织工作的含义

组织工作是指在组织目标已经确定的情况下，将实现组织目标所必须进行的各项业务活动加以分类组合，并根据管理幅度原则，划分出不同的管理层次、部门，将监督各类活动所必需的职权授予各层次各部门的主管人员，并规定这些层次和部门间的相互配合关系。此外，还要根据组织内外部要素的变化，不断地、适时地对组织结构作调整和变革,以确保组织目标的实现。

简言之,组织工作就是为了实现组织的共同目标而确定组织内各要素及其相互关系的活动过程,也即设计一种组织结构,并使之运转的过程。

可见,组织工作涉及组织结构的设计和组织结构的运行两个方面,具体内容包括:划分任务、任务部门化、权力的分配和组织变革。

(二)组织工作的特点

1. 组织工作是一个过程

这个过程由一系列环节组成:确定组织目标,进行目标分解,业务工作分类,落实到部门,形成部门,授权(规定职责、权限),通过职权关系和信息系统把各层次、各部门连接成一个有机整体。

组织工作的最终成果是提供组织结构图、部门职能说明书和岗位职责说明书。

部门职能说明书一般包括部门名称、上下级隶属关系、协作部门、部门宗旨、主要职能、责任、部门权力、岗位设置等内容。通过部门职能说明书,可了解到组织中各部门之间的职能分工情况。

岗位职责说明书一般包括岗位名称、上下级关系、主要工作、直接责任、岗位权力、岗位素质要求等内容。

2. 组织工作是动态的

通过组织工作建立起来的组织结构不是一成不变的,组织内外部环境的变化,要求对组织结构进行调整,以适应变化。这就是其动态性。

3. 组织工作要重视非正式组织的影响

由于非正式组织在满足人们的心理、感情需要上比正式组织更有优越性,加之其形式灵活、覆盖面广,几乎所有正式组织的成员都参与了某种非正式组织。因此,在组织设计时,要注意利用非正式组织,使其成为正式组织的辅助或使其成为组织工作所设计和保持的组织结构中的组成部分。

重视非正式组织的影响,应把握正式组织与非正式组织的区别。正式组织的活动以成本和效率为主要标准,维系正式组织的是理性的原则。基本特征为:①目的性;②正规性;③稳定性。非正式组织以感情和融洽的关系为标准,维系非正式组织的是接受和欢迎或孤立与排斥等感情上的因素。基本特征为:①自发性;②内聚性;③不稳定性。

第二节 组织设计

一个组织能否顺利地实现其目标,能否促使组织成员在实现组织目标的过程中作出贡献,在很大程度上取决于组织结构的完善程度。因此,组织结构的设计就成为组织工作中的关键一环。它是执行组织职能的基础性工作。

一、组织设计理论概述

组织设计理论是指有关组织结构与组织关系的系统设想。在管理的历史长河中,最有代表性的组织理论有:古典组织理论、行为组织理论和系统组织理论。

古典组织理论由德国马克斯·韦伯(Weber M)在20世纪初提出。他提出了一种理想的组织模式——官僚组织,从而发展了权威的结构与关系理论,即权力结构理论。它强调以工作为中心,依靠权力来维系组织内部之间的关系。该理论侧重于组织结构的设计,其组织结构具有明晰的劳动分工、正式的规则和法规,按等级组织职位,并具有明确的命令链。直到20世纪中叶,这种官僚组织模式一直是组织设计的主导模式。

行为组织理论认为,组织是由人组成的,有效的组织模式应注重组织中的人际关系,给予组织成员较多的行动自由和发挥潜在能力的机会。以美国著名的行为科学家利克特(Likert R)为代表,他通过对群体与个体行为的研究,提出了"参与式"组织模式。这种模式与传统的权力式组织模式相对立。

古典组织理论从静态的角度出发,以效率为目标来组织内部结构,而行为组织理论从动态的角度出发,以建立良好的人际关系为目标来组织符合人际关系原则的组织。二者最大的区别在于对组织中人的地位的看法不同。前者认为,组织设计最重要的是要建立一个分工明确、非人格化的组织结构;后者则强调组织设计必须考虑到人的因素、人与人的关系以及人的能力的发挥,以期实现其共同的目标。

在20世纪70年代以前,组织设计基本上是在上述两种模式中进行选择。随后,以巴纳德为代表的系统组织理论则认为,不论是参与式还是权力式组织模式都不一定是适用于任何组织的最佳模式。组织是一个开放的系统,要根据组织所处的内外部环境进行系统设计。

二、组织设计的六要素

所谓组织设计是指进行专业分工和建立各种使各部分相互有机地协调配合的系统的过程。组织设计的成果之一是组织结构图,所以常说的组织设计指的就是组织结构的设计。

为了提供组织设计的最终成果,组织设计者要完成以下3个步骤的工作:明确完成组织目标所需进行的活动;将这些活动按某种方式进行归类;建立能使各部分活动相互协调的体系。

组织设计是一个涉及六项关键要素的决策过程:工作专门化、部门化、指挥链、管理幅度、集权和分权、正规化。

(一)工作专门化

工作专门化(work specialization)是指把工作活动划分为各项单独的工作任务。一个员工只完成一项活动的某个部分而不是从事整个活动,以提高工作产出。组织结构应能充分反映为实现组织目标所必要的各项任务和工作分工,以及相互之间的协调。为此,要做到分工合理,协作明确。一般地,分工越细,专业化水平越高,责任越明确,效率也越高,但却带来了机构增多、协作困难和协调工作量大等问题;分工太粗,机构减少,但专业化水平低。因此组织设计时,要根据需要和可能合理确定分工。组织设计中管理层次的分工、部门的分工和职权的分工,以及各种分工之间的协调都是工作专门化的具体体现。

(二)部门化

1. 部门化的含义

部门是指组织中管理人员为完成规定的任务有权管辖的一个特定领域。部门化(departmentalization)就是将若干职位组合在一起的依据和方式。它是将组织中的活动按照一定的逻辑安排,划分为若干个管理单位。部门划分的目的是:确定组织中各项任务的分配以及责任的归属,以求分工合理、职责分明,有效达到组织的目标。

2. 部门划分的方法

部门划分的标准主要有职能、产品、顾客、地区、人数、时间、过程、设备以及销售渠道、工艺、字母或数字等。下面介绍最主要的几种部门化形式。

(1)职能部门化(functional departmentalization)。这是最普遍采用的一种划分方法,即按专业化的原则,以工作或任务的性质为基础来划分部门。按重要程度可分为基本的职能部门和派生的职能部门。基本的职能部门一般有生产、工程、质量、销售、财务等部门。派生的职能部门如生产部门中的设计科、工艺科、制造车间、生产计划科、设备动力科、安全科、调度室等。职能部门化的优点是:有利于专业人员的归口管理;易于监督和指导;有利于提高工作效率。缺点是容易出现部门的本位主义,决策缓慢、管理较弱,较难检查责任与组织绩效。

(2)产品部门化(product departmentalization)。按组织向社会提供的产品来划分部门,如家电企业集团可能会依据其产品类别划分出彩电部、空调部、冰箱部、洗衣机部等部门。产品部门化的优点是:可提高决策的效率;便于本部门内更好的协作;易于保证产品的质量和进行核算。缺点是容易出现部门化倾向;行政管理人员过多,管理费用增加。

(3)地区部门化(geographic departmentalization)。按地理位置来划分部门,如跨国公司依照其经营地区划分的各个分公司。地区部门化的优点是:对本地区环境的变化反应迅速灵敏;便于区域性协调;有利于管理人员的培养。缺点是与总部之间的管理职责划分较困难。

(4)过程部门化(process departmentalization)。按完成任务的过程所经过的阶段来划分,如机械制造企业划分出铸工车间、锻工车间、机加工车间、装配车间等部门。过程部门化的优点是:能取得经济优势;充分利用专业技术和技能;简化了培训。缺点是部门间的协作较困难。

(5)顾客部门化(customer departmentalization)。按组织服务的对象类型来划分部门,如银行为了向不同的顾客提供服务,设立了商业信贷部、农业信贷部和普通消费者信贷部等。顾客部门化的优点是可更加有针对性地按需生产、按需促销。缺点是只有当顾客达到一定规模时才比较经济。

(6)人数部门化。单纯按人数的多少来划分部门,类似于军队的师、团、营、连的划分,是最原始、最简单的划分方法。

(7)时间部门化。它是在正常工作日不能满足工作需要时所采用的一种部门划分方法,如三班制、轮班制工作的情形,可按此来划分。

(8)设备部门化。按设备的类型来划分部门,如医院的放射科、心电图室、脑电图室、超声波室等。

上述对部门划分方式的分析,只是为了理论研究上的方便。在实际工作中,任何组织都很少根据唯一的标准来划分部门,而是经常同时采用两个或两个以上的部门化方式,形成综合式的组织结构。如大学里设置的教务处、科研处、财务处等部门是按照职能为部门划分标志的,而本科生部、硕士生部、博士生部等的设置又是按照产品为部门划分标志的。究竟采用何种部门化或若干种部门化的组合往往取决于各种部门化方式优劣的权衡。

现代组织的部门化呈现出两种主要趋势:顾客部门化和跨职能团队。顾客部门化被认为是能更好地监测顾客的需求并能对其需求变化作出更好的反应的一种部门化方式。跨职能团队(cross-functional team)是将各专业领域的专家们组合在一起协同工作。如闻名世界的生产饮料容器和快餐盒的 Thermos Corporation 公司,它以跨专业领域的弹性化的团队取代了传统的受制于职能边界的部门化结构。

3. 部门划分的原则

部门划分应遵循的总原则是分工与协作原则。具体原则有:力求维持最少部门;组织结构应具有弹性;确保目标的实现;各部门任务的分配应平衡,避免忙闲不均;检查职务和业务部门分设,即检查人员不应隶属于受检查的业务部门。

(三)指挥链

1. 指挥链

指挥链(chain of command)是指从组织最高层到最基层的一条持续的职权

线,它界定了谁向谁报告工作。它涉及3个重要概念：职权、职责和统一指挥。

职权是指某个管理职位所固有的发布命令和希望命令得到执行的一种权力。管理者被赋予职权来从事他们的工作,即协调和监管其他人从事的工作。

职责是指完成所指定或分配任务的义务或期望。当管理者利用自己的职权向员工分配工作时,这些员工就承担了履行指定工作任务的义务。

只授予工作职权而不授予职责或责任会导致滥用职权。相反,如果员工没有被授予职权来完成某项工作任务,那么他对该项工作任务就不承担职责或责任。

统一指挥(unity of command)是指每个下属应当而且只能向一个上级主管直接报告工作。也就是说,一个下级只接受一个上级的命令和指挥,同时下级只对这个上级负责。如果没有统一指挥原则,来自不同上级的相互冲突的命令会导致许多问题。

2. 职权划分

在组织内部,最基本的信息沟通是通过职权关系来实现的。一般存在3种不同性质的职权：直线职权、参谋职权和职能职权。

直线职权(line authority)是某个职位、某个部门所拥有的包括发布命令、执行决策等的权力,也就是通常所指的指挥权。直线职权是组织中上级指挥下级工作的权力,表现为上下级之间的命令权力关系。直线职权与等级链相联系,在组织等级链上的管理者一般都拥有直线职权,即他们既接受上级指挥,又指挥下级。如校长对系主任拥有直线职权,系主任对教研室主任拥有直线职权。

参谋职权(staff authority)是某个职位、某个部门所拥有的包括提供咨询、建议等辅助性的权力,也即指导权。参谋人员是直线人员的咨询人,协助直线人员执行职责。

直线人员与参谋人员之间的界线是模糊的。作为一个管理人员,他既可以是直线人员,也可以是参谋人员,这取决于他行使的职权。如某部门主管对其下属发号施令时,他行使的是直线职权,是直线人员；而他就某方面事务向上级提出建议时,他行使的是参谋职权,此时他便是参谋人员。可见,直线与参谋的概念不应该按部门或其所从事的工作来划分,而应按权力关系来理解。

职能职权(functional authority)是某个职位、某个部门所拥有的原属直线主管的那部分权力。随着管理活动的日益复杂,主管人员不可能通晓所有的专业知识,为了提高管理效率,主管人员可能将职权关系作某些变动,把一部分本属自己的直线职权授予参谋人员或某个部门的主管人员,这便产生了职能职权。职能职权介于直线职权和参谋职权之间,是一种有限的权力,只有在被授权的职能范围内有效。如大学人事处要求各院系院长(或系主任)执行教师聘用制,就是行使职能职权的例子。

3种职权的比较如表4-1所示。直线职权、参谋职权和职能职权分别由直线人员、参谋人员和职能人员行使。

表4-1 3种职权的比较

职权种类	特点	行使者
直线职权	指挥权	直线人员
参谋职权	指导权	参谋人员
职能职权	部分指挥权/指导权	职能人员

直线人员、参谋人员和职能人员的相互关系,本质上是一种职权关系。在管理工作中,应处理好三者的关系:参谋职权无限扩大,容易削弱直线人员的职权和威信;职能职权无限扩大,则容易造成多头领导,导致管理混乱、效率低下。为此,要注意发挥参谋职权的作用,同时适当限制职能职权的使用。

从直线人员与参谋人员的关系来看,直线人员掌握的是命令和指挥的职权,而参谋人员拥有的则是协助和顾问的职权。参谋人员的职责是建议而不是指挥,他只是为直线主管提供信息,出谋划策,配合直线人员工作的。由此可知,二者之间是"参谋建议、直线命令"的关系。因此,发挥参谋作用时应注意,参谋应独立地提出建议,而直线人员应不为参谋所左右。

适当限制职能职权的使用,这就要求限制使用范围,职能职权的使用将限于解决如何做、何时做等方面的问题,再扩大就会取消直线人员的工作;再者限制使用级别,下一级职能职权不应越过上一级直线职权,如人事处长的职能职权不应越过副总经理这一级。

(四)管理幅度

1. 管理层次的产生

管理层次(organizational levels)是指组织中职位等级的数目。随着组织的规模扩大、业务关系日趋复杂,任何一个组织的最高主管,由于受到时间、精力等诸多因素的限制,能够直接有效地指挥和监督的下属数量总是有限的。这个有限的直接的下属数量被称为管理幅度,又称"管理跨度"。当超过这个限度时,管理的效率就会随之下降。因此,主管人员要想有效地领导下属,就必须认真考虑究竟能直接管辖多少下属的问题,即管理幅度问题。换句话说,超过了管理幅度时,就必须增加一个管理层次。

2. 管理幅度的含义

管理幅度(span of control)是指管理人员有效地监督、指挥其直接下属的人数。它回答了一个管理者能够有效率、有效果地管理多少名下属。

确定管理幅度很重要,因为它在很大程度上决定了一个组织内的层级数量和管理者数量。管理层次受到组织规模和管理幅度的影响,它与组织规模成正比:组织规模越大,所包括的成员越多,则层次就越多;在组织规模一定的条件下,管理层次与管理幅度成反比:主管所能直接控制的下属越多,管理层次就越少,相反,管理幅度减少,则管理层次增加。一般来说,管理人员有效地监督、指挥其直接下属的人数是有限的。

3. 宽、窄管理幅度(即扁平结构和高耸结构)的优缺点

管理层次与管理幅度的反比关系决定了两种基本的组织结构形态:扁平结构与高耸结构。扁平结构(flat structure)是指管理层次少而管理幅度大的一种组织结构形态。高耸结构(tall structure)是指管理层次多而管理幅度小的一种组织结构形态。

扁平结构与高耸结构各有利弊(表4-2)。一般而言,为了管理更有效,应尽可能地减少管理层次,下面通过一个例子(图4-1)来说明。假定有两个组织,它们的作业人员为4096人。如果一个组织的管理幅度是4,另一个是8,那么管理幅度大的组织比管理幅度小的组织可减少2个管理层次,精简780名管理人员。从成本角度看,假定管理人员的平均年薪为3万元,则加宽管理幅度后将使组织在管理人员工资上每年节省2340万元,可见宽管理幅度更有效率。但是超过某一点,即管理幅度变得过大时,宽管理幅度会导致管理效果降低。

表4-2 扁平结构与高耸结构的优缺点

	扁平结构	高耸结构
优点	1. 信息纵向传递速度快,密切了上下级关系 2. 管理费用低 3. 被管理者有较大的主动性、积极性和满足感	1. 管理严密 2. 分工明确 3. 上下级易于协调
缺点	1. 主管不能对下属进行充分有效的指导和监督 2. 上下级协调较差,同级间相互沟通困难	1. 影响信息传递速度,可能失真 2. 影响积极性 3. 容易使计划的控制工作复杂化

当前的发展趋势是迈向更宽的管理幅度,这与管理者追求加快决策速度、提高组织的灵活性、向员工授权以及降低成本相一致。

4. 影响管理幅度的因素

有效的管理幅度受到诸多因素的影响,主要有管理者与被管理者的工作能力、工作内容和性质、工作条件与工作环境等。

(1)工作能力。管理者的综合能力强,就可以迅速把握问题的关键,就下属的

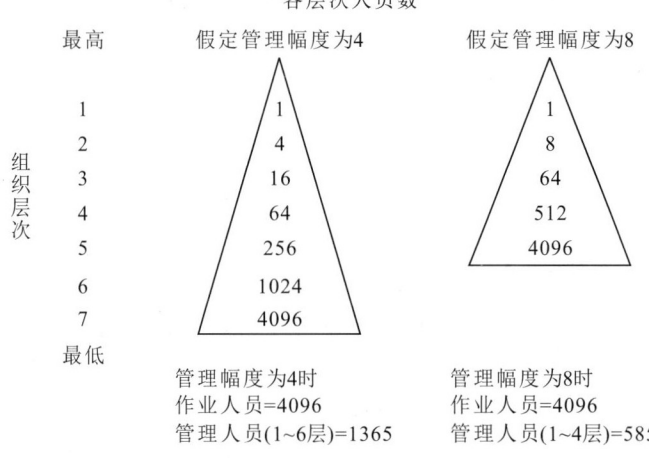

图 4-1 管理幅度对比

(据 Robbins S P and Coulter M,2001)

请示给出恰当的指导,并使下属明确理解,从而缩短与每一位下属接触的时间,管理幅度宜适当放宽,反之则宜窄。同理,被管理者的工作能力越强,则无须管理者事事指点,管理幅度宜适当放宽,反之则宜窄。

(2)工作内容和性质。主管人员涉及的问题复杂、困难或涉及方向性、战略性问题,其管理幅度宜窄;下属工作的相似性越大,则管理幅度宜适当加大。

(3)工作条件。主管人员的助手配备情况越好,掌握信息的手段越先进,不同下属工作岗位的分布越接近,则主管人员的管理幅度宜宽。

(4)工作环境。环境变化越快,组织中遇到的新问题越多,下属向上级的请示就越有必要、越经常,而上级能用于指导下属的时间与精力却越少,因为其要花费大量时间去关注环境的变化,考虑应对的措施。因此工作环境越不稳定,各层主管人员的管理幅度宜窄,反之则宜宽。

5. 管理幅度的确定方法——格拉丘纳斯的上下级关系理论

法国管理顾问格拉丘纳斯(Graicunas V A)在1933年首次发表的论文中,提出了分析上下级关系的数学模型。

$$C = N(2^{N-1} + N - 1)$$

式中:C——各种可能存在的联系总数,即关系数;

N——一个管理者直接控制的下属人数,即管理幅度。

当 $N=1$ 时,$C=1$;当 $N=2$ 时,$C=6$;当 $N=3$ 时,$C=18$;当 $N=10$ 时,$C=5210$

可见,随着管理幅度的增加,上下级之间的相互关系数在按几何级数增加。这说明管理较多下属的复杂性,因此主管人员要确定合理的管理幅度。

需要指出的是:格拉丘纳斯的上下级关系数计算公式没有涉及上下级关系发生的频数和密度,这使其使用性受到限制。

总之,管理幅度受多方面因素的影响,这也决定了管理幅度具有很大的弹性。

(五)集权和分权

集权和分权是关于谁制定决策的结构设计。当权力的分配是在上下级组织之间进行时,授权就变成了分权。分权(decentralization)是一个组织向其下属各级组织进行系统授权的过程,是形成组织内部各组织单元之间权力关系的基本手段。集权(centralization)是指决策权都由某一最高层管理者或某一上级部门掌握与控制,下级部门只能依据上级的决定和指示执行,一切行动听上级指挥。

在一个组织中,集权意味着职权集中在较高的管理层次;分权则意味着职权分散在整个组织中。集权和分权对组织来说都是不可缺少的,但集权与分权是个相对的概念。绝对的集权,即没有分权,意味着没有下级组织结构,所有事务均由高层管理者来决定;绝对的分权意味着没有高层管理者。实际上,任何一个组织都不可能是完全集权或分权的。

1. 集权与分权的衡量标志

衡量集权与分权的程度,关键在于决策权是保留还是下放。具体标志有:

(1)决策的数目。基层决策范围越广、数目越多,则分权程度越高;反之,高层决策数目越多,集权的程度越高。

(2)决策的重要性及其影响面。较低管理层次作出的决策事关重大,涉及面较广,分权程度较高;反之,较低管理层次作出的决策无关紧要,则集权程度较高。

(3)决策审批手续的繁简。决策审批手续越简单,分权程度越高;反之,集权程度越高。

2. 影响集权与分权的主要因素

在设计组织时,要确定组织的集权与分权的程度与范围,就必须搞清楚影响集权与分权的因素。这些因素包括:

(1)组织规模。组织规模大,需要决策的问题多,协调、沟通及控制不易,因此宜分权;反之,组织规模小,需要决策的问题少,则宜集权。

(2)决策的重要性。所涉及的工作或决策越重要,宜集权;反之,宜分权。

(3)管理人员的能力与数量。下级管理人员数量充足,经验丰富,管理能力强,倾向于分权;反之,则倾向于集权。

(4)控制技术与手段。控制技术与手段的完善将会加强组织原有的权力分配倾向,即集权的更集权,分权的更分权。

(5) 环境影响。影响分权程度的因素中,大部分属组织内部因素,此外还有外部因素,如政治、经济等,这些因素常促使集权。

与此相类似的,国外学者明茨伯格(Mintzberg H)和查里德(Child J)通过研究,也列出了被确认为对组织的集权与分权程度有重要影响的一些因素(表4-3)。

表4-3 影响集权与分权程度的因素

更集权化	更分权化
1. 环境稳定	1. 环境复杂且不稳定
2. 低层管理者不具有高层管理者那样作出决策的能力与经验	2. 低层管理者具有作出决策的能力与经验
3. 低层管理者不愿意介入决策	3. 低层管理者要参加决策
4. 决策的影响相对小	4. 决策的影响大
5. 组织正面临危机或失败的危险	5. 组织文化容许低层管理者对所发生的事有发言权
6. 企业规模大	6. 企业各部在地域上相当分散
7. 企业战略的有效执行依赖于高层管理者对所发生的事拥有发言权	7. 企业战略的有效执行依赖于低层管理者的参与以及制定决策的灵活性

随着组织变得越来越灵活,需要更快速地应对外部环境,组织开始倾向于向分权式决策的明显转变,即员工授权(employee empowerment),即向员工提供更多的决策权。

(六)正规化

正规化(formalization)是指组织中各项工作的标准化程度,以及员工的行为受规则和程序约束的程度。高度正规化的组织有明确的职位说明、规则条例以及工作程序。员工对将从事什么任务、何时以及如何从事这些任务只拥有极少的自主权。而低度正规化的组织中员工对工作有较大的自主权。正规化是组织采用严格规定和标准化来提高一致性和控制,因此在进行组织设计时,应根据组织的具体情况考虑正规化的程度。

三、组织设计的权变因素

根据权变的组织理论,没有所谓的普遍适用的"最佳"组织结构形式。在组织设计的过程中,必须考虑到各种因素对最优组织结构设计、选择的影响。管理者设计组织结构是为了适应对组织影响最大并且为组织带来极大不确定性的因素或环境。在这些影响因素中,比较重要的有:战略、环境、技术与规模。

(一)战略(strategy)

战略是关于组织长远目标、发展方向及相应的行动方案、资源配置的设想与筹划。

艾尔弗雷德·钱德勒(Chandler A)最早对战略-结构的关系作了研究,他通过对美国若干大公司长达 50 多年发展史的研究,得出的结论是公司战略的变化导致了组织结构的变化。组织结构必须服从组织所选择的战略的需要。战略选择的不同,能够在两个层次上影响组织结构:不同的战略要求不同的业务活动,从而影响职务的设计;战略重点的改变会引起组织的工作重点、各部门与职务在组织中重要程度的改变,因而要求各管理职务以及部门之间的关系作相应的调整。

不同的战略往往要求运用不同的组织结构。当采用创新战略时,通常使用更具弹性的有机式结构更有效;当要采用低成本战略以降低成本为目的时,通常使用更规范的机械式结构更有效;当采用模仿战略时,同时使用机械式和有机式的结构更为有效。

(二) 环境(environment)

一个组织的结构之所以受到环境的影响,是因为环境的不确定性。有的组织面临相对稳定和简单的环境,而有的组织则面临动态和复杂的环境。由于不确定性威胁着组织的绩效,因此必须试图减少这种不确定性,而组织结构的调整就是减少这种不确定性的有效措施。组织外部环境对组织的内部结构形式所产生的影响主要表现在以下几个方面:

(1) 对职务和部门设计的影响。组织是社会经济大系统中的一个子系统,它与组织外部其他社会子系统之间存在着分工问题。社会分工方式的不同,决定了组织内部工作内容、所需完成的任务、所需设立的职务和部门不一样。

(2) 对各部门关系的影响。环境不同,组织中各项工作完成的难易程度以及对组织目标实现的影响程度亦不同,从而组织的工作重点及各部门的重要程度亦有所差别。

(3) 对组织结构总体特征的影响。稳定的环境,要求设计出一种各部门权责关系相对固定、等级结构严密的稳固的组织结构,即一种机械化程度更高的结构;而多变的环境则要求设计出一种灵活的组织结构,即一种有机化程度更高的结构。

随着市场环境的变化和竞争的加剧,人们对寻找新的组织结构形式(如授权、自我管理团队)以实现人员和部门弹性运作的兴趣与日俱增。

(三) 技术(technology)

任何组织都需要采取某种技术,将投入转换成产出。对于技术-结构关系的研究最早源于英国学者琼·伍德沃德(Woodward J),其研究反映出组织应该根据它们的技术调整其结构。技术以及技术设备的水平不仅影响组织活动的效果和效率,而且会对组织活动的内容划分、职务的设置以及工作人员的素质要求等产生很大的影响。一般来说,技术越是常规化,越是要采用机械式的结构;组织越是采用非常规化的技术,越是要采用有机式的结构。

对于单件或小批量生产(unit production),由于小批量的产品和服务通常都是特制的和独特的,因此更适合选择有机式的结构;对于大批量生产(mass production),由于用于生产大量标准化的产品,因此更适合选择机械式的结构;对于连续生产(process production),由于复杂的流程技术所带来的突发情况的不确定性,要求具备灵活的反应能力,因此更适合选择有机式的结构。

(四)规模(size)

组织的规模不同,与之相适应的组织结构形式亦有很大的差别,并且组织的规模往往与组织的发展阶段相联系,因而它们都是影响组织结构的重要因素。一般来说,规模越小,越是要采用有机式的结构;规模越大,越是要采用机械式的结构。

第三节 常见的组织结构设计类型

组织结构(organizational structure)就是表明组织各部分排列顺序、空间位置、聚集状态、联系方式及各要素之间相互关系的一种模式。在进行组织结构设计时,管理者可从一些常用的组织结构设计类型中进行选择。本节将介绍几种传统的组织结构形式、现代的组织结构形式以及组织结构设计的两种一般模型。

一、传统的组织结构

(一)直线型结构(line structure)

这是最古老、最简单的组织结构形式,适用于小型企业组织或应用于现场的作业管理。

该结构的特点是:组织中各种职务按垂直系统直线排列,各级主管人员对所属下属拥有直接职权,每个下属只接受一个上级的指令,并只能向一个直接上级报告(图4-2)。

该结构的优点是:组织结构比较简单,权力集中,责任明确,命令统一,联系快捷,决策迅速。

该结构的缺点是:要求主管人员通晓多种知识技能,亲自处理各种业务,在组织规模较大的情况下,所有的管理职能都集中由一人承担,往往会由于个人的知识及能力有限而感到难以应付,顾此失彼,可能发生较多事故。另外,部门之间的协调能力较差。

(二)职能型结构(functional structure)

这一组织形式最早由泰勒提出。该结构的特点是:在组织中设置一些职能部门,分管组织的某些职能管理业务,各职能部门在自己的业务范围内,有权向下级单位发布命令和指示,直接指挥下属(图4-3)。

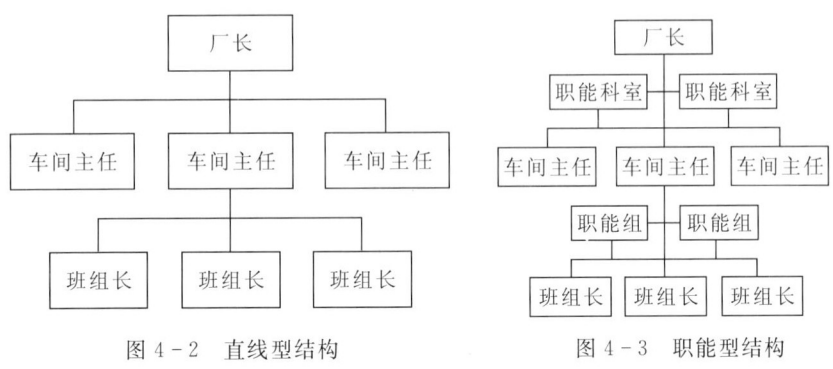

图 4-2 直线型结构　　　　　图 4-3 职能型结构

该结构的优点是：分工较细，能够适应现代组织技术比较复杂和管理分工较细等特点；责任明确，能够充分发挥职能机构的专业管理作用，减轻上层主管的负担。

该结构的缺点是：由于各个职能部门都拥有指挥权，因而容易形成多头领导，协调困难。

(三) 直线参谋型结构 (line-staff structure)

这是一种综合了直线型和职能型两种类型的组织特点而形成的组织结构形式，最早由法约尔提出。该结构的特点是：设置了两套系统，一套是按命令统一原则组织的直线指挥系统；一套是按专业化原则组织的职能系统。直线部门的管理人员担负着实现组织目标的直接责任，并拥有对下属的指挥权；职能部门的管理人员是直线指挥人员的参谋，主要负责提供建议和信息，他们只能对下级机构进行业务指导，而不能进行直接指挥和命令。这样就保证了整个组织的统一指挥和管理，避免了多头指挥和无人负责的现象（图 4-4）。

该结构的优点是：一是既保证了统一指挥和管理，又避免了多头领导和无人负责的现象；二是既保持了直线型结构实行的直线领导、统一指挥的优点，又保持了职能型结构的职能管理专业化的优点。同时，既避免了直线型结构管理粗放的缺点，又避免了职能型结构造成的多头领导的弊病。

该结构的缺点是：各职能部门自成体系，横向联系少，协调比较困难；参谋部门与直线部门之间的目标不易统一，彼此间易产生不协调或矛盾，致使上层主管协调工作量增大。

(四) 直线职能参谋型结构 (line-functional structure)

该结构的特点是：结合了直线-参谋型和职能型组织结构的特点。它是在某些特殊的任务上授予职能参谋人员一定的权力，指挥下属直线人员，并对他们的直线主管负责（图 4-5）。

该结构的优点是：在坚持直线指挥的前提下，为充分发挥职能部门的作用，直

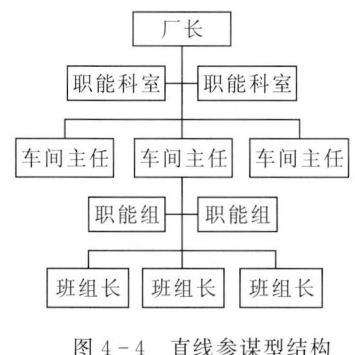
图 4-4 直线参谋型结构

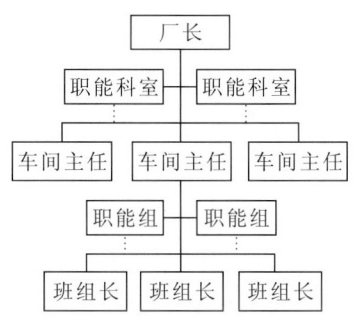
图 4-5 直线职能参谋型结构

线主管授予某些职能部门一定的权力,提高了管理的有效性。

该结构的缺点是:容易形成多头领导。

(五)事业部型结构(divisional structure)

最初由美国通用汽车公司的斯隆创立,故又称为"斯隆模型"。

事业部型结构是现代大公司广为采用的一种重要的组织形式,它适用于产品多样化或从事多角化经营的组织,并尤为适用于市场环境复杂多变或所处地理位置分散的大型企业与巨型跨国公司。

该结构的特点是:事业部型结构的管理原则是"集中决策,分散经营"。在该种组织形式中,企业按产品类别、地区或经营部门分别成立若干事业部(图 4-6)。该项产品或地区的全部业务,从产品设计制造一直到销售,全由事业部负责。各事业部独立经营,单独核算,具有相对独立的利益和自主权。企业的最高管理层是企业的最高决策机构,其职责是研究和制定公司的总目标、总方针、总计划以及各项政策。

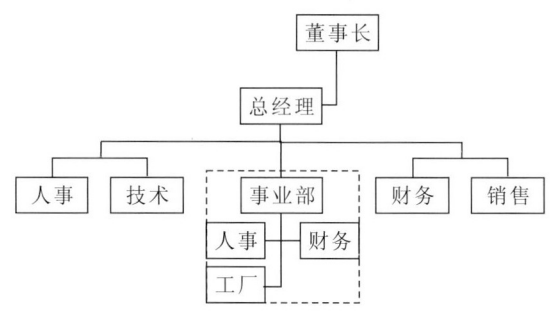
图 4-6 事业部型结构

该结构的优点是：组织高层主管摆脱了具体的日常事务，有利于集中精力做好战略决策和长远规划，提高管理灵活性和适应性；有利于发挥事业部的主动性和积极性；有利于发展产品专业化；有利于培养和训练管理人才。

该结构的缺点是：机构重复，造成管理人员的浪费；协作较差，各事业部独立经营，相互协调困难，不能有效地利用企业的全部资源；内耗大，各事业部主管人员考虑问题往往从本部门出发，而忽视整个组织的利益。

由于组织规模越来越大型化，在美国和日本又出现了"超事业部结构"，亦称"执行部结构"，相当于分公司制。由于企业规模已发展到超大型化，总公司直接领导的事业部过多，显得管理幅度过大，不能进行有效管理，于是就在公司最高首脑与事业部之间增设一个管理层次——超事业部，由它直接管理事业部，而总公司最高层领导只直接领导各个"超事业部"。

二、现代的组织结构

随着组织所面临的环境日益动态和复杂化，传统的层级结构已经难以应对顾客、员工及其他利益相关体的要求，管理者们正在寻求更现代的组织设计方式。表4-4概括了当代组织设计中团队结构、矩阵结构和项目结构、无边界组织以及学习型组织等主要的组织结构类型。

表4-4 现代组织结构的类型及优缺点

组织结构类型	定义	优点	缺点
团队结构	整个组织由工作小组或工作团队构成的一种组织结构	1. 员工参与和员工授权的程度更高 2. 组织内各职能部门之间的壁垒或障碍更少	1. 没有清晰的指挥链 2. 工作小组或团队承受较大的绩效压力
矩阵结构	来自不同职能部门的专业人员被组织分派从事某个工作项目，并且在该工作项目完成之后返回他们原来的职能部门	1. 拥有流畅的、灵活的组织设计，能够快速应对外部环境的变化 2. 更快速的决策	1. 为工作项目分派合适的人员时所面临的复杂性 2. 工作任务和员工性格之间的冲突
项目结构	员工持续不断地从事各种项目，即当某个项目完成之后，转而从事另一个项目		
无边界组织	不受各种预先设定的横向、纵向或外部边界所限定或定义的一种组织结构	1. 拥有极高的灵活性和快速应对能力 2. 能够有效利用自己在任何地方发现的人才	缺乏控制，沟通困难
学习型组织	能够使员工持续不断地获得和分享新知识并应用这些知识的一种结构	在整个组织内共享知识，是竞争优势的可持续来源	1. 有些员工由于担心失去他们的权势而不愿分享知识 2. 大量经验丰富的员工即将退休

资料来源：Robbins S P, Coulter M. Management (11th ed). Prentice Hall, Inc., 2011.

(一)团队结构(team structure)

在团队结构中,整个组织是由执行组织各项任务的工作小组或团队组成。在这种组织中,不存在从最高层到最低层的职权链,而是将决策权下放到工作团队层次,通过对员工进行授权,使员工团队可以自由地以他们认为最好的方式来安排工作,而且团队对其所负责领域的所有工作及结果负责。目前许多组织都在运用团队结构,如美国最大的天然食品零售企业 Whole Foods Market 将其旗下的近200家食品店组成自我管理团队,有的公司还将团队结构与职能型结构或事业部型结构结合起来,如亚马逊、摩托罗拉、施乐等公司广泛采用员工团队,波音、惠普等公司采用跨职能团队组织新产品设计或协调某些主要的项目。这种组合结构使这些公司在获得行政性机构的效率性的同时,还拥有团队结构的灵活性。

(二)矩阵结构和项目结构(matrix structure, project structure)

矩阵结构是一种把按职能划分的部门与按产品(或项目)划分的小组相结合所产生的一种组织结构形式。矩阵结构同时使用两种方式来组合资源:职能方式和产品方式。

该结构的特点是:由纵横两套管理系统组成。一套是纵向的职能系统,一套是为完成各项任务而组成的横向项目系统。横向系统的组织,一般是产品、工程项目或服务项目组成的专门项目小组或委员会,并设立项目小组的总负责人,全面负责项目方案的综合工作。纵向系统的组织,是在职能部门经理领导下的各职能科室。这种结构从各职能部门中抽调有关专家,分派他们在一个或多个由项目经理领导的项目小组中工作。参加项目小组的有关成员,一般要接受两方面的领导,即在执行日常工作任务时接受本部门的垂直领导;在执行具体规划任务时接受项目负责人的领导。任务完成后,成员就回到原单位再去执行别的任务(图 4 - 7)。

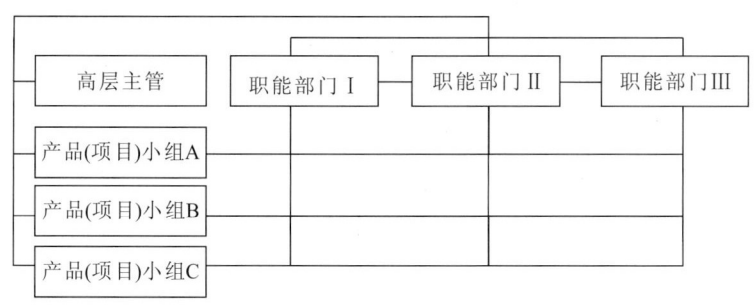

图 4 - 7 矩阵结构

该结构的优点是:加强了各职能部门的横向联系,具有较大的机动性和适应性;实行了集权和分权较优的结合;有利于发挥专业人员的潜力,有利于各种人员的培养;信息流通、传递快。

该结构的缺点是:由于其创设了双重指挥链,容易形成双重领导;组织关系较复杂,对项目负责人的要求较高;由于这种形式具有临时性的特点,因而容易导致人心不稳。

目前,有些组织正在推行一种与此相类似的项目型结构,在这种结构中,员工持续地变换工作的项目小组,所有的工作活动都是由员工团队来承担。与矩阵结构不同的是,项目结构不设正式的职能部门,员工带着他们的技巧、能力和经验加入某项目团队,一旦项目完成,他们又设法参加到其他项目团队中。而在矩阵结构中,员工完成了某一项目后又回到了所属的职能部门。

如今,越来越多的组织开始把跨职能团队作为组织结构的重要形式之一。跨职能团队(cross-functional team)指的是为了完成某项组织任务,把不同部门的管理者集中在一起组成的团体。跨职能团队的成员只需要向产品团队的管理者或者该管理者的直接下属汇报工作。职能部门的领导与产品小组成员之间只是非正式的建议与被建议关系。也就是说,职能部门管理者的角色只是为跨职能团队成员提供咨询和帮助,在团队之间传播知识,提供新的技术培训,以提高每个团队的绩效(图4-8)。

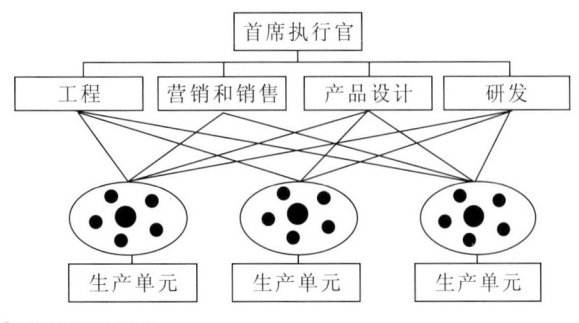

图4-8 跨职能团队结构

(三)无边界组织(boundaryless organization)

美国通用汽车公司前任董事会主席杰克·韦尔奇(Welch J)首先使用了无边界组织这一术语。所谓无边界组织,是指边界不由某种预先设定的结构所限定或定义的组织结构。边界通常有横向、纵向和外部边界3种。横向边界是由工作专门化和部门化形成的,纵向边界是由组织层级所产生的,外部边界是组织与其顾客、供应商等之间形成的隔墙。韦尔奇力求取消公司内部的横向和纵向边界,并打破公司与客户和供应商之间存在的外部边界障碍。在今天动态的外部环境下,组织为了更有效地运营,就必须保持灵活性和非结构化。为此,无边界组织力图取消指挥链,保持合适的管理幅度,以授权的团队取代部门。

那么如何实现无边界的组织设计呢?管理者可以通过跨职能团队以及围绕工作流程而不是职能部门组织相关的工作活动等方式,以取消组织的横向边界;通过运用跨层级团队或参与式决策等手段,取消组织的纵向边界,使组织结构扁平化;通过与供应商建立战略联盟等,取消组织的外部边界。

管理者可以采用虚拟结构或网络结构设计来削弱乃至消除这些边界。虚拟组织(virtual organization)是指由少数核心专职员工组成,同时根据项目需要临时聘用组织所需的外部专家的一种组织结构。网络组织(network organization)则通过自身员工的工作活动和外部供应商的网络,为他人提供所需的产品部件和工作流程。这种结构使组织能集中精力做自己最擅长的业务,而把其他业务外包给做得最好的企业。如耐克把运动鞋的生产外包给了其他外部企业,它集中精力做产品开发与营销。

(四)学习型组织(learning organization)

学习型组织是指由于所有组织成员都积极参与到与工作有关问题的识别与解决中,从而使组织形成了持续学习和适应变革能力的这样一种组织。学习是学习型组织理论的关键词,它与传统的学习含义不同:它不仅指知识、信息的获取,更重要的是指提高自身能力以对变化的环境作出有效的应变。在这种组织中,组织成员通过不断获取和共享新知识,参加到组织的知识管理中来,并有意愿将其知识用于制定决策或做好他们的工作。管理者的主要责任就是营造学习的环境,以建立整个组织的学习能力,包括从组织的最高层到最低层的所有领域。为此,管理者应不断改进自己的管理方式,将自己的角色由上司转变为团队的领导者,学会倾听、激励、指导和培养员工,而不仅仅是告诉员工做什么和怎么做。

学习型组织的主要特征表现在其组织设计、信息共享、领导力以及组织文化等方面,如图4-9所示。要想成为学习型组织,管理者搞好知识管理十分重要。知识管理(knowledge management)包括培育一种学习文化,组织成员在这种文化中能够系统地收集知识并与其他组织成员共享,以便取得更好的绩效。

随着信息技术的不断发展,设计组织结构已变成一项越来越复杂的管理工作。为了实现效率和效果的最大化,管理者们正在试图应用信息技术开发一些新的组织结构方式、战略联盟、B2B网络等,如何整合以找到有效的组织结构,我们将拭目以待。

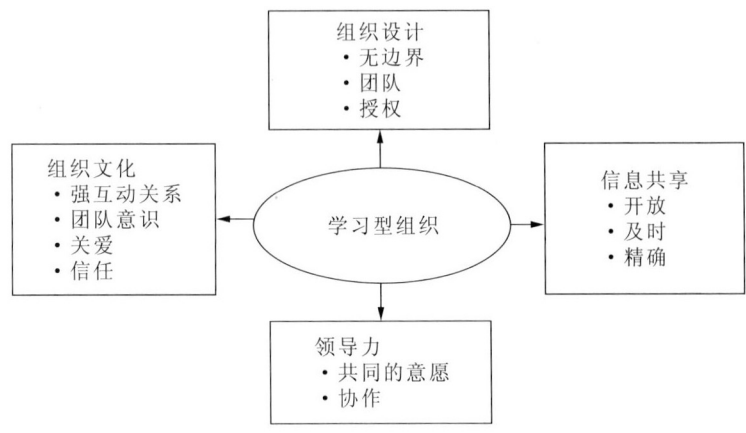

图 4-9 学习型组织的特征

(据 Senge P M,1990;Hodgetts R M,Luthans F,Lee S M,1994)

三、组织结构设计的一般模型

(一)刚性结构和柔性结构

柏恩斯(Barns T)和斯托尔克(Stalker G M)在研究外部环境对企业管理系统影响时,发现处于急剧变动环境中的组织和处于稳定环境中的组织结构并不相同,并将之归纳为柔性结构和刚性结构,其特征及优缺点如表 4-5 所示。应当指出,刚性结构和柔性结构的划分是一种理论上的划分。在实际中,绝对的、纯粹的刚性结构或柔性结构是不存在的。更大的可能是两类并存,并以某种类型的特征为主。

表 4-5 刚性结构和柔性结构的特征及优缺点

	刚性结构	柔性结构
特征	1.有正式组织和明确的领导体系 2.分工细,有明确的任务、权责规定 3.有规范化的规章制度和工作程序 4.管理权力(决策权)集中于上层 5.主要靠纵向沟通 6.刚性较强的组织形式:职能型结构	1.有正式组织,但领导和指挥关系不太明确,常有变动 2.分工粗,任务和权责关系较笼统,常常调整 3.规范化的规章和程序较少 4.决策权分散于下层 5.主要靠横向沟通 6.柔性较强的组织形式:事业部和矩阵结构
优点	稳定性好、效率较高	在复杂多变的环境中,适应性好
缺点	适应性差	在环境简单和稳定的条件下,效率不高

另外,有时组织希望在保持整体结构稳定性的同时增加其灵活性,这就需要在整体结构之上添加一个具有柔性的结构,那么,工作小组和委员会结构便成为其选择。工作小组与委员会结构的定义、特点等如表4-6、表4-7所示。

表4-6 工作小组的特征

项目	工作小组
定义	一种临时性组织,其目的是完成特定的、明确规定的复杂任务
人员组成	不同背景、不同技能,分别来自不同部门的人
组织形式	也是一种矩阵结构(或项目结构)
适用	1. 具有特定期限和工作绩效标准的重要任务 2. 需要不同专长的人一起才能完成的任务 3. 具有许多事先不能确定的复杂因素的任务
优点	适应性强、机动灵活(任务结束,小组解散,人员回原部门或其他小组)

表4-7 委员会的特征

项目	委员会
定义	委员会是执行某方面管理职能并实行集体行动的一群人;委员会是指跨越组织中固有的部门和等级层次,由具有不同知识结构和工作职责的人共同来讨论协商,解决非程序化问题的集体小组
分类	按时间分:临时委员会、常设委员会 按职权分:直线式的、参谋式的
特点	具有很强的群体决策的特征
成员	委员会的成员长久地隶属于某一职能部门,他们定期或不定期地聚在一起分析问题、提出建议或作出决策,协调有关的活动,监控项目的进行
委员会设立的动机	出自:1. 集体讨论和判断 2. 对过分集权的限制 3. 协调各个部门的活动 4. 信息的传递和分享 5. 增进激励

(二)机械式与有机式组织结构

继柏恩斯(Barns T)和斯托尔克(Stalker G M)之后,莫兰德(Morand D A)进一步探讨并描述了两类组织形式:机械式组织与有机式组织(表4-8)。机械式组织(mechanistic organization)是一种刻板的严密控制的结构,它是一种僵硬、稳定的结构。其主要特征是:高度的专门化、广泛而僵化的部门划分、窄管理幅度、高度的正规化、信息沟通有限、大多是自上而下的沟通、员工很少参与决策。与此相对的是有机式组织(organic organization),它是一种灵活的具有高度适应性的结构。其分工是跨职能、跨层级的,员工所做的工作并不是标准化的,他们经过专门的训练,被授权从事各种各样的工作和处理问题。在有机式组织中,经常使用员工团队,而不需要多少正式的规则和直接监督。

表4-8 机械式与有机式组织结构的特征

机械式	有机式
高度的专门化	跨职能团队
僵化的部门划分	跨层级团队
清晰的指挥链	信息自由流动
窄管理幅度	宽管理幅度
集权化	分权化
高度正规化	低度正规化

第四节 组织结构的运行

设计出组织结构,仅仅是一个框架,尚处于"静态"之中。为使组织结构运转起来,前提是为之配备人员。在组织的运转过程中,还要进行权力的分配,即正确处理以下关系:集权与分权;直线职权、参谋职权与职能职权等。本节将介绍有关授权、集权与分权型管理模式的知识,有关人员配备的内容将在第五节中介绍。

一、授权

权力是组织成员为了达到组织目标而拥有的开展活动或指挥他人行动的权力。任何一个组织的成员都拥有开展活动的权力,但作为管理者,他们还拥有指挥他人行动的特殊权力。

(一)授权的概念

由于管理者能有效监督的下属人数是有限的,因此较高层次的管理者就有必要把一部分权力授予其下一级管理者。可见对于一个组织而言,授权十分重要。所谓授权(delegation of authority),是指上级授给下属一定的权力,使下属在一定的监督之下有相当的自主权和行动权。授权者与被授权者的关系是:授权者对被授权者有指挥、监督权,被授权者对授权者负有报告、完成任务的责任。

授权是一个过程。它包括委派任务、授予职权、明确责任和确立监控权等环节。

授权并不意味着授责,授权后上级仍负有相同的责任。即授权仅将执行职责下授,而不是最终责任,授权者对组织仍负有最终的责任。换言之,对于组织来说,授权者对于被授权者的行为负有最终的责任。

正因为授权者对组织负有最终的责任,因此,授权不同于放弃权力。授权者对被授权者拥有监控权,即有权对被授权者的工作情况和权力使用情况进行监督检查,并根据检查结果调整所授权力或收回权力。

对于授权,要注意区分以下不同情形:

(1) 授权不同于代理职务。代理职务是某人在某一时期依法或受命代替某人执行其任务,代理期间相当于该职,是平级关系,而不是上级授权给他。授权与被授权者之间是上下级关系。

(2) 授权不同于助理或秘书职务。助理或秘书只帮助主管工作,本身不承担责任,由主管负全责。而在授权中,授权者将执行职责授予被授权者,被授权者要负执行职责。

(3) 授权不同于分工。在分工中,各成员在组织中各负其责,彼此间无隶属关系。而在授权中,授权者与被授权者之间有隶属关系,即有监督和报告的关系。

(4) 授权不同于分权。授权是指权力的授予与责任的建立,它仅指上下级之间短期的权责授予关系。而分权是授权的延伸,是组织中有系统的授权,这种权力可根据组织的规定较长时期地留在中、下级主管人员手中。

(二)授权应遵循的原则

正确的授权要明确授权的目的、职、权、责、利相当,保持命令的统一,正确选择被授权者并加强对被授权者的监督控制。授权具体应遵循以下原则:

(1) 明确授权的目的。没有明确目的的授权,会使被授权者在工作中摸不着边儿,无所适从,因此,授权者在授权时必须使被授权者明确所授事项的任务目的及权责范围。

(2) 职、权、责、利相当。授权必须是有职有权、有权有责且有责有利,与此同时,授权还要做到职、权、责、利相当。即做什么事给什么权;有多大的权力就应该承担多大的责任;有多大的责任就应承诺给予多大的利益。显然,权力过多会造成被授权者对他人事务的干涉,权力太小会使被授权者无法尽责,缺乏利益驱动往往会使被授权者不愿过多承担责任。

(3) 不越级授权,不交叉授权,以保证命令的统一。授权者不要越过下级去干涉下级职权范围的事务,因为这样会造成直接下级失去对其职权范围事务的有效控制。另外,授权者不可将不属于自己权力范围的权力授予下级,以避免交叉指挥,造成管理混乱和效率低下。

(4) 因事设人,视能授权。即正确选择被授权者。授权者应根据被授权者的实际能力,授予相应的权力和对等的责任。对于既肯干又能干的,要充分授权;对于能力强但有可能滥用权力的或虽肯干但能力有所欠缺的,授权时要适当保留决策权。

(5) 加强监督控制。既然授权者要对被授权者的行为负责,那么授权者就必须加强对被授权者的监督控制。因为担心失去控制,授权者常常不愿意授权或即便已授权也不信任下级,为此,应通过健全的控制制度、工作标准和适当的报告制度来加强监督,切忌事事指手画脚。

(6) 相互信赖。授权者如果把权力授予下级,就应该充分相信下属,也就是说要用人不疑。

二、集权型与分权型管理模式

国外学者威廉姆森(Williamson O E)将企业组织结构分成 U 型结构、H 型结构和 M 型结构 3 种类型,它们分别属于集权型、分权型、集权与分权相结合的管理模式。

(一)集权型管理模式——U 型结构

U 型结构(unitary structure)是一种高度集权的职能性组织结构,如直线型、职能型、直线-职能型组织结构。它适用于规模较小、产品品种少、生产连续性和专业性强的控股公司,如石油、电力、汽车行业企业集团多采用这种类型。

U 型结构由决策层、职能参谋层和生产执行层 3 个层次组成,执行层由子公司组成。

U 型结构中生产经营活动由母公司统一安排,实行统一核算,进行垂直领导。子公司权力较小,在财务上不独立,也没有经营管理自主权。母公司总部设有职能部门,协助管理下属公司的业务工作。

该结构的优点是:有利于统一分配和调度整个组织的人、财、物,最大限度地使用资源;由于高度集权,母公司的战略决策能得到有效执行与控制,组织效率高;整体竞争能力和集团观念强;受母公司的严格控制,各子公司实际上形不成利润中心,避免了子公司间的冲突。

该结构的缺点是:难以进行多元化经营;由于高度集权,风险和责任往往集中于母公司;公司高层主管陷于繁杂的事务之中,难以致力于公司的长期规划和重大决策;不利于调动子公司经营管理的主动性和积极性。

(二)分权型管理模式——H型结构

H型结构(holding structure)是一种多角化经营的控股公司结构,其下属公司彼此业务互不相干,产品结构属无关产品型,该结构适用于纯粹资本型公司或小批量多品种的生产企业。

H型母子公司的组织结构与U型结构相似,但其职能层不具备战略控制功能。H型结构中子公司在母公司的统一领导下独立核算、自负盈亏,有经营管理的自主权。

该结构的优点是:战略与经营决策完全分离;子公司有较大的独立性,能调动其积极性;投资定位灵活,经营领域较宽;有利于高层主管致力于公司的长期规划和重大决策,应对环境的变化。

该结构的缺点是:管理松散,难以有效制定和实施集团整体发展战略;各子公司为了自身利益过度投资;母公司对子公司绩效的评价和监测能力有限,难以控制成本和利润;子公司本位主义导致资源调配困难,难以集中优势资源。

(三)集权与分权相结合的管理模式——M型结构

M型结构(multidivisional structure)是U型结构和H型结构发展的产物。它以事业部制为主体,其集权程度较高,但突出整体协调功能。M型结构适用于规模较大、多元化经营、产品关联度较大的控股公司,如钢铁、化工、纺织等行业的大型企业多采用这种类型。

在M型结构中,集团对整个公司的经营负全责;集团与下属公司的经营管理职能分工不同:集团行使重要的经营管理权力,具体业务由下属公司承担,且拥有一定的相对独立的权力。

M型结构一般由3个层次组成:

第1层:最高决策层。由董事会和经理班子组成,其主要职责是研究战略和协调交易。

第2层:由职能部门和支持、服务部门组成。

第3层:子公司。围绕公司的核心业务,建立既互相依存又互相独立的子公司。它是在集团统一经营战略下承担某种产品或提供某种服务的生产或经营单位。子公司负责人受母公司委托管理这部分资产或业务,而不是该公司自身利益的代表。

该结构的优点是:通过集权与分权的有机结合,调动了各事业部发展的积极性,同时通过统一协调与管理能有效制定与实施集团整体发展战略;日常经营决策与长期的战略性决策分离,使得公司高层主管有时间和精力进行协调、评价和作出重大决策。

该结构的缺点是:集权与分权的程度不易把握;管理层次增加使协调困难,增加了内部交易成本;容易造成职责不清、推诿扯皮现象。

第五节 工作设计与人员配备

工作设计是组织结构设计过程中的一项重要工作,它是将各种任务组合起来构成全部工作的过程。管理者通过工作设计,以反映环境变化、组织技术、员工的技能与偏好的要求。人员配备是组织设计的延续,其任务是要为组织的不同岗位选配合适的人员,以谋求人与事的最佳组合,实现员工的不断成长和组织的持续发展。

一、工作设计

(一)工作特征模型

工作设计或职务设计(job design)是指将各种任务组合起来构成全部工作的方法。Hackman J R 从 5 个维度提出了工作特征模型(job characteristics model, JCM),该模型描述了工作的主要特征及其彼此的关系,以及它们对员工生产率、积极性和满意度的影响。

根据工作特征模型(图 4-10),任何工作都可以用以下 5 个核心维度来描述:

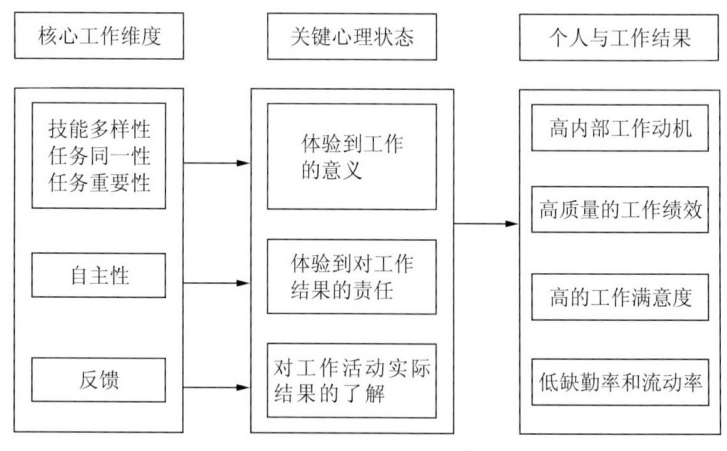

图 4-10 工作特征模型
(据 Hackman J R and Suttle J L,1977)

(1)技能多样性(skill variety)。一项工作要求员工使用各种技能和才干以完成各种不同类型活动的程度。如科研人员的研究工作所需要的技能多样性比饭店服务生的工作所要求的技能多样性要高得多。

(2)任务同一性(task identity)。一项工作要求完成全部的和具有同一性的任务的程度。如与只负责安装空调一项任务的工人相比,一位工程师完成全部产品设计的任务同一性要高得多。

(3)任务重要性(task significance)。一项工作对其他人的生活和工作具有的实质性影响的程度。如教师传道授业使学生取得很大成绩,这位教师所感受到的任务重要性要比只负责打扫卫生的清洁工高得多。

(4)自主性(autonomy)。一项工作在安排工作进度、确定工作程序方面给予任职者提供的实质性自由、独立和自主的程度。如销售人员自行决定销售计划、工作时间,与流水线上的工人相比,有更高的自主性。

(5)反馈(feedback)。员工在完成工作任务的过程中,可以直接而明确地获得有关自己工作绩效信息的程度。

从工作特征模型可以得出,技能多样性、任务同一性和任务重要性组合在一起,可以使工作富有意义。也就是说,当一项工作具备上述3个特征时,可以预见任职者会觉得他的工作是重要的、有价值的和值得做的。同样,如果任职者拥有工作自主权,就会带来其个人责任感,如果给任职者提供工作绩效的信息反馈,则员工会了解到自己工作的效率如何。

该模型指出,当员工了解到(通过反馈了解结果)他所看重的工作(通过技能多样性、任务同一性和任务重要性体验到工作的意义)自己干得很好(通过自主性体验到对工作结果的责任)时,就会获得激励。这种激励将提高员工的工作动机、工作绩效和满意度,并降低缺勤率和流动率。另外,模型还进一步指出,核心工作维度与结果变量之间的关系会受到员工成长需求强度(自尊和自我实现的愿望)的影响。也就是说,面对核心维度特征高的工作时,高成长需要的员工比低成长需要的员工有更强的心理体验,并会作出更积极的反应。

(二)工作设计方法

工作特征模型为管理者进行工作设计提供了指导。长期以来,在工作设计上人们比较注重工作的专门化(specialization),即将工作划分得更细、更专业化。工作的专门化有助于提高员工的工作熟练程度,从而提高工作效率。但是,过于专门化的工作会使员工产生不满。因此,在管理实践中通常采用工作扩大化和工作丰富化来进行工作设计。

工作扩大化(job enlargement)是指通过增加一项工作中所要求的任务数量,减少这些任务被重复执行的频率,即通过扩大工作范围(job scope)横向拓展工作。通过工作扩大化,增加了该工作不同性质的任务数量,从而使工作多样化。管理人员将原来划分过细的任务重新组合成一个内容宽广的工作,会提高工作技能多样性和任务同一性,从而使员工对工作更满意。尽管工作扩大化可以克服过于专门化的工作缺乏多样性的缺点,但它并不一定能给员工提供挑战性的工作。

为了克服工作扩大化的缺点,人们开始引入工作丰富化的方法进行工作设计。所谓工作丰富化(job enrichment),是指通过增加计划和评估责任而使工作纵向拓展,即通过增加工作深度(job depth)来实现员工对自己工作的控制程度。工作丰富化意味着传统意义上认为由管理者所做的工作现在授权给员工做了。丰富化后的工作使员工在完成任务时拥有更大的自主权、独立性和责任感。承担丰富化后工作的员工有责任计划和完成自身工作,并评估与修正自己的业绩水平。

二、人员配备

(一)人员配备的含义与原则

人员配备(staffing)是指组织通过对工作要求和人员素质的分析,为每一个岗位配备合适的人员,以完成实现组织目标所需开展的各项工作的过程。其目的是谋求人与事的最佳组合,因此,人员配备既要满足组织的需要,又要考虑到组织成员的需要。

从组织的需要出发,首先,要通过人员配备使组织系统得以有效运转。为此,必须使组织中的每一个岗位配备有相应岗位素质的人,从而使实现组织目标所必须进行的各项工作都有合格的人去完成。其次,要通过人员配备为组织留住人才创造条件。人才流动对个人来说可能是重要的,它有利于个人找到最能发挥自己才干并能给自己带来最大利益的工作,但对组织而言,人员的不稳定,尤其是优秀人才的外流,往往会影响组织的正常运转和持续发展。因此,要通过人员配备,为员工才能的发挥和实现个人的发展目标创造良好的条件,从而维持员工对组织的忠诚,稳住人心,留住人才。第三,要通过人员配备,适应组织发展的需要。由于组织所处的环境在不断变化发展,由组织的目标与战略决定的组织结构也要随之进行调整,因此人员配备既要根据当前的组织结构来进行,同时还要考虑到组织结构和岗位设置将来可能发生的变化,以适应组织未来发展的需要。

从组织成员的需要出发,人员配备必须能够充分发挥组织成员的能力,使之自觉自愿地履行其职责,为实现组织目标而努力工作。为此,通过人员配备,不仅要使每个人的知识与能力得到公正的评价、承认与运用,而且还要使每个人的知识与能力得以不断发展与提高。工作要求与员工自身能力是否相符,工作目标是否具有挑战性,工作内容是否丰富化,符合自己的兴趣与需求,是否"大材小用"使员工感到"怀才不遇",所有这些都会影响到员工在工作中的主动、热情与积极程度。知识与技能的提高,不仅可以满足人们较高层次的心理需求,而且也是组织成员得以不断晋升发展、通向职业生涯巅峰的阶梯。因此,要通过人员配备,使每个组织成员都能看到这种机会和希望。

为了求得人与事的最佳组合,在人员配备中必须坚持因事择人、因材器用、动态平衡的原则。

(1)因事择人原则。因事择人是人员配备的首要原则,它要求根据工作需要配备具有相应知识与能力的人员。同时,在人员配备过程中,要做好人力资源储备,配备一定的培养性人员(即能留出一定学习与培训时间的人),以适应组织未来发展的需要。

(2)因材器用原则。要根据人的兴趣和才能结构,安排其合适的工作,在条件允许的情况下,要尽可能地把一个人所从事的工作与其兴趣爱好和能力特长结合起来,以最大限度地发挥其才能和调动其积极性。

(3)动态平衡的原则。组织在不断发展变化,人的能力和知识的适应性以及组织对其成员素质的认识也在不断地发展变化,因此人与事的配合也需要不断地调整。动态平衡原则要求组织根据组织和员工的变化,将能力提高并得到充分证实的人员提拔到更高层次的岗位上去工作,将能力平平、不符合岗位要求的人通过轮岗或培训有机会从事力所能及的工作,实现人与工作的动态平衡。

(二)人员配备的工作内容

人员配备的工作内容包括3个方面:通过人力资源规划以确定人员需要的种类与数量;通过招聘与甄选以选配合适的人员;通过考核与培训以使人员适应发展的需要。

1. 人力资源规划

人力资源的有效利用首先依赖于科学的人力资源规划。人力资源规划(human resource planning)是管理者为了确保组织能够为所需要的岗位配备所需要的人员并使其能够有效地完成相应的岗位职责,而在事先所做的计划工作。人力资源规划的内容主要包括评价现有的人力资源配备情况,根据组织发展战略预测组织所需要的人力资源,制定满足未来人力资源需要的行动方案。

人力资源规划涉及组织内人力资源供求配置的诸多方面。人力资源规划一般包括人力资源补充计划、人力资源调配计划、人力资源开发计划、员工职业发展规划。

人力资源补充计划是以人力资源供求预测为基础,对未来一段时间内所需要补充的人力资源类型、数量及补充渠道等作出预先安排的计划。随着组织的发展和员工素质的变化,员工与岗位之间的匹配程度也会发生变化,为此,组织往往通过员工内部流动来实现人与岗位之间的动态平衡。人力资源调配计划就是为了适应组织发展的需要,根据现有员工素质的评价,通过调整和调动对现有人力资源配置进行合理调整的计划。人力资源开发计划是根据组织发展的需要,对培训对象、目标、内容、方式、时间等所做的事先安排,以期通过培训获得组织发展所需要的各类人员的计划。员工职业发展规划是指组织对员工的职业生涯所做的计划安排,使各类员工明确在组织中能获得怎样的职业发展空间。

上述人力资源规划子计划之间是相互关联的(图4-11),在人力资源规划过程中,各个子计划之间应相互协调,以形成一个相互支持和补充的有机整体。通过人力资源规划,管理者可以明确为了实现组织目标,在何时需要哪些人员、需要多少,从而为人员选聘与培养奠定基础。

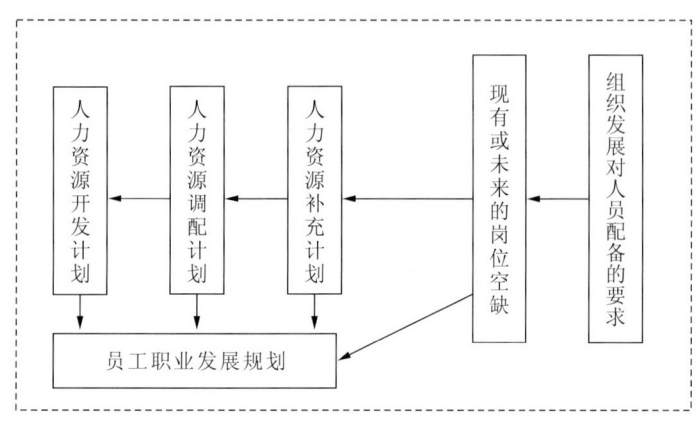

图4-11 人力资源规划系统构成

2. 人员选聘

组织能否根据组织的发展和岗位要求招聘到所需数量的合格人才,直接决定了一个组织人力资源的整体质量。

人员选聘包括招聘与甄选。招聘(recruitment)是指组织按照一定的程序和方法招募具有岗位素质要求的人担任相应岗位工作的活动。甄选(selection)是指依据既定的用人标准和岗位要求,对应聘者进行评价与选择,从中选出能够胜任该岗位的人员的活动。通过招聘和甄选,组织为相应岗位配备合适的人员。

招聘的途径有内部招聘和外部招聘。内部招聘一般在招募少量空缺岗位人员且组织中存在较多的冗员或组织成员希望获得换岗机会时采用。内部招聘的方式一般是布告招聘,即在组织内部的布告栏内张贴招聘启事,动员符合条件的本组织成员应聘。从广义上说,组织内部人员的调整,如组织内某个人员晋升或调到另一个空缺的岗位上,也可视为内部招聘。在进行内部招聘时,可采取事先公开申请资格、事中公开公平竞争、事后公示征求意见的方式,以保证招聘的公平性。

外部招聘是根据一定的标准和程序,从组织外部的众多应聘者中选出符合组织空缺岗位工作要求的人员。外部招聘的途径多种多样,如广告招聘、学校招聘、劳动力市场、职业介绍所、员工推荐、直接申请等。

由于甄选是一种预测行为,它要求设法预见到被聘用者能够胜任该岗位,因此,要求管理者采用各种甄选手段来减少决策失误。常用的甄选手段与方法包括:应聘者申请表分析、资格审查、笔试与面试、绩效模拟测试、体检等。

3. 人员考核与培训

(1)人员考核。如何对组织成员的工作表现进行客观考核,是组织工作中保持人与事最佳组合所必须进行的工作。考核是指相关部门或人员,按照一定的程序和方法,对组织中各部门、各岗位在一定时期内表现出来的工作绩效或能力素质所作的评价。考核又称绩效评估或考评(performance management)。进行绩效评估的目的是:保证组织目标的实现,促进员工的成长,为人员晋升和公平奖惩提供客观的依据。

人员绩效评估最常见的方法有:关键绩效指标考评法、360°反馈法、书面描述法、评分表法、行为定位评分法、多人比较法、目标管理法等。

关键绩效指标考评法(key performance indicator,KPI)是通过对工作绩效特征的分析,提炼出最能代表绩效的若干关键指标,以此进行绩效考核的模式。

360°反馈法(360 degree feedback)是利用从上级、下级、员工本人及其同事处获得的反馈意见进行绩效评估的一种方法。

书面描述法(written essay)是指考评者以书面形式描述一个员工的长/短处、过去的绩效与潜能,并提出改进建议的一种绩效评估方法。

评分表法(graphic rating scales)是先列出一系列绩效因素,然后由考评者针对每一个因素按增量尺度(如5分制)对员工进行评分。

行为定位评分法(behaviorally anchored rating scales,BARS)是由考评者按序数值尺度对某个员工从事某项工作的具体行为进行评分。

多人比较法(multiperson comparisons)是将一个员工的工作绩效与一个或多个其他员工进行比较。

目标管理法(management by objective,MBO)是由考评者评价一个员工既定目标的完成情况。

上述方法可供管理者选用,其各自的优缺点如表4-9所示。

(2)人员培训。组织在不断发展壮大过程中所产生的人力资源需求,除了以招聘方式予以补充外,更主要的方式是通过开发组织现有人力资源来加以满足。培训(training)是组织开发现有人力资源和提高员工素质以适应组织发展要求的基本途径。同时,为员工提供学习机会,使其看到在组织中的发展前途,以维持组织成员对组织的忠诚度。因此,培训既是为适应组织发展的需要,也是为实现员工个人的充分发展。通过培训与考核,可促使员工随着组织的发展不断成长,最终达到组织发展和员工成长的"双赢"。

表 4-9 各种绩效评估法的优缺点

方法	优点	缺点
关键绩效指标考评法	重点突出,可操作性较强	关键指标难以量化
360°反馈法	全面	耗时
书面描述法	简单易行	更像是在衡量考评者的写作能力
评分表法	提供定量的数据,时间耗费较少	不能提供工作行为评价方面的详细信息
行为定位评分法	侧重于具体、可衡量的工作行为	耗时,使用难度大
多人比较法	将员工与其他人作比较	员工数量大时,操作不便
目标管理法	侧重于目标,结果导向	耗时

培训可分为岗前培训、在岗培训、转岗培训、升职培训等,培训方式主要有在职培训和离职培训两种。

第六节 组织变革

一、组织变革的动因和类型

(一)组织变革的含义与动因

组织变革(organizational change)就是综合运用组织和行为科学的理论研究群体动力、领导、职权和组织再设计等问题,通过组织内部的调整使之适应内外部环境变化的过程。实质上,组织变革就是根据变化了的条件对组织结构进行的一次重新设计。

组织变革的动因主要来自于环境的变化与组织内部条件的变化。环境变化是推动组织变革最为重要的力量。经济全球化和竞争加剧的挑战、科技进步和信息化的压力、来自政府和市场的推动力等都是推动组织变革的环境变化动因。如竞争加剧,企业战略也要随之调整,而组织结构是实现战略的手段,为此组织结构就要进行相应的调整与变革。组织内部条件的变化主要有组织自身成长的需要、技术条件的变化、人员条件的变化、工作性质的变化(或管理条件的变化)等。按照企业生命周期理论,企业无论处于哪个阶段,都要争取成长壮大,因此,企业自身成长的需要是组织变革的一个动力来源。技术改造自动化水平的提高,可能会引起集中控制的要求和技术服务部门的加强,随之组织结构也要求调整。人员的结构和素质的变化会影响到组织目标、结构、权力系统等的修正,因而也要求变革组织结构。现代化管理方法的应用、计算机辅助管理等,也会要求组织结构作出相应的变革。

(二)组织变革的类型

革命性变革是指彻底改变现状,抛弃旧的一套而断然采用新的方法。这种变革遇到的阻力大,常以独裁式变革方式出现,如大刀阔斧地对组织结构和人员进行调整、数所大学的合并就属革命性变革的例子。

渐进性变革是指采用逐步演变的方式,在原有的结构与框架中进行一系列小的改变。这种变革不易触及组织的根本问题,进展缓慢,把握不好的话收效不大。如为协调几个部门的关系,新成立一个委员会。

计划性变革是指自上而下地、有系统地研究问题,制定方案,实行有计划有目标的改革。这是一种参与式的变革,其阻力较小,比较理想。

管理者可通过结构变革、技术变革和人员变革这3种变革方案来实施变革。具体地说,管理者可以通过工作专业化、部门化、指挥链、管理幅度、集权化与分权化等结构要素以及整体的结构设计而变革组织的结构,可以通过改变工作过程、方法和设备而变革技术,可以通过改变员工的态度、期望、认知和行为而变革人员(图4-12)。

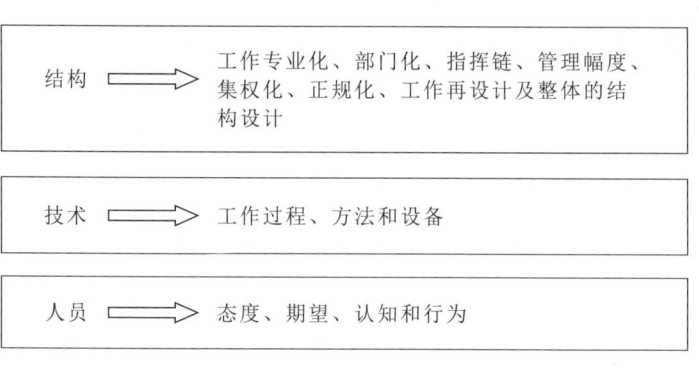

图4-12 变革的3种类型
(据 Robbins S P and Coulter M,2001)

二、组织变革的阻力及其克服方法

组织变革意味着要打破现有的格局,必然要触及到组织内成员原有的观念、利益等,于是就形成了组织变革的阻力。组织变革的阻力(从人的方面来说)一方面来自于一般组织成员,因为他们对变革的必要性不理解、对变革结果的不确定性担忧,他们既担心失去现有的一切,又担心自己不适应新的组织;另一方面来自于组织的管理者,他们担心组织结构的变动和职权的重新分配会带来一定的混乱,甚至失去控制,使组织受到损害。此外,由于对组织现状和发展目标不清楚、不了解,组织成员也会在心理和行动上产生抵触,成为变革的阻力。总体来说,组织变革的阻力主要来自个人和组织两方面(表4-10)。

表4-10 组织变革的阻力

来自个人方面	来自组织方面
心理上:有选择地注意与保留	对权力和影响力的威胁
习惯、依赖性	组织结构
不确定性(担心情况不明)和安全感	群体动力
经济上:担心收入降低	资金限制
	组织间的协议

组织变革的进程,是动力与阻力动态平衡的结果,也是动力与阻力不断较量、斗争的过程。要推进组织变革,一方面可以增强变革的动力,另一方面需要消除或降低变革的阻力。具体措施有:教育与沟通、参与活动、促进与支持、奖惩结合、利用群体动力等。

三、组织变革模式

在组织变革的研究与实践中,一些专家与学者总结出了变革过程的不同模式,即勒温模式、卡斯特模式和吉普森模式。

(一)勒温模式

勒温(Lewin K)认为,成功的组织变革应遵循以下3个步骤(图4-13):解冻现状、移动到新状态、重新冻结新变革使之持久。该模式主要是针对员工的心理态度和行为的。

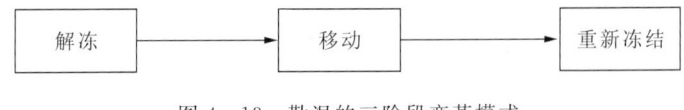

图4-13 勒温的三阶段变革模式

(二)卡斯特模式

卡斯特(Kast E)将组织变革分为以下6个步骤:
(1)对组织的反省和批评:对组织内外部环境进行深入分析;
(2)觉察问题:认识到组织变革的必要性;

(3) 辨明问题:找出现存状态与所希望状态之间的差距;

(4) 探寻解决问题的方法:提出可供选择的多种方法,对它们进行评定,并研究如何实施以及成果的测定方式,最后作出选择;

(5) 实施变革:根据所选择的方法及行动方案,实施变革;

(6) 根据组织变革的效果实行反馈,评定变革效果与计划有无差异。如有,反复循环加以修正。

(三)吉普森模式

吉普森(Gibsun J L)提出的计划性模式,将组织变革分为以下9个步骤:

(1) 要求变革的压力:来自组织内部和外部两个方面;

(2) 对问题的察觉与识别:关键在于掌握组织内部的多种信息;

(3) 对问题的分析:包括需要纠正的问题、问题的根源、需要哪些变革、何时变革、变革的目标与衡量方法;

(4) 识别限制条件:即分析变革中的限制因素,包括领导作风、组织结构和成员特点等;

(5) 变革途径和方法的设计:主要考虑变革方法与变革目标的相互匹配问题;

(6) 选择方案:要把对现状不满的程度、对变革后可能达到目标的把握、实现的起步措施等与变革所花代价作比较;

(7) 贯穿方案:通常考虑三方面的问题:实施的时机、发动的地点、变革的深度;

(8) 评价变革的效果;

(9) 反馈:即反馈评价结果,使管理人员了解是否达到预期的目标。

第七节 未来组织的发展趋势

早期法约尔认为组织结构应呈金字塔状,可今天你会听到奈斯比特在《大趋势》一书中大声疾呼:粉碎金字塔,甚至有人发出金字塔会倒塌等耸人听闻的预言,组织管理研究学者们也预言:将用网络组织、柔性组织来取代传统的层级式组织结构。有人还形象地说,组织结构总体发展趋势是从钻石到泥巴,即从刚性结构走向柔性结构。

组织结构发展、变革的趋势主要体现在以下几个方面:

一是扁平化。扁平化是指管理层次的减少和管理幅度的扩大,由于宽的管理幅度比窄的管理幅度更有效率,所以组织结构越来越趋向于扁平化,扁平化的组织正在逐步取代层级式的组织结构。

二是网络化。员工间是非正规网络关系的随机组合,而非传统等级制度排列。

组织网络化突破了层级组织的纵向一体化的局限性,组织正朝着由小型、自主和创新的经济单元构成的以横向一体化为特征的网络式方向发展。

三是多极化。当前组织出现的一个明显趋势是下授决策权,即从集权走向分权。这是与力求使组织具有灵活性和快速反应能力的努力相一致的。特别是在大型组织中,低层管理者通常比高层管理者更熟悉他们的工作领域,因此由他们来处理相应的问题会更有效。

四是虚拟化。组织虚拟化趋势的主要表现形式是虚拟组织。虚拟组织是指靠信息技术手段,将供应商、顾客甚至竞争对手等独立企业连接而成的网络,目的是互享对方的技术,分担成本以及市场渗透。它是一种灵活的新型组织方式,既没有办公室也没有组织图,既没有等级层次也没有垂直的整合。通常虚拟公司是看不到的公司,所以有人又称其为"影子公司"。它也是一种无边界组织形式。

五是智能化。管理者所面对的环境正在发生前所未有的变革,信息化和经济的全球化使得已有的管理原则都不再适用了。传统的组织将被具有管理组织知识基础以及能作出必要变革的管理者所领导,被能够快速学习与响应的组织所替代,这种组织就是学习型组织。它是一种通过组织学习、不断提高其有效应对变化的环境的能力的组织形式。

六是全球化。随着全球经济一体化,国际竞争越来越激烈,组织的全球化趋势越来越明显,跨国公司得到迅速发展。

七是零时化。随着企业竞争和经营环境的变化,已促使企业的竞争模式从基于价格的竞争向基于质量、品种的竞争转移,现在转移到基于时间的竞争(time-based competition,TBC)。零时间是1998年Raymond T Y和Pearlson K在研究如何适应变化、即时满足顾客需求以提升组织竞争力时提出来的。在今天的数字世界里,所有精英企业都明白,没有人比客户更需要零时间。能否运作在零时间上,是向客户提供即时满意,并且赢得客户永久信任的关键。零时间组织已经在一些管理先进的企业,如戴尔、通用电气、思科等公司得到应用。

零时间组织有5项法则:

(1)零价值差异(zero value gaps)。将组织的价值与顾客的价值融合,赢得顾客终生信赖,以客户占有率代替市场占有率。

(2)零学习差异(zero learning gaps)。使学习成为交织在所有任务中的一根红线,将需要的知识及时提供给员工。

(3)零管理差异(zero management gaps)。给企业每个部分以完整的知识和责任,使其独立运作,适应变化,为顾客提供价值。

(4)零过程差异(zero process gaps)。创建"无人为干涉,无明确分界"的业务过程,迅速重组以适应变化,并做到零缺陷。

(5)零包含差异(zero inclusion gaps)。要求组织把自己、供应商、客户看成一个生态系统的有机组成部分,相互承诺、风雨同舟。

零时间组织是未来组织的蓝图。在零时间组织内,每项业务的处理都应响应客户的需要而即时执行,在需要时自动进行学习,管理者和员工都有即时作决定的知识和能力,供应商能立即提供所需的产品和服务。

综上所述,未来的组织形态不再是网络组织和层级组织简单的相互替代或互补,而是通过灵活的协调机制融合各种甚至对立与冲突的组织手段于同一和谐体中,未来的组织将以快速应变、柔性化来实现组织的共同目标。所以,未来的组织设计不仅仅考虑管理幅度和管理层级数、部门划分与职权划分,还引入时间变量以考虑组织对变化的反应速度和应变时间,通过提供扁平化、网络化、信息化的组织以及适当的分权、授权,加快组织的反应速度。

未来组织结构的总趋势是以学习型组织、柔性组织等来主动应变或以少变应万变,传统的等级结构体系将被工作丰富化、参与管理和团队等平面结构所取代。

自我测试

1. 何谓组织？组织设计的任务有哪些？
2. 组织结构设计的六要素包括哪些？
3. 管理者可以采用哪些方式进行部门化？请你描述你所在单位(或学校)的部门化方式。
4. 有人说管理幅度越大,组织效率越高,你同意吗？为什么？
5. 在一个组织中,通常有哪些权力？它们有何不同？
6. 一个下级要对两个上级负责,在实际工作中会出现什么问题？
7. 常见的传统组织结构类型有哪些？试比较其各自的优缺点。
8. 管理者为什么要进行授权？应该如何进行有效的授权？
9. 影响集权与分权的主要因素有哪些？
10. 管理者是否应该只分派自己干不了的事？
11. 你更喜欢在哪种类型的组织(结构)中工作？为什么？
12. 在互联网背景下,企业如何实现无边界组织的设计？
13. 如何进行人员配备？如何设计富有激励性的工作？
14. 未来组织的发展趋势有哪些？

互联网练习

通过浏览网页，搜索一家对组织结构进行变革的公司。分析：该公司是如何为提高效率和效果而对原有的组织结构进行再设计的？

管理视窗

伪授权？

在现实的管理实践中，有这样一种现象：少数管理者虽然已经授权，但还是要求下属事事向自己请示汇报，造成名义上授权、实际上揽权的"伪授权"。

问题：

产生"伪授权"现象的原因是什么？如何有效地进行授权？

实战模拟

目的：组织结构是组织设计的结果。本实战练习通过对不同情形下的组织设计，帮助学生学会如何进行部门划分、如何确定管理幅度、如何进行职权划分，以及如何选择适合的组织结构。

知识点：部门划分、职权划分和管理层次划分、组织设计的六要素、组织结构类型等。

模拟练习描述：

每3～5人组成一个小组，各组分别选择下列一种情形进行组织设计：

（1）一家负责宽带营销、宽带建设、宽带维护的宽带运营公司；

（2）某集团公司财务共享中心；

（3）一家快递公司；

（4）校园ofo共享单车公司；

（5）网上书店。

每组需完成的工作：

（1）给组织取名，写出组织的使命或宗旨；

(2) 围绕该使命设计出组织结构图,并说明采用此组织结构的理由。

(3) 说明该组织采用了何种部门划分标志,组织设计的六要素是如何体现的。

(4) 说明组织结构图中的每个职位或每个层面需要具备哪些技能,应授予什么样的职权。

(5) 说明影响该组织结构设计的主要权变因素。

案例应用

华为的组织结构变迁[①]

华为技术有限公司(以下简称"华为")是一家生产销售通信设备的民营通信科技公司,于1987年在中国深圳注册成立。经过近30年的发展,华为的产品和解决方案已经应用于全球170多个国家,服务全球运营商50强中的45家及全球1/3的人口。2015年《财富》世界500强中华为排行全球第228位。华为取得的成绩离不开业务战略的成功转型及终端市场的突破,但权力的合理分配和组织运营效率的提升也起着极其重要的作用。在其发展过程中,随着公司规模的不断扩大,华为曾先后多次进行组织结构变革。

1987年,华为成立之初,公司规模较小,员工人数为数不多,部门和生产线相对单一,采用了直线式组织结构。创始人任正非直接领导公司综合办公室,下设制造、财务、行政、市场和研发5个子系统。部门主管在管辖范围内拥有绝对的职权,且只对其直接下属拥有管理权;员工也只能向自己的直接上级汇报。这种简单迅捷的组织结构,不仅有利于其创始人任正非的战略部署及命令得到更好的贯彻与实施,还使得华为迅速完成了其原始资本积累,并为后续发展提供了资本和研发支持。

直线式组织结构为华为原始资本积累提供了有效支撑。但随着华为高端路由器的研制和成功销售,其产品不再局限于单一的交换机业务,而是向其他移动通信产品扩张;市场范围也不再局限于个别地区,而是走向全国各个省市。华为进入了高速发展阶段,组织规模不断扩大,员工数量也呈现几何级增长。业务的扩张,市场份额及员工数量的迅速增长,使华为原有的直线式组织结构渐渐暴露出其缺点:所有的管理职能集中由一个人来承担,而当部门的管理者离职,难以找到合适的替

[①] 改编自:华为组织变迁梳理,从集权到分权,http://www.tmtpost.com/101588.html,2014-03-28。

代者,就会导致部门之间出现协调差,影响企业业务的正常开展。

任正非在意识到这一问题后,明确了华为的发展不仅应该通过研发技术、产品质量以及更好的服务去争取市场,更需要好的管理。为此,他决定在原有的组织结构上进一步细分管理系统。1998年,华为引进事业部制,废除了部门管理权力集中在少数管理者手中的管理模式。华为根据所经营的事业,按照产品、地区、顾客来划分部门,成立事业部。

事业部制的引进,使华为转向了二维的组织结构:既拥有按战略性事业划分的事业部,又拥有按地区划分的地区公司。各事业部在其经营范围内承担开发、生产、销售和用户服务的职责;地区公司在其负责的区域内进行经营。事业部制的引进,解决了直线式组织结构导致的所有的管理职能集中由一个人来承担的问题。

2009年,随着组织规模的进一步扩大,华为决策机构为控制运营风险,设置了许多流程控制点。控制点的设立在减少运营风险的同时,却导致大量时间被用在后方平台与一线的沟通协调上,应对市场变化的资源越来越少。面对越来越大的市场,如何在瞬息万变的市场环境中迅速反应与决策,是华为面临的新问题。

在华为北非分部,围绕做厚客户界面,成立了以客户经理、解决方案专家、交付专家组成的工作小组,形成面向客户的"铁三角"作战单元。在此作战单元之下,前线发现目标和机会时,华为的先进设备、优质资源会及时提供有效支持,而不是拥有资源的人指挥前线。"铁三角"为华为组织变革提供了思路:华为一线真正拥有主动决策权,而后台与总部分离,完全成为支持角色,为前线提供资源和配套,总部则依靠战略导向主动权和监控权,来保障一线的权力不被滥用或者无效益的使用。决策权授给一线团队,后方仅起保障作用,这种思路让华为精简了不必要的流程和人员,提高了运行效率。

华为2015年实现全球销售收入3950亿元人民币,同比增长37%。华为保持了稳健增长的态势,全面超越最大的竞争对手瑞典爱立信,成为全球通信行业老大。骄人的业绩虽然离不开华为业务战略的成功转型及终端市场的突破,但权力的合理分配和组织运营效率的提升也起着极其重要的作用。

【教学功能】

华为公司组织结构变迁的历程,向我们展示了一个组织的运营效率不仅取决于其战略的成功转型,而且组织结构的设计与权力的合理分配同样重要。本案例从组织结构、权力分配、组织变革等方面揭示了华为公司的成功之所在,可在讲授组织职能时选用。

案例分析关键词:组织结构、集权与分权、组织变革

【知识点链接】

传统的组织结构类型有:直线型、职能型、直线参谋型、直线职能参谋型和事业

部型。现代的组织结构有:团队结构、矩阵和项目结构、无边界组织、学习型组织。

集权是指决策权主要集中在组织的较高管理层次上;分权是指决策权主要分散在组织的较低管理层次上。集权与分权是个相对的概念,完全集权或完全分权的组织均难以有效地运行。

组织变革就是根据变化了的条件对组织结构进行的一次重新设计。一般通过结构变革、技术变革和人员变革这3种变革方案来实施变革。

【问题】

1. 华为在发展过程中采用了哪些组织结构形式？分别谈谈各组织结构形式的特点。

2. 从华为由直线式—事业部—二维结构—"铁三角"的组织结构变迁中,你认为华为目前应该采取什么样的组织结构形式更有效？为什么？

3. 试分析华为各阶段组织变革的动因。

4. 结合案例,谈谈你对集权与分权的看法。

扁平化和"轻管理"[①]

北京小米科技有限责任公司(以下简称小米)成立于2010年,首创了用互联网模式开发手机操作系统、发烧友参与开发改进的模式。小米认为,互联网时代要贴近客户、走进客户的心里,企业就必须缩短与消费者间的距离,得跟消费者融合到一起。只有这样才能跟消费者互动,把消费者变为小米产品的推动者和产品设计研发人才。要实现这些,就要求组织扁平化,组织结构尽量简化。

小米的组织结构设计完全是扁平化的,小米相信优秀的人有很强的驱动力和自我管理能力。因此,小米按照联合创始人各自擅长的领域和能力,7个合伙人各自管理自己的自主经济体。小米组织架构只有三级:联合创始人—部门领导—员工。在小米内部,一层产品,一层营销,一层硬件,一层电商,各层互不干涉,都努力将自己的领域做好。小米的团队设置不会过大,一旦达到一定规模就会被拆分,变成项目制。在小米,除了7个创始人有职位,其他人没有职位,都是工程师。在这种扁平化的组织架构下,员工不需要去考虑怎么能升职,只要一门心事投身于自己的工作就可以。正如雷军所言:"整个公司就是一个项目组,我就是项目组组长,里面有5~6个拿主意的人,1~2天对一次话,有想法就立刻拍板、立即执行。"扁平化的组织结构使小米一切围绕市场和客户价值,完全被激活,员工自动协同,承担

---

① 改编自:雷军:小米管理扁平化,七个创始人之外别人都没职位,http://telecom.chinabyte.com/86/12725586.shtml,2013-09-23。

各自的任务和责任,提升了公司运转效率。

如今,小米已经成为一家拥有8000名员工的大型公司,为什么小米这么庞大的组织依然可以扁平化地运转?这和小米"轻管理"的管理机制设计有关。传统的金字塔式的组织管理是按照管理幅度来设计的,这个假设在于一个人如果不被管理或者沟通就会"失控"。但在小米,几十号人的团队比比皆是,尽管小米的人员规模迅速增长,但组织还是尽可能做到三层。那么问题来了,这么多人,缺乏"管理"不会"失控"吗?小米CEO雷军说,小米从来没有打卡制度,没有考核制度,就是强调员工自我驱动,强调要把别人的事当自己的事,强调责任感。大家是在产品信仰下去做事,而不是靠管理产生效率。管理要简单,要少管,少制造管理行为才能把事情做到极致,才能快。

【教学功能】

有效的管理幅度受诸多因素的影响,如何处理好管理层次与管理幅度的关系,是使组织高效率运行的有力保证。本案例主要涉及管理幅度、组织结构等内容,可在讲授组织职能时选用。

案例分析关键词:管理幅度、组织结构

【问题】

1. 小米公司采用了哪种组织结构类型?其优势是什么?
2. 根据小米的成功经验,简述影响管理幅度的因素。
3. 小米是如何做到"轻管理"的?

第五章　领　导

学完本章后,你应该能够:

1. 明确领导、激励和沟通的含义。
2. 会区分领导与管理。
3. 明确领导者的权力来源。
4. 明确激励的本质,描述激励的基本过程。
5. 掌握领导理论和激励理论,并会运用。
6. 了解沟通的类型。
7. 掌握正式沟通和非正式沟通网络的类别与特征。
8. 描述交易型领导与变革型领导、领袖魅力型领导与愿景规划型领导。
9. 了解最常见的团队类型,以及高效团队的主要特征。

开篇案例

百度帝国的领袖[①]

李彦宏作为中国最富盛名的企业——百度帝国的领袖,曾多次被美国《商业周刊》和《财富》等杂志评为全球最佳商业领袖和中国最具影响商界领袖。与中国主流的制造型企业不同,李彦宏领导的百度,拥有信息时代的核心技术,并汇聚了中国最优秀的技术和管理人才,代表着中国的未来。那么,李彦宏是如何在激烈的竞争中一步步打造出他的"百度帝国"的呢?

李彦宏于2000年创建百度,担任董事长兼首席执行官。百度创立十余年来,一直保持高速的增长和巨大的产业影响。目前,百度已成为北大、清华这样一流高

---

① 改编自:百度CEO李彦宏的管理思想和领导风格,http://www.qlwb.com.cn/2016/0128/543576_2.shtml,2009-07-07。

校毕业生最大的企业雇主,百度的核心管理团队中既有内部提拔的优秀人才,也有加盟自著名跨国公司的精英。作为一个不断发展的企业领导者,业界对于李彦宏是如何驾驭这样的人员框架,引导百度进行管理创新,不断应对互联网产业变化挑战一直非常关注。

李彦宏成功的关键是什么?愿景,价值观,平衡,自信,信任员工,激情与热情。

对此李彦宏坦承:"身处于高速增长的新兴市场,身处于互联网不断变化的产业环境,对于百度这样每年营业收入增速达到80%、人员增速接近50%的企业来说,如何做好管理,如何锻造领导力,是一个非常重要的课题。"

李彦宏百度的管理团队分为五级,从最低的团队领导到最高管理层,每一层级均有明确的能力素质评价指标。"其中,任务分解与专注的能力是百度所有层级领导者都必须具备的两项素质。"李彦宏表示,"任何一个宏大的目标,都需要被加以合理分解,进而逐项攻克实现;而想要在不断变化、充满竞争的产业环境中胜出,则必须专注如一。""任何一级领导,在不同环境下同时也是被领导者。""我们要求被领导者适应企业文化和价值观,具有投身专业的精神和决心,同时具备学习能力,通过不断自我改善成为专业领域中的佼佼者。"

在李彦宏看来,第五级领导必须能够做到以下四点:第一,洞察行业趋势,"要能看到一到两年后的市场变化,并不断问自己同样的问题,一旦答案相同,说明你已经落后了";第二,果断把握市场机会,"一旦得出了推论就要立刻着手解决,而且要比其他所有人都做得好";第三,极强的沟通技巧,"善于影响、发展、推动、改变、激励他人,营造良好的工作氛围";第四,在复杂多变的情况下,通过一系列综合思考的决策技巧,应变式地找出或开发新的解决方案。

"我每天至少要把1/3的时间花在人才培养和管理上。"李彦宏表示,虽然随着百度的发展,管理工作千头万绪,但他还是把更多的精力投入到管理团队和领导力建设上,这是确保百度继续保持成长势头和正确方向的关键性工作。

激励员工在一个企业中是必不可少的,一个好的领导者,工作的重点是管理和用人,在工作中既不能太过于优柔寡断,也不能太瞻前顾后。除此之外,要懂得了解员工的心理,更要懂得怎样去激励员工。那么,李彦宏是如何高效激励员工的呢?

2012年8月8日晚,百度创始人李彦宏在Summer Party上颁出第二届百度最高奖,三个不足10名员工的基层小团队分别获得高达百万美金的奖励,此次多达300万美金的奖励额度一时间引起业内从业者及各界人士的热议,但更多的是赞赏。因为这种方式可以高效地激励员工突破层级制度,在自己的岗位上积极创新,再接再厉,再创业绩新高。更有人评论这种激励方式让众人对CEO人性有了新的理解。

在百度内部,如何让最优秀的人脱颖而出是李彦宏一直在思考的问题。与此同时,李彦宏信任员工,授权给员工,相信他们的能力。他认识到管理者应该重视下属的福利。一位管理咨询业者说,对于获奖者,幸福来得太猛烈。而一个13 000人的企业,依然能够重视小团队、欣赏每个人,正是李彦宏对百度的要求。百万美金等措施切切实实地让基层员工得到了实惠,并且此举对全体员工的正向激励远比这一百万的价值大很多。因为科技企业最终比拼的是人才。在百度年会上,李彦宏在讲话的过程中,任何人都可以打断他的话,发表自己的观念或对他的观点提出质疑。这充分体现了新型的领导方法,组织好集体工作,采取措施提高士气,促进协作,使企业的每个成员能与领导真诚持久地合作。

随着百度规模越来越大,沟通俨然成为一个不容忽视的难题。为此,李彦宏提出了"Break all the walls"(打破围墙)的沟通策略。比如说重启战略沟通会议,其主要面向公司经理,时间一般选在每次财务报表发布后的几天内,由公司高层向与会者汇报公司的战略走向,相互交流自己的想法和做法;"半掩的门",在百度,只有副总裁级别以上的管理人员才有独立的办公室,其他人员都是敞开式办公,即便是李彦宏的办公室也是这样,以鼓励大家有什么问题可以直接找他交流;还有年会和百度世界大会,通过内网平台、公司内刊《简单》和全体员工进行全方位交流。这些不仅体现了以人为本、让职工有效参与的管理理念,还体现了李彦宏的创新管理思想,即由左右式的封闭沟通方式转向垂直式的开放沟通方式。

百度帝国的领袖李彦宏例证了有效的领导者确实能够为组织带来高的绩效。他们通过激励下属作出高水平的努力,从而取得高水平的工作绩效。

在整个管理过程中,领导职能是连接计划、组织、控制等各个职能的纽带,是实现组织目标的关键。我们知道,领导的本质在于组织成员的追随与服从。组织成员之所以能追随与服从领导者的领导,是因为领导者能满足成员的愿望和需求。由此可见,领导与沟通、激励有关。本章将分领导、激励和沟通三大部分来介绍,具体阐述领导的概念、作用、领导理论、激励及其激励理论、沟通及沟通网络等。

第一节 领导的概念与性质

一、领导的概念与作用

(一)领导的含义

关于领导(leadership)的定义,历来有不同的解释。传统的管理理论认为领导是组织赋予一个人的职位和权力,以率领其部下实现组织的目标。但更多的管理学者认为领导是一种行为和影响力,这种行为和影响力可以引导和激励人们去实现组织目标。领导是一个领导者影响人们努力完成一些特殊目标的过程,即领导是领导者指挥、带领、引导和鼓励部下为实现目标而努力的过程。这种行为和影响力通过行使组织所赋予的权力,实行监督和控制,但更主要的是通过个人依据组织环境,运用领导技能,采取正确的领导方式和领导行为,团结和带领职工高效率地实现组织目标。领导是领导者为实现组织的目标而运用权力向其下属施加影响力,或者说,领导表现为下属对领导者强烈的追随和服从倾向。

(二)领导与管理的关系

领导是一种普遍的管理行为,关于领导与管理的关系,目前有不同的观点,有的人认为"管理就是领导"。我们认为,领导工作是管理工作的一部分,这二者之间存在着明显的区别。首先,从工作的主体方面来看,领导人员是管理人员的一部分,是担负领导职务并拥有决策指挥权的那一部分管理人员;其次,从工作的客体方面看,管理的对象通常包括人、财、物等多种生产要素,而领导工作的对象往往只能是人;第三,从工作的手段和方法来看,管理包括计划、决策、组织、协调和控制等,而领导工作则主要是大政方针的制定、人事安排和对于各种活动的协调等;第四,从行为的影响力来看,一个人可能不是管理者,但是领导者,如非正式组织中最具影响力的人就是典型的例子,组织没有赋予他们职位和权力,他们也没有义务去负责组织的计划和组织工作,但他们却能引导和激励,甚至命令自己的成员,而一个人可能是个管理者,但并不是个领导者,领导的本质是组织成员的追随与服从,它不是由组织赋予的职位和权力所决定的,而是取决于追随者的意愿,因此,有些握有职权的管理者如果没有部下的服从,也就谈不上是真正意义上的领导者。

(三)领导的作用

在带领、引导和鼓舞部下为实现组织目标而努力的过程中,领导者(leader)要发挥指挥、协调和激励3个方面的作用。

1. 指挥作用

在人们的集体活动中,需要有头脑清晰、胸怀全局,能高瞻远瞩、运筹帷幄的领导者帮助人们认清所处的环境和形势,指明活动的目标和达到目标的途径。领导者只有站在群众的前面,用自己的行动带领人们为实现企业目标而努力,才能真正起到指挥作用。

2. 协调作用

在许多人协同工作的集体活动中,即使有了明确的目标,也因各人的才能、理解能力、工作态度、进取精神、性格、作风、地位等不同,加上外部各种因素的干扰,人们之间在思想上发生各种分歧,行动上出现偏离目标的情况是不可避免的。因此就需要领导者来协调人们之间的关系和活动,把大家团结起来,朝着共同的目标前进。

3. 激励作用

在现代企业中,尽管大多数人都具有积极工作的愿望和热情,但是也未必能自动地长久保持下去。这是因为劳动是谋生的手段,人们需求的满足还受到种种限制。如果一个人的学习、工作和生活遇到了困难、挫折或不幸,某种物质的或精神的需要得不到满足,就必然会影响工作的热情。在复杂的社会生活中,企业的每一个职工都有各自不同的经历,怎样才能使每一个职工都保持旺盛的工作热情,最大限度地调动他们的工作积极性?这就需要有通情达理和关心群众的领导者来为他们排忧解难,激发和鼓舞他们的斗志,发掘和加强他们积极进取的动力。

引导不同的职工努力地朝向同一个目标,协调这些职工在不同领域作出贡献,激发职工的工作热情,促使他们在企业经营活动中保持高昂的积极性,这便是领导者在组织和率领职工为实现企业目标而努力工作的过程中必须发挥的作用。

二、领导影响力的来源及其构成因素

领导是一个领导者影响人们努力完成一些特殊目标的过程。这种影响力(power)有两个基本来源:一是领导者的职位权力(positional power),即领导者所处工作岗位的正常权力,人们称之为职权或正式权力;二是来源于领导者的个人影响力(personal power),人们称之为非正式权力或威信。

(一)正式权力及其构成

正式权力(formal power)来源于上级的授予,组织授予管理者的正式权力一般包括法定权、强制权和奖励权。

1. 法定权

法定权(legitimate power)是指管理者在其分管的工作范围内具有确定工作目标、建立相应组织、制定规章制度、组织开展活动的决策权和对下属的工作调配权,组织赋予管理者一定的职务,从而使管理者占据权势地位和支配地位,使其有权对下属发号施令。在一般组织中,下级必须服从上级的支配。

2. 强制权

强制权(coercive power)是和威胁相联系的迫使他人服从的力量,当下属没有能够按照要求履行其应该履行的职责时,管理者可以通过惩罚威胁来迫使下属履行职责,从而保证组织分派的各项任务的完成。强制权发生作用的基础是下属的惧怕,因此必须事先讲清楚如果不服从上级的指挥,不履行其应该履行的职责将受到何种惩罚,而且这种惩罚必须是下属所害怕的。

3. 奖赏权

奖赏权(reward power)通过给予一定的奖励来促使下属作出组织所希望的行

动,在下属完成一定的任务时,管理者承诺给予相应的奖励,可鼓励下属的积极性。因此,奖励权是建立在交换原则基础之上的,但奖励必须是下属所需要的,否则就不能对下属的行为产生作用。

为了确保拥有权力的领导者在实际工作中能够正确地运用组织所赋予的权力,必须强调权力使用中的3条原则:第一是慎重用权。作为企业某个部门的主管,领导者有着一定的人事和财务等管理权力。少数领导者头脑不够清醒,以为有了权力就有了一切,往往自觉或不自觉地炫耀手中的权力,以此树立自己的权威。这种做法,通常只能招致同事的反感和群众的厌恶,损害自己的形象,降低自己的威信。所以,成熟的领导者必须十分珍惜组织和组织成员给予自己的权力,绝不滥用权力,但是在确实需要使用权力时,领导者又要当机立断地使用权力来维护组织和组织成员的利益,而不应当为了维护个人的私利而患得患失,谨小慎微,坐失良机,使组织和组织成员的利益受到损失。第二是公正用权。领导者运用权力最重要的原则是公正廉明,领导者必须用自己的实际行动使下属相信,在他运用权力时一定能做到不分亲疏,不徇私情,不谋私利。只有如此,才能服众。如果一个领导者不能够秉公办事,他拥有的制度权力虽然未变,但其实际上的指挥、协调和激励能力就会大大削弱。随之而来的是牢骚怪话、扯皮推诿、组织涣散、营私舞弊现象在组织中的蔓延。所以,领导者必须充分认识到公正用权的重要性,做到公开、公正和廉明。第三是例外处理。规章制度是组织成员共同遵守的行为准则,领导者必须维护规章制度的严肃性,按照规章制度的要求正确使用手中的权力,但在特殊情况下,也应当有权进行特殊事件的例外处理。这里的例外处理不是为了破坏规章制度,而恰恰是为了使规章制度在执行中更符合实际情况。例外处理必须有充分的正当理由,必须在坚持组织根本目标和员工普遍利益的前提下,通过实施例外处理,使员工们一方面了解到领导者是尊重事实和通情达理的,另一方面也从该事件中对领导者期望自己表现出何种行为产生明确的认识。

(二)非正式权力及其构成

非正式权力(informal power)或威信是指由管理者的能力、知识、品德和作风等个人因素所产生的影响力,这种影响力是与特定的个人相联系的,与其所在组织中的职位大小没有必然的联系。由于这种影响力是建立在下属信服的基础之上的,因此有时能发挥比正式职权更大的作用。威信包括两方面的内容,即个人专长权和模范权。

1. 专长权

专长权(expert power)是指由于领导者具有各种专门的知识和特殊的技能或学识渊博而获得同事及下属的尊重和佩服,从而在工作中显示出的在其专长方面一言九鼎的影响力。这种权力主要是基于领导者帮助下属明确方向、排除障碍的能力,其影响面通常比较狭窄,被单一地限定在其专长范围之内。

2. 模范权

模范权(referent power)是指由于领导者优良的领导作风、思想水平、品德修养,而在组织成员中树立的德高望重的影响力。这种权力是建立在下属对领导者承认的基础之上的,它通常与具有超凡魅力或名声卓著的领导者相联系。

通常影响一个人模范权高低的主要因素有以下几个方面:

(1)品格。主要包括领导者的道德、品行和人格等。优良的品格会给领导者带来巨大的影响力。因为品格是一个人的本质表现,好的品格能使人产生尊敬感,使人模仿。如果管理者能够在工作中公正廉洁、讲求信誉、追求事业、不断进取,则往往会被群众所尊敬,从而产生较高的威望。

(2)才能。领导者的才干是其影响力大小的主要影响因素之一,才能通过实践来体现,领导者的才干主要反映在其以往的工作业绩上,一个有才干的领导者会给事业带来成功,从而会使他人对其产生敬佩感,吸引人们自觉地接受其影响,组织中的某一成员如果具有较强的业务能力,或者曾经取得过辉煌的成就,那么,他在走上管理岗位后往往具有较大的号召力。

(3)知识。一个人的才干是与知识紧密联系在一起的,知识水平的高低主要表现为对自身和客观世界的认识程度。知识本身就是一种力量,知识丰富的领导者,容易取得人们的信任,并由此产生信赖感和依赖感。

(4)感情。感情是人的一种心理现象,它是人们对客观事物好恶倾向的内在反映。人与人之间建立了良好的感情关系,便能产生亲切感,相互的吸引力越大,彼此的影响力也就越大。因此,一个领导者平时待人和蔼可亲,关心体贴下属,与群众的关系融洽,知道群众的疾苦,他的影响力就较大。

由品格、才能、知识和感情等因素构成的影响力,是由领导者自身的素质与行为造就的。在领导者从事管理工作时,它能增强领导者的影响力,在其不担任管理职务时,这些因素仍会对人们产生较大的影响。

三、领导理论

所谓领导理论,就是关于领导的有效性的理论。人们对领导有效性的研究主要从3个方面进行,相应地,领导理论也分为三大部分:特质论、行为理论、权变理论。表5-1中所列即为3种领导理论各自的研究重点。

(一)特质论

特质论(trait theories)着重于研究领导者本身的素质、品质或个性特征对领导工作效能的影响。其基本方法是:先根据实际生活中不同的领导者领导效果的好坏,归纳出成功的领导者和失败的领导者在个人品质或特质上有哪些差异,进一步总结成功领导者的个人品质,并把这些归纳的结果作为一种理论标准,用于考察某个组织中的领导者是否具备这些品质,由此推断该领导者是否为一个成功的领导者。

表 5-1 3 种领导理论的比较

领导理论	基本观点	研究目的	研究结果
特质论	领导的有效性取决于领导者的个人特性	好的领导者应当具备怎样的素质	各种优秀领导者的描述
行为理论	领导的有效性取决于领导者的行为和风格	怎样的领导行为和风格是最好的	各种最佳的领导行为和风格描述
权变理论	领导的有效性取决于领导者、被领导者和环境的影响	在不同的情况下,哪一种领导方式是最好的	各种领导行为权变模型描述

传统的领导特质理论研究者认为领袖人物是天生的,而不是后天造就的。那些被称为"伟大领袖"的领导者具有某些使他们必然成为伟人的特质,如智慧、果断、热情、勇敢、正直、自信等。许多西方管理学家长期以来一直把领导者个人的性格和特征作为描述和预测其领导效能的指标。这种理论研究的前提假设是领导者的个人特质是决定领导才能的关键因素。

20 世纪 60 年代,著名的心理学家吉赛利在《管理才能探索》一书中研究探索了 8 种个性特征和 5 种激励特征。

8 种个性特征是:

(1)才智——语言与文字方面的才能;

(2)首创精神——开拓创新的愿望和能力;

(3)督察能力——指导监督别人的能力;

(4)自信心——自我评价高、自我感觉好;

(5)适应性——善于与下属沟通信息,交流感情;

(6)判断能力——决策判断能力较强,处事果断;

(7)性别——男性与女性有一定的区别;

(8)成熟程度——经验、工作阅历较为丰富。

5 种激励特征是:

(1)对工作稳定性的需要;

(2)对物质金钱的需要;

(3)对地位权力的需要;

(4)对自我实现的需要;

(5)对事业成就的需要。

吉赛利的研究成果表明,这些特性对领导者成功管理的影响可分为3个层次,即最重要的是:才智、地位权力需要、督察能力、事业成就的需要、自我实现的需要、自信心、判断能力等;比较次要的是:首创精神、工作稳定的需要、适应能力、物质金钱的需要、成熟程度等;最后才是性别的区别。即一个有效的领导者,首先是才智和自我实现及对事业成功的追求等对能否取得成功关系较大,而物质金钱的追求、工作经验等对能否取得成功关系不大。其次,一个有效领导者的督察能力和判断能力也十分重要。最后,男性与女性的区别和事业成功与否关系不大。

传统的领导特质理论受到了许多人的批评,现代领导特质理论认为先天的素质只是人的心理发展的生理条件,素质是可以在社会实践中得以培养与提高的。因此,他们主要是从满足实际工作需要和胜任领导工作所需的要求方面来研究领导者应具有的能力、修养和个性。巴斯(Bass)通过研究认为,有效的领导者的特性是"在完成任务中具有强烈的责任心,能精力充沛地执着追求目标,在解决问题中具有冒险性和创造性,在社会环境中能运用首创精神,富于自信和特有辨别力,愿意承受决策和行为的结果,愿意承受人与人之间的压力,愿意忍受挫折和耽搁,具有影响他人行为的能力"。

(二)**领导行为理论**(behavioral theories)

领导特质理论注重的是领导者的个性特点对领导有效性的影响,领导行为理论则把重点放在研究领导者的行为风格对领导有效性的影响上,其中较典型的理论有:三种领导方式理论、利克特的四种领导方式理论、四分图理论、管理方格图理论、领导方式连续流理论。

1. 三种领导方式理论

在管理实践中,不同的领导者或同一领导者在不同的工作情况下倾向于采取某种特定的领导风格,这往往与他们对权力的运用方式不同有关。在引导和影响组织成员的过程中,领导者对所拥有权力的使用方式就反映了领导方式或领导风格的差异。心理学家勒温在实验研究基础上,将领导者的行为方式划分为专制式、民主式、放任式3种。

(1)专制式(autocratic style)。亦称为专权式或独裁式。这类领导者是由个人独自作出决策,然后命令下属以执行,并要求下属不容置疑地遵从其命令。该领导行为的主要特点是:个人独断专行,从不考虑别人的意见,组织的各种决策完全由领导者本人独自作出;除了工作命令外,从不把更多的消息告诉下级,下属没有任何参与决策的机会,只能奉命行事;领导者预先安排一切工作内容、程序和方法,下属只能服从;主要靠行政命令、纪律约束、训斥惩罚来维护领导者的权威,很少或偶尔有奖励;领导者与下属保持相当的心理距离。

(2)民主式(democratic style)。在民主式领导风格下,领导者在采取行动方案或作出决策之前会主动听取下级的意见,或者吸收下属参与决策制定。比如,民主式的销售经理往往允许并要求销售员参与制定销售目标,而专制式的销售经理则仅仅向各销售员分配指标。民主式领导行为的主要特征是:领导者在作出决策之前通常都要同下属磋商,得不到下属的一致同意不会擅自采取行动;分配工作时,会照顾到组织每个成员的能力、兴趣和爱好;对下属工作的安排并不具体,个人有相当大的工作自由,有较多的选择性与灵活性;主要运用个人的权力和威信,而不是靠职位权力和命令使人服从;领导者积极参加团体活动,与下属无任何心理上的距离。

(3)放任式(laissez-faire style)。放任式领导的主要特点是:极少运用其权力影响下属,而给下级以高度的独立性,以致达到放任自流的程度。

勒温根据实验还得出,以上3种领导方式中,放任式的领导方式工作效率最低,只能达到组织成员的社交目标,但完不成工作目标;专制式的领导方式虽然通过严格管理能够达到既定的任务目标,但组织成员没有责任感,情绪消极,士气低落;民主式的领导方式工作效率最高,不但能完成工作目标,而且组织成员之间关系融洽,工作积极主动,富有创造性。

2. 利克特的四种领导方式理论

密西根大学社会研究所的利克特认为,一个有效的管理者应该面向下属开展工作,及时与下属沟通信息,从而使组织中的全体成员建立一种团结一致、互相支持的关系。这是一种有效的管理方式。为此,利克特假设了四种管理方式:

(1)专制-命令式领导方式。这种方式的特征是,领导者发布指示,下属执行且不参与决策;领导者很少用奖励的方法激励下属,而较多地采用处罚的方式;领导者习惯于自上而下地发布指示和命令,而不注意自下而上的信息反馈。

(2)温和-命令式领导方式。这种方式的特征是,领导者兼用奖励和处罚的方法管理下属;自上而下和自下而上地双向沟通信息,适当地听取下属对决策的意见;适当地授权给下属,但加以严格的政策控制。

(3)协商-参与式领导方式。这种方式的特征是,领导者在决策前较充分地听取下属的意见,并且适当地加以采纳;兼用奖励和处罚的方式管理下属,注意信息的双向沟通,调动下属的管理者进行具体的决策等。

(4)群体参与式领导方式。这种方式的特征是,领导者提出挑战性的目标,由下属根据目标自行决策并制定实施规划,主要采用奖励的方法,而较少采用处罚的方法来管理下属;保持上下级之间、同级之间信息渠道的畅通,使整个组织形成一种良好的气氛。

研究表明,采用第4种方式从事管理工作的人是极有成就的领导者。因为用这种方式管理的组织在制定目标和实现目标等方面是十分有效的。在这类组织中,全体成员感到在实现价值、满足需要和愿望、达到目标和期望方面有共同的利益。个人目标和组织目标融为一体,工作的积极性和创造性能充分地发挥出来,而这些都归功于员工参与管理的程度较深。

3. 四分图理论

四分图理论是由美国俄亥俄州立大学企业研究所的 Stogdill R M 和 Shartle C L 为核心的研究小组提出来的。这种理论把领导行为归纳为定规（initiating structure）和关怀（consideration）两个维度。定规即是组织设计、规章制度、责权关系等；关怀即是组织气氛、尊重下级、信息交流等。这两个维度的具体组合就形成4种领导行为,如图5-1所示。

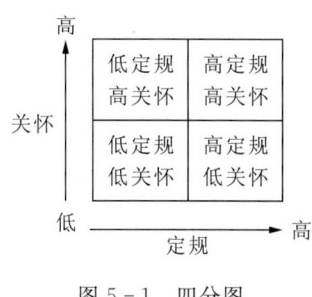

图 5-1 四分图

图中有4种领导行为：低定规高关怀、高定规低关怀、高定规高关怀和低定规低关怀。通过四分图可以确定不同的领导类型。

采用低定规高关怀的领导者注意关心爱护下属,经常与下属交换思想,交换信息,与下属感情融洽,但是组织内规章制度不严,工作秩序不佳。这是一类较仁慈的领导者。

采用高定规低关怀的领导者注意严格执行规章制度,建立良好的工作秩序和责任制,但是不注意关心爱护下属,不与下属交流信息,与下属关系不融洽。这是一类较为严厉的领导者。

采用高定规高关怀的领导者注意严格执行规章制度,建立良好的工作秩序和责任制,同时关心爱护下属,交流信息,沟通思想,想方设法调动组织成员的积极性,在下属心目中可敬又可亲。这是一类高效成功的领导者。

采用低定规低关怀的领导者不注意关心爱护下属,不与下属交换思想、交流信息,与下属关系不太融洽,也不注意执行规章制度,工作无序,效率低下。这是一类无能、不合格的领导者。

以上4种方式的区别在于是以人为中心还是以工作为中心。一般来说,高定规高关怀（high-high leader）的领导方式最佳。

4. 管理方格图理论

管理方格图理论（managerial grid）由学者布莱克（Blake R）和穆登（Mouton T S）首先提出来。他们设计了一个管理方格图,横坐标表示领导者对生产的关心程度,纵坐标表示领导者对人的关心程度。横坐标和纵坐标都划分为9个尺度,纵横交叉形成一个有81格的管理图,表示81种不同的领导方式,如图5-2所示。

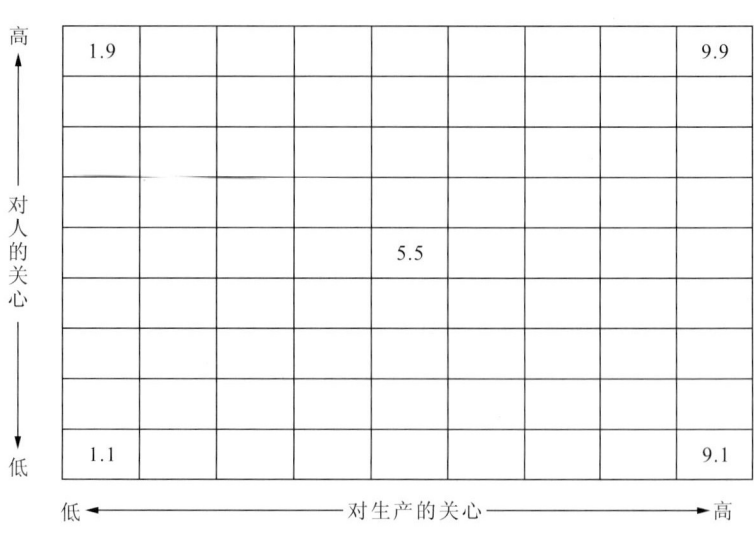

图 5-2 管理方格图

"对生产的关心"是指领导者对组织目标的关心程度,对组织效益的关心程度和对组织规章制度执行状况的关心程度等。

"对人的关心"是指领导者对组织员工、工作环境状况、人际关系理解、信息沟通状况等的关心程度。从图 5-2 中可以找出 5 种典型的领导方式:

1.1 型管理方式亦称为贫乏型管理方式(impoverished management)。领导者既不关心人,也不关心生产,对组织运行放任自流,无所事事,无所作为,放弃领导应有的责任。

9.9 型管理方式亦称为团队型管理方式(team management)。领导者既十分关心人,也十分关心生产,善于把组织集体的目标和个人目标有机地结合起来,工作效率高而且工作环境好,这是最有效的一种管理方式。

5.5 型管理方式亦称为中庸之道型管理方式(middle-of-the-road management)。这种领导方式既不过于偏重对人的关心,也不过于偏重生产任务。领导者能维持足够的生产效率和士气,但是创新不够。

1.9 型管理方式亦称为俱乐部型管理方式(country club management)。领导者不关心生产和工作,主要关心人,组织内员工们都轻松地工作、友好地相处,但是组织目标实现却十分困难。

9.1 型管理方式亦称为任务型管理方式(task management)。领导者十分关心生产和工作,关心组织目标的实现,制定严格的规章制度和奖惩制度来保证任务的完成,而对员工的关心不够,组织内工作气氛不佳,员工的积极性不高。

从以上5种管理方式来看,采用9.9型管理方式的领导者最为成功。

5. 领导方式连续流(leadership as a continuum)理论

坦南鲍姆(Tannenbaum R)和施密特(Schliect W)认为,领导使用的行为方式存在着连续流(图5-3)。领导方式是一个连续变量,从独裁式到放任式领导方式之间存在着多种领导方式。该理论的主要结论是:没有哪一种领导方式总是最好(或最差)的,而必须考虑所处的具体环境来选择某一种领导方式。从这个意义上说,领导连续流理论也是一种情景理论。

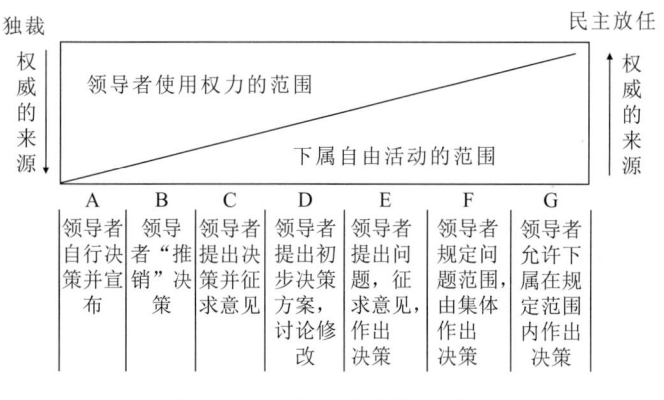

图5-3 领导方式连续流理论

(三)领导权变理论(contingency theories of leadership)

更多的管理学者和心理学家认为,管理者的领导行为不仅取决于个人的品质、才能,还取决于他所处的环境,因此,领导行为应随环境因素的变化而变化,研究成果中以菲德勒模型、领导生命周期理论和路径-目标理论最为典型。

1. 菲德勒权变模型

伊利诺大学的菲德勒(Fiedler F)从1951年开始,首先从组织绩效和领导态度之间的关系着手进行研究,经过长达15年的调查试验,通过最难共事者问卷[least - preferred coworker (LPC) questionnaire],提出了"有效领导的权变模式",即菲德勒模型(Fiedler contingency model)。他认为任何领导形态均可能有效,其有效性完全取决于是否与所处的环境相适应。他把影响领导者领导风格的环境因素归纳为3个方面:职位权力、任务结构和上下级关系。

(1)职位权力(position power)。职位权力指的是与领导者职位相关联的正式职权和从上级和整个组织各个方面所得到的支持程度,这一职位权力由领导者对下属所拥有的实有权力所决定。领导者拥有这种明确的职位权力时,组织成员将会更顺从他的领导，有利于提高工作效率。

(2)任务结构(task structure)。任务结构是指工作任务明确程度和有关人员对工作任务的职责明确程度。当工作任务本身十分明确，组织成员对工作任务的职责明确时，领导者对工作过程易于控制，整个组织完成工作任务的方向就更加明确。

(3)上下级关系(leader-member relations)。上下级关系是指下属对一位领导者的信任爱戴和拥护程度，以及领导者对下属的关心、爱护程度。这一点对履行领导职能是很重要的。因为职位权力和任务结构可以由组织控制，而上下级关系是组织无法控制的。

菲德勒根据上述3个方面情境因素的不同组合，归纳出8种不同类型的环境条件，如图5-4所示，得出了在各种不同情况下的有效领导方式。

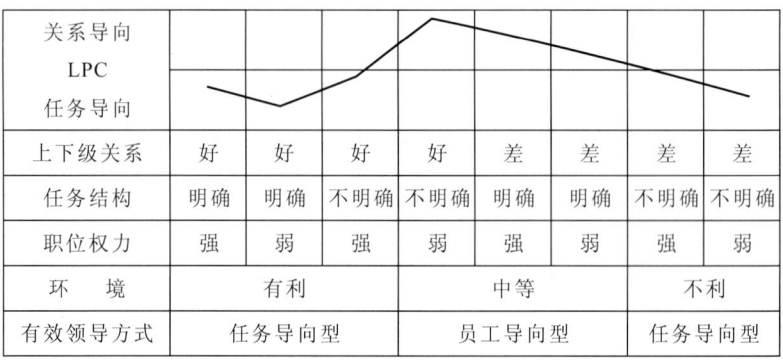

图5-4　菲德勒权变领导模型

2. 领导生命周期理论(situational leadership theory, SLT)

该理论由赫塞(Hersey P)和布兰查德(Blanchard K)提出，他们认为下属的成熟度对领导者的领导方式起重要作用。所以，对不同成熟度的员工采取的领导方式有所不同。

所谓成熟度(readiness)，是指人们对自己的行为承担责任的能力和愿望的大小。它取决于两个要素：工作成熟度和心理成熟度。工作成熟度包括一个人的知识和技能，工作成熟度高的人拥有足够的知识、能力和经验完成他们的工作任务而不需要他人的指导。心理成熟度指的是一个人做某事的意愿和动机。心理成熟度高的个体不需要太多的外部激励，他们靠内部动机激励。

在管理方格图的基础上，根据员工的成熟度不同，将领导方式分为4种：命令式、说服式、参与式和授权式，如图5-5所示。

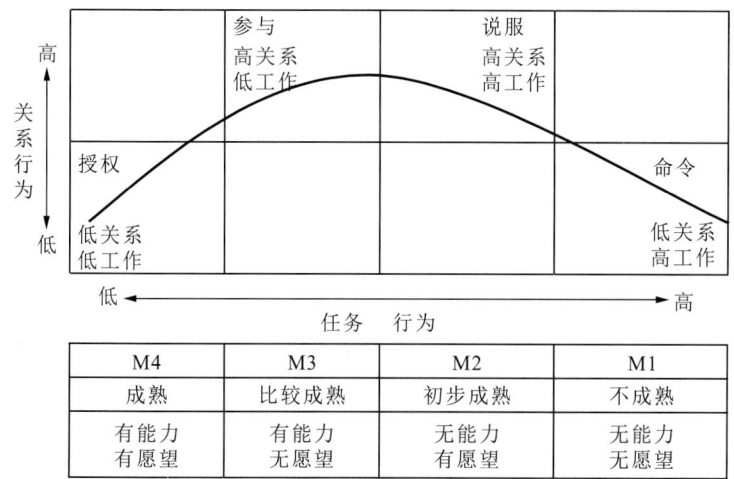

图 5-5　领导生命周期理论

(1)命令式(telling)。表现为高工作低关系型领导方式,领导者对下属进行分工并具体指点下属应当干什么、如何干、何时干,它强调直接指挥。因为在这一阶段,下属缺乏接受和承担任务的能力和愿望,既不能胜任又缺乏自觉性。

(2)说服式(selling)。表现为高工作高关系型领导方式。领导者既给下属以一定的指导,又注意保护和鼓励下属的积极性。因为在这一阶段,下属愿意承担任务,但缺乏足够的能力,有积极性但没有完成任务所需的技能。

(3)参与式(participating)。表现为低工作高关系型领导方式。领导者与下属共同参与决策,领导者着重给下属以支持及其内部的协调沟通。因为在这一阶段,下属具有完成领导者所交给任务的能力,但没有足够的积极性。

(4)授权式(delegating)。表现为低工作低关系型领导方式。领导者几乎不加指点,由下属自己独立地开展工作,完成任务。因为在这一阶段,下属能够而且愿意去做领导者要他们做的事。

根据下属成熟度和组织所面临的环境,领导生命周期理论认为随着下属从不成熟走向成熟,领导者不仅要减少对活动的控制,而且也要减少对下属的帮助。当下属成熟度不高时,领导者要给予明确的指导和严格的控制;当下属成熟度较高时,领导者只要给出明确的目标和工作要求,由下属自我控制和完成。

3. 路径-目标理论(path-goal theory)

路径-目标理论是以期望几率模式和对工作、对人的关心程度模式为依据,认为领导者的工作效率是以能激励下属达到组织目标并且在工作中得到满足的程度来衡量的。领导者的基本职能在于制定合理的、员工所期待的报酬,同时为下属实现目标扫清道路,创造条件。根据该理论,领导方式可以分为以下4种:

(1)指示型领导(directive leader)。领导者应该对下属提出要求,指明方向,给下属提供他们应该得到的指导和帮助,使下属能够按照工作程序去完成自己的任务,实现自己的目标。

(2)支持型领导(supportive leader)。领导者对下属友好,平易近人,平等待人,关系融洽,关心下属的生活福利。

(3)参与型领导(participative leader)。领导者经常与下属沟通信息,商量工作,虚心听取下属的意见,让下属参与决策,参与管理。

(4)成就导向型领导(achievement-oriented leader)。领导者做的一项重要工作就是树立具有挑战性的组织目标,激励下属想方设法去实现目标,迎接挑战。

路径-目标理论告诉我们,领导者可以而且应该根据不同的环境特点来调整领导方式和作风,当领导者面临一个新的工作环境时,他可以采用指示型领导方式,指导下属建立明确的任务结构和明确每个人的工作任务;接着可以采用支持型领导方式,有利于与下属形成一种协调和谐的工作气氛。当领导者对组织的情况进一步熟悉后,可以采用参与型领导方式,积极主动地与下属沟通信息,商量工作,让下属参与决策和管理。在此基础上,就可以采用成就导向型领导方式,领导者与下属一起制定具有挑战性的组织目标,然后为实现组织目标而努力工作,并且运用各种有效的方法激励下属实现目标。

第二节 激励及有关理论

一、激励的概念与过程

(一)激励的概念

激励与沟通是领导的关键手段,领导者要想取得下属的认同,进而让下属追随与服从,首先必须能够了解下属的愿望并尽可能帮助他们实现。从某种程度上说,管理者只有懂得什么东西在激励员工,以及激励如何发挥作用,并把它们在各项管理工作中反映出来,他们才有可能成为有效的领导者。

人们加入一个组织或者群体,都是为了达到他们个人所不能达到的目标。然而,进入组织的人们不一定会努力工作,贡献他们潜在的能力。他们为组织服务的愿意程度是有高低的,有的强烈,有的一般,也有的消极。如何使组织中的各类成员为实现组织的目标热情高涨地去工作,尽可能有效地贡献出他们的智慧和才能,这就是管理者要研究的激励问题。

激励(motivation)是心理学术语,指心理上的驱动力,含有激发动机、鼓励行为、形成动力的意思,即通过某种内部和外部刺激,促使人奋发向上努力去实现目标。在管理工作中,可把激励定义为调动人们积极性的过程,更具体地说,是为了特定目的而去影响人们的内在需要或动机,从而强化、引导或改变人们行为的反复过程。所以,激励就是激发人的动机,诱发人的行为。激励是一种力量,也是一个过程。激励是与保持和改变人的行为的方向、质量和强度有关的一种力量,激励的目标是使组织中的成员充分发挥出他们潜在的能力,从这个角度来说,激励是一种力量,是一种使人们充分发挥其潜能的力量。激励通常与以下内容有关:

(1)激励的目的性。任何激励行为都具有其目的性,这个目的可能是一个结果,也可能是一个过程,但必须是一个现实的、明确的目的。

(2)激励通过人们的需要或动机来强化、引导或改变人们的行为。人们的行为来自动机,而动机源于需要,激励活动正是对人的需要或动机施加影响,从而强化、引导或改变人们的行动。因此,从本质上说,激励所产生的人们的行为是其主动自觉的行为,而不是被动强迫的行为。

(3)激励是一个持续反复的过程,是由多种复杂的内在、外在因素交织起来的持续作用和影响的复杂过程。

(二)激励的过程

激励的实质是通过影响人的需求或动机达到引导人的行为的目的,它实际上是一种对人的行为的强化过程。因此,研究激励,先要了解人的行为过程。心理学家提出动机欲望支配着人们的行为,而动机又产生于人的需要。需要是人的一种主观体验,是对客观要求的必然反映,人在社会生活中形成的对某种目标的渴求和欲望构成了人的需要的内容并成为人行为活动积极性的源泉。人的行为受需要的支配和驱使,需要一旦被意识到,它就以行为动机的形式表现出来,驱使人的行为朝一定的方向努力,以达到自身的满足。

从感觉需要出发,在人的心理上引起不平衡状态,产生不安和紧张,导致欲望动机,有了动机就要选择和寻找目标,激起实现目标的行动。当需求得到满足,行为结束。心理紧张消除后,人们又会产生新的需求,形成新的欲望,引起新的行为,如此循环往复。该连锁反应的过程如图5-6所示。

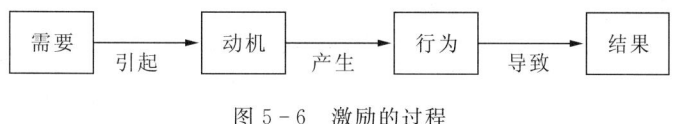

图 5-6 激励的过程

由此可见,激励可以说是通过创造外部条件来满足人的需要的过程。人的行为的始点是需要。所谓需要(need),就是人们对某种事物或目标的渴求和欲望,包括基本需要和各种高层次的需要。当人的需要未得到满足时,心理上会产生一种不安和紧张,这种状态会促成一种导向某种行为的内在驱动力,这就是动机。所谓动机,就是诱发行为指向目标的一种内在状态。当人有了动机之后就会导致一系列寻找、选择和达到目标的行为。如果人的行为达到了目标,就会产生心理和生理上的满足,原有的需要满足了,新的需要又会产生,从而又引起人新的行为。

激励是与人的行为过程紧密联系在一起的,激励的作用主要表现在以下3个方面:

(1) 需要的强化。人的需要不仅复杂,有时还相互矛盾。不仅不同种类的需要之间存在着矛盾,即使同类需要之间也存在着矛盾。而激励工作要强化的是那些有利于组织目标实现的人的需要。事实上,人们作出的选择并不是完全偏向一种需要,而是多种需要的调和与相互妥协。如何能在这种调和中去强化最有利于组织目标实现的需要,这就是激励的艺术性之所在。

(2) 动机的引导。强化了需要不一定就能得到预期的行为,因为可能有多种行为都能提供同一种满足。比如,某员工想获得更多的报酬,他可以通过努力工作得到,也可以考虑跳槽到另一家薪水更高的组织获得,还可能通过采取一些不正当的手段谋取。这时管理者就应该加以引导,以杜绝不良行为的发生,也尽可能不要让优秀的员工流失,同时通过相关激励措施的制定引导其行为向有利于组织目标的方向上来。

(3) 提供行动条件。要鼓励人行动就应该为他们的行动提供条件,帮助他们实现目标。

在激励过程中,行动结果提供的反馈又会反过来影响人的需要。也就是说,当人的需要得到很好的满足时,这种需要就会得到强化,其行为的动机就会更强烈,或产生进一步的需要;相反,如果这种需要没有很好地被满足,显然就会影响下一次的激励效果。

二、激励理论

(一)需要层次理论(hierarchy of needs theory)

前已述及,人的行为由一定的动机引起,而动机又产生于人们的自身需要,需要是人的行为的基础。马斯洛的需要层次理论有两个基本观点:一是人是有需要的动物,其需要取决于他已经得到了什么,还缺少什么,只有尚未满足的需要才能影响行为;二是人的需要都有等级层次之分,某一层次的需要得到满足后,才会产生更高层次的需要。为此,他把人的需要划分为5个层次:生理的需要、安全的需要、社交的需要、尊重的需要、自我实现的需要。

1. 生理的需要(physiological needs)

人们为了能够继续生存,首先必须满足人类最基本的需要,如衣、食、住、行。这些需要如果得不到满足就不能生存,当然也就谈不上其他的需要。

2. 安全的需要(safety needs)

这种需要又可以分为两小类:一是对现在的安全的需要;二是对未来的安全的需要。对现在的安全的需要就是要求自己现在的社会活动的各个方面均能有安全保障,对未来的安全的需要就是希望未来的生活能有保障,如退休保障、医疗保障等。

3. 社交的需要(social needs)

人们总是希望在社会生活中受到他人的注意、接纳、关心和同情,在感情上有所归属,而不希望在社会中成为孤立的一份子。这种需要多半是在非正式组织中得到满足。社交的需要比生理的和安全的需要更细,需要的程度也因人的性格和受教育程度而不同。

4. 尊重的需要(esteem needs)

这里的尊重,既包括自尊,也包括受人尊重。自尊是自己在取得成功时有一种自豪感,受别人尊重是当自己作出贡献时,能得到他人的承认。

5. 自我实现的需要(self-actualization needs)

这是更高层次的需要,这种需要就是希望在工作上有所成就,在事业上有所建树,实现自己的理想和抱负。自我实现的需要常表现在两个方面:一是胜任感方面,有这种需要的人试图控制事物或环境,不是等事情被动地发生,而是希望事情在自己的控制下进行;二是成就感方面,对一些人而言,工作的乐趣在于成果或成功,有成就感的人往往知道自己想要什么样的结果,成功后的喜悦要远比其他任何报酬都重要。

(二)双因素理论(motivation-hygiene theory)

该理论是美国心理学家赫茨伯格(Herzberg F)对9个企业的203名工程师和会计人员进行了1844次调查后得出的。其主要的观点有:

(1)影响人的工作动机的因素很多,但可以分为两大类:一类称为保健因素(hygiene factors);另一类称为激励因素(motivators)。保健因素不满足,能使人产生消极情绪,满足了,不会产生消极情绪,但也不会产生激励作用。属于保健因素的主要是与工作条件和工作环境有关而与工作内容和工作性质本身无关的因素,如公司的政策、人事关系、工作条件等;激励因素则与工作内容有关,包括成就感、工作的挑战性、责任感以及个人成长与发展等,这类因素若满足了,会产生很大的激励力,若未满足,不会产生激励力,但也不会因此而产生消极情绪。因此,赫茨伯格认为在满意与不满意之间存在着中间状态,二者不是对立的,即满意的对立面是没有满意,而不是不满意,不满意的对立面是没有不满意,而不是满意。换句话说,消极的对立面是不消极,但不是积极,积极的对立面是不积极,但不是消极。

(2)只有满足了人的激励因素,才能起到激励作用。即并不是所有的需要的满足都能产生激励力,只有那些激励因素的满足,才能激发起人的积极性。因此,尽管激励是以满足需要为前提,但并不是满足了需要就一定能产生激励作用。

对同一个因素而言,不能一概而论是属于保健因素还是激励因素,需要因环境而异、因人而异。

(三)三种需要理论(three needs theory)

美国哈佛大学的麦克莱兰(McClelland D)和他的同事经过实验提出,人们在工作情境中有 3 种基本的动机和激励需要。他们把这 3 种需要分为:权力需要、归属需要和成就需要。

1. 权力需要(need for power,nPow)

对权力怀有高度需要的人,最基本的特征是竭力向往影响和操纵控制他人,而且自己具有强烈的不愿受他人控制的欲望,这类人一般总寻求领导职位,要求拥有并保持权力去影响他人,他们的特点是坚强、坦率、好争辩、头脑冷静、乐于竞争、喜欢公开演讲等。

2. 归属需要(need for affiliation,nAff)

有归属需要的人具有建立友好亲密的人际关系的愿望,希望从被人接纳中得到快乐,并尽量避免因被某团体拒绝而带来痛苦。这类人的特征是经常关心和寻求维持融洽的社会关系,希望获得他人的友谊,结交知心朋友,在社团活动的亲密与了解中得到乐趣,并乐于帮助和安慰危难中的伙伴。

3. 成就需要(need for achievement,nAch)

具有高度成就需要的人有强烈的成功愿望,寻求挑战性的工作,寻求适当难度的目标,敢于承担责任。这类人有种内在的驱动力量,渴望自己将从事的工作做得更完美,更有成效。他们不太愿意接受那些被人们认为特别容易或特别困难的工作。在他们看来,只有在成败可能性均等的条件下,才能显示出一个人出色的才能,这也是一种能使自己在奋斗中获得成功喜悦的最佳机会。

以上 3 种工作的动机和激励需要在现实生活中都不同程度地存在,只是各种需要的强弱程度因人而异。研究发现,企业家们显示出怀有很高的成就需要和较高的权力需要,但归属需要较低;管理者们一般也显示出有高度的成就和权力需要及低的归属需要,但是其程度都不及企业家。不少事实证明,高度成就需要的人对企业、对国家都颇有建树,这类人越多,事业发展越快,组织就会更加兴旺发达。

(四)期望理论(expectancy theory)

美国心理学家弗罗姆(Vroom V)提出的期望理论认为,一种行为倾向的强度取决于个体对于这种行为可能带来的结果的期望强度,以及这种期望对行为者的吸引力。具体地说,人们从事某项工作并达到组织目标,是因为他们相信这项工作和组织目标会帮助他们达到自己的目标,如晋升、加薪、奖励等。因此,激励是个人寄托于一个目标的预期价值与他对实现目标的可能性的看法的乘积。期望理论说明,激励实质是选择过程,促使人们做某种事的激励力依赖于效价和期望值这两个因素,效价和期望值越高,激励力越大。用公式表示为:

$$激励力 = 效价 \times 期望值$$

期望理论注重3种关系:

(1)努力-绩效关系。即个人认为通过一定努力会带来成效的可能性。

(2)绩效-奖励关系。即个人认为一定水平的绩效会带来希望的奖励的程度。

(3)奖励-个人目标关系。即组织奖励满足个人目标或需要的程度以及这些潜在的奖励对个人的吸引力。

期望理论强调人的各种个人需要和激励的重要性,在决定是否做某事之前,一般员工会关注以下几方面的问题:

这份工作能提供什么样的结果? 这些结果可以是积极的,如额外奖励、提升等,也可以是消极的,如疲劳、失业的可能性等。

这些结果对员工的吸引力有多大? 这个问题显然与员工的态度、个性及需要有关。如果员工发现某一结果对他有特别的吸引力,那么他将努力实现它,否则,可能会选择放弃。

为得到这一结果,员工需要付出什么样的行动? 只有员工清楚地知道为达到这一结果必须做什么时,这一结果才会对员工的工作绩效产生影响。

员工是怎样看待这次工作机会的,即他认为工作成功的可能性有多大。

(五)公平理论(equity theory)

公平理论是美国管理心理学家亚当斯(Adams J S)于1976年提出的,主要研究报酬对人们工作积极性的影响。公平理论认为,激励中的一个重要因素是个人对报酬结构是否觉得公平,也就是个人主观地将他的投入同别人的投入相比,以此来评价是否得到公平或公正的报酬。所以公平理论中的"公平"考虑的是一种相对公平,而不是绝对公平,是用自己的收入与付出同他人的收入与付出相比较,如果认为比值大体相当,则认为是公平的,否则会认为是不公平的,用公式表示为:

$$本人所得/本人付出 = 他人所得/他人付出$$

而一般情况下,人往往会过高地估计自己的投入和他人的所得,过低地估计自己的所得和他人的投入,从而使得上面的等式不成立,出现左边小于右边的现象,一旦出现这种情况,员工就会产生不公平感,产生消极和不满情绪。这种不公平感时间长了以后,员工可能会产生以下几种选择行为:一是减少自己的投入;二是希望增加自己的所得；三是希望改变他人的所得；四是选择离开原组织；五是重新选择一个新的参照对象。

公平理论不仅就员工对自己所得奖励比较后的心理状态作了详尽的描述，而且还对比较后可能引起的行为变化进行了预测。这些研究结果对管理者客观地评价工作业绩和确定合理的工作报酬，以及敏锐地估计员工的行为是非常重要的。

(六) 强化理论(reinforcement theory)

美国哈佛大学心理学家斯金纳(Skinner B F)提出的强化理论认为，人的行为是其所获刺激的函数，通过对取得成绩的人加以赞扬，对成绩差的人加以惩罚，使人们受到激励，因此该理论也称为行为修正理论。他同时提出以下几种行为修正方法：

(1) 正强化。正强化是对有利于组织目标的行为加以奖励，以使这种行为能不断地重复出现。正强化的方法有物质奖励和精神奖励两种。科学的正强化的方法是，保持强化的间断性，强化的时间和数量也不固定，也即管理者根据组织的需要和职工的行为，不定期、不定量地实施强化。实践证明，连续的固定的正强化效果不一定好，因为久而久之，员工会感到组织的强化是理所当然的，甚至会产生越来越高的期望。

(2) 负强化。负强化是对不利于组织目标的行为加以惩罚，以使这些行为削弱，直至消失。负强化的方法也包括物质惩罚和精神处分两种。与正强化相反，负强化要维持其连续性，即对每一次不符合组织目标的行为都应及时予以处罚，从而消除人们的侥幸心理，减少直到完全消除这种行为重复出现的可能性。强化理论认为，管理者应把重点放在积极强化而不是简单的惩罚上，惩罚产生的作用可能很快，但效果可能是暂时的，也可能产生不愉快的消极作用。

(3) 自然消退。自然消退是对某种行为不采取任何措施，既不奖励也不惩罚。这是一种消除不良行为的策略，实质上是一种负强化手段，这样既可以消除某些不合理的行为，又能避免上下级之间的不愉快甚至矛盾冲突。因为人都有自知之明，如果老是找领导唠叨某件事，而领导从来也是只听不表态，那么几次以后，他就知道其实领导是不赞成他的说法的，过一段时间他就自动地不再去找领导抱怨了。

(4) 惩罚。惩罚是对不良行为给予批评或处分，但惩罚可能会引起怨恨乃至敌意，一般当员工的行为对组织的危害程度较大时才选择使用。

(七) 当代激励理论的综合

前面列出了若干理论，但是孤立地理解和运用各个单独理论的做法是不妥的，事实上许多理论可以相互补充(图 5-7)。

如期望理论认为，如果个体感到在努力与绩效之间、绩效与奖励之间、奖励与个人目标的满足之间存在密切联系，那么他就会付出高度的努力；反之，每一个联

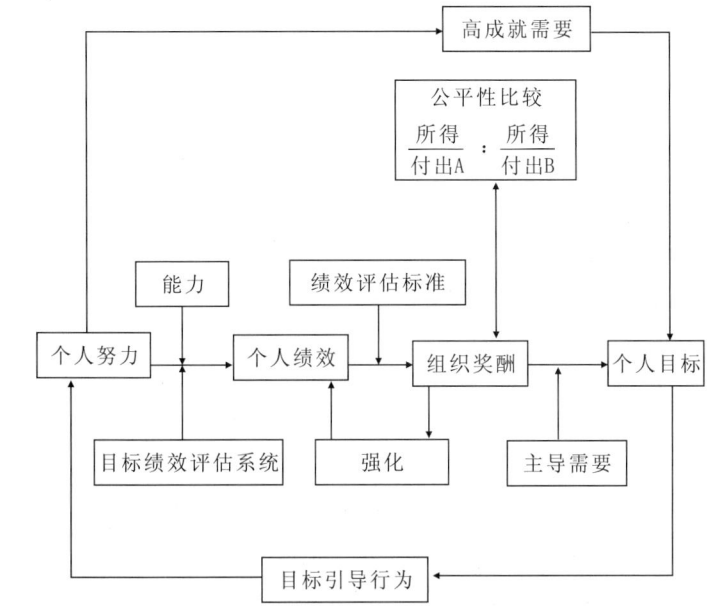

图 5-7 激励理论的综合

系又受到一定因素的影响。对于努力与绩效之间的关系来说,个人还必须具备必要的能力,对个体进行评估的绩效评估系统也必须公正、客观。对于绩效与奖励之间的关系来说,如果个人感知到自己是因绩效而非其他因素而受到奖励时,这种关系最为紧密。

成就需要理论认为,成就需要者不会因为组织对他的绩效评估以及组织奖励而受到激励,对他们而言,努力与个体目标之间是一种直接关系,只要他们所从事的工作能使他们产生个体责任感、有信息反馈并提供了中等程度的风险,他们就会产生内在的驱动力。他们并不关心努力—绩效、绩效—奖励、奖励—目标之间的关系。

强化理论通过组织的奖励强化了个人的绩效而体现出来。如果管理者设计的奖励系统在员工看来是用于奖励卓越的工作绩效的,那么奖励将进一步强化激励这种良好绩效。

奖励(报酬)在公平理论中也具有重要作用,个人会将自己的努力(付出)与得到的奖励(所得)的比率与其他相关人员的相应比率进行对比,若觉得存在不公平,则会影响个人的努力程度。

组织给个人的奖酬是否满足了个人的主导需要,即实现个人的目标,也会直接影响其积极性。

在实际工作中,要综合各种激励理论,融会贯通,创造性地加以运用,特别是公共管理部门的领导,在满足需要、激发人们行为积极性时,一定要注意言出必行,真正为下属办实事。有的管理者也想调动员工的积极性,但他们只一味地要求员工努力,不给员工办事,或者开"空头支票",长此以往会挫伤员工的工作积极性,给今后的工作带来难度。要注意满足员工需要必须公平合理且有区别,同时从思想意识上引导下属树立正确的价值观,从低层次的需要转向更高层次的需要,使其行为取向与社会标准趋于一致。

第三节 沟 通

管理者每天的工作都离不开沟通。人际间的相互交往,与上司、下属和其他部门的人之间的协调,计划、组织、领导与控制工作的开展都离不开信息的沟通。沟通是管理者开展各项工作所必须掌握的基本技能之一。本节将介绍有关管理者应该掌握的沟通知识与技巧。

一、沟通的概念与过程

(一)沟通的概念

沟通(communication)是人与人之间转移信息的过程。管理沟通是指特定组织中的人们,为了达成组织目标而进行的管理信息的交流的行为和过程。它是组织内部联系最主要的手段,通过信息沟通,可以让领导者更好地了解和掌握内部情况,建立并改善组织内部的人际关系,影响并改变组织成员的行为。

管理沟通包括人际沟通(interpersonal communication)和组织沟通(organizational communication)两方面。前者存在于两人或多人之间的信息沟通,目的是取得他人的理解与支持;后者指组织中沟通的各种方式、网络与系统等,是组织内部进行的信息交流、联系与传递活动,目的是加强分工协作。在一个组织内部,既存在着人与人之间的人际沟通,也存在着部门与部门之间的组织沟通。因此管理者要搞好这两方面的沟通。

(二)沟通过程

沟通必须具有 3 个因素:信息发送者、信息接受者、所传递的内容。要达到有效沟通的目的,要求满足 3 个条件:发送者发出的信息应完整、准确;接受者能接受到完整信息并能够正确理解;接受者愿意以恰当的形式按传递过来的信息采取行动。

一般来说,沟通过程(communication process)由发送者开始,发送者首先将要传递的思想进行编码(encoding),形成信息(message),然后通过传递信息的媒介(通道)(channel)发给接受者。接受者在接受信息之前,必须先将其翻译成可以理解的形式,即解码(decoding)。发送者进行编码和接受者进行解码都要受到个人的知识、经验、文化背景等的影响,沟通的最后一个环节是反馈,是指接受者把信息返回给发送者,并对信息是否被理解进行检查,以纠正可能发生的某些偏差。整个过程受到噪声的影响,噪声(noise)就是那些对信息的传送、接受或反馈造成干扰的因素,它会影响沟通的有效性。图5-8描述了沟通过程,它由7个要素组成:发送者、信息、编码、通道、解码、接受者以及反馈。

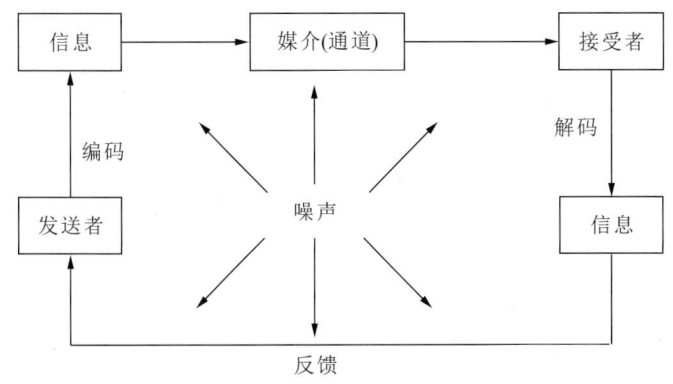

图5-8 沟通过程

二、沟通的类型

按照不同的分类标准,沟通有很多类型,它们各自的定义和优缺点如表5-2所示。

三、沟通渠道的类型及特征

信息的传递和交换是循着一定的路线来进行的,通常称之为沟通渠道(communication channel),也有的教科书上称之为组织沟通的形式。它有正式沟通渠道与非正式沟通渠道之分。

正式沟通渠道(formal communication)是对信息传递的媒介物、线路作了事先安排的渠道,是通过正式的组织结构而建立起来的。非正式沟通渠道(informal communication)是指非官方的、不受任何约束的信息通道。它作为组织内部正常信息系统的辅助物,管理者应加以足够的重视。这里主要介绍正式沟通渠道的类型与特征(表5-3)。

垂直沟通(vertical communication)是指沿着组织的指挥链在上下级之间进行信息传递,又可进一步分为上行沟通和下行沟通两种形式。

下行沟通(downward communication)是指信息按照组织上下级的隶属关系,

表 5-2 沟通的类型

分类标准	类型	定义	优点	缺点
按沟通信息有无反馈分	单向沟通	信息没有反馈的沟通(如作报告、演讲、上课)	信息传递速度快,易保持传递信息的权威性	准确性较差,难以把握沟通效果
	双向沟通	信息有反馈的沟通(如讨论、协商、会谈、交谈)	准确性较高,有助于意见沟通	较费时,信息传递速度较慢
按传递信息的方式分	口头沟通	采用口头表达方式进行信息传递的沟通(如会谈、讨论、电话)	简便易行,交流迅速,便于双向沟通,反馈信息	事后无据,信息易被歪曲
	书面沟通	采用书面文字的形式进行的沟通(如文件、报告、通知)	信息传递范围广,可长期保存,便于核查,准确性高	费时,会影响信息的理解
	语言沟通	借助于语言而进行的沟通(如口头语言、文字语言、图表)	语言与非语言沟通通常交织在一起使用,有助于加强信息的传递效果	语言与非语言沟通配合不好,会影响沟通效果
	非语言沟通	借助于非语言而进行的沟通(如手势、表情动作、体态变化、眼神、说话的语气、快慢、音量等)		
按沟通的组织系统分	正式沟通	按照正式的组织系统和层次,通过组织明文规定的渠道进行的沟通(代表组织)	沟通效果好,有较强的约束力,易于保密	沟通速度较慢
	非正式沟通	通过私人的接触来进行的沟通(如传播小道消息)(代表个人)	沟通方便,内容广泛,方式灵活,沟通速度快	沟通较难控制,传递信息不确切,易于失真、曲解

表 5-3 正式沟通渠道的类型及特征

大类	小类	特征
垂直沟通	上行沟通(自下而上的沟通)	非命令性、民主性、主动性、积极性
	下行沟通(自上而下的沟通)	指令性、法定性、权威性、强迫性
横向沟通	平行沟通	非命令性、协商性、双向性
	斜行沟通	协商性、主动性

从较高的组织层次向较低的组织层次传递的形式。它常用于命令、指导、协调和评价下属。当管理者将目标和任务分派给员工时，就运用了下行沟通。这种沟通方式往往带有指令性、法定性、权威性和强迫性。下行沟通的目的是使员工了解组织的目标，以形成与组织目标一致的观点并加以协调。然而仅仅采用下行沟通方式，信息可能会在传递过程中被曲解或遗漏，如下级可能并不理解上级的指示，甚至对上级的规定看都不看，为此需要信息反馈系统以保证下行沟通的有效性。

上行沟通(upward communication)指信息按照组织上下级的隶属关系，从较低的组织层次向较高的组织层次传递的形式。它常用于下级对上级信息的反馈和问题的反映。一般采用汇报制度、建议箱、座谈会、接待日等形式。这种沟通方式往往带有非命令性、民主性、主动性和积极性，是上级掌握基层动态和组织运转情况、发现问题以改进工作的必要手段。这种沟通有时会受到不同层次上的主管人员的阻碍，他们可能对信息进行过滤，以去掉对自己不利的信息，为此，下级人员可借助于电子邮件进行沟通。

横向沟通(horizontal communication)是指在组织内部横向部门和人员间进行信息传递，又可进一步分为平行沟通和斜行沟通两种形式。

平行沟通(lateral communication)是指在组织内部同一层次的人员之间进行的沟通。这种沟通的目的是为了谋求相互之间的了解和工作上的协作配合，如跨职能团队就需要通过这种沟通方式形成互动。它往往带有非命令性、协商性和双向性。

斜行沟通(diagonal communication)是指在组织内部既不在同一条指挥链又不在同一层次的人员之间进行的沟通。它发生在同时跨工作部门和跨组织层次的人员之间。斜行沟通的目的是为了加快信息的传递，主要用于相互之间的情况通报、协商和支持，因此往往带有协商性和主动性。为了避免对等级链的冲击，斜行沟通一般伴随着下行或上行沟通进行。

四、沟通网络的类型及特征

沟通网络(communication networks)则是由若干条信息沟通渠道按一定方式集结而成的链状或网状结构。它表明了在一个组织中组织信息是怎样传递或交流的。沟通网络可分成正式沟通网络和非正式沟通网络。

正式沟通网络是通过正式沟通渠道建立起来的网络，它反映了一个组织的内部结构，通常与组织的职权系统和指挥系统相一致。非正式沟通网络是通过非正式沟通渠道联系的沟通网络。表5-4、图5-9和图5-10分别列出了5种正式沟通网络类型和4种非正式沟通网络类型。

表 5-4 沟通网络的类型

正式沟通网络					非正式沟通网络			
链型	轮型	Y型	环型	全通道型	单线型（单串型）	饶舌型	偶然型（随机型）	集束型（集合型）

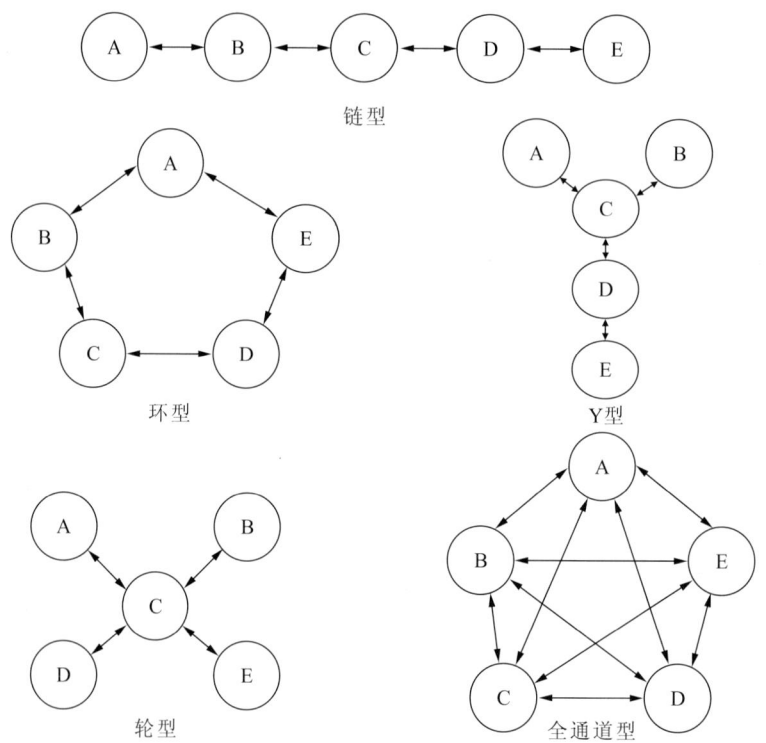

图 5-9　正式沟通网络

在正式沟通网络中，链型沟通网络（chain networks）中的信息只能自上而下或自下而上地传递。轮型沟通网络（wheel networks）表示一个上级与若干个下级之间的沟通关系。Y型沟通网络（Y-type networks）表示两位管理者通过一个人或一个部门进行沟通。环型沟通网络（circle networks）没有固定的信息中心，各成员间互相传递信息。全通道型沟通网络（all-channel networks）允许组织中每一个成员与其他成员自由沟通。

在正式沟通网络中，没有一个网络在任何情况下都是最好的。链型传递信息速度最快；环型能够提高组织成员的士气；轮型和链型对简单问题最有效率；环型

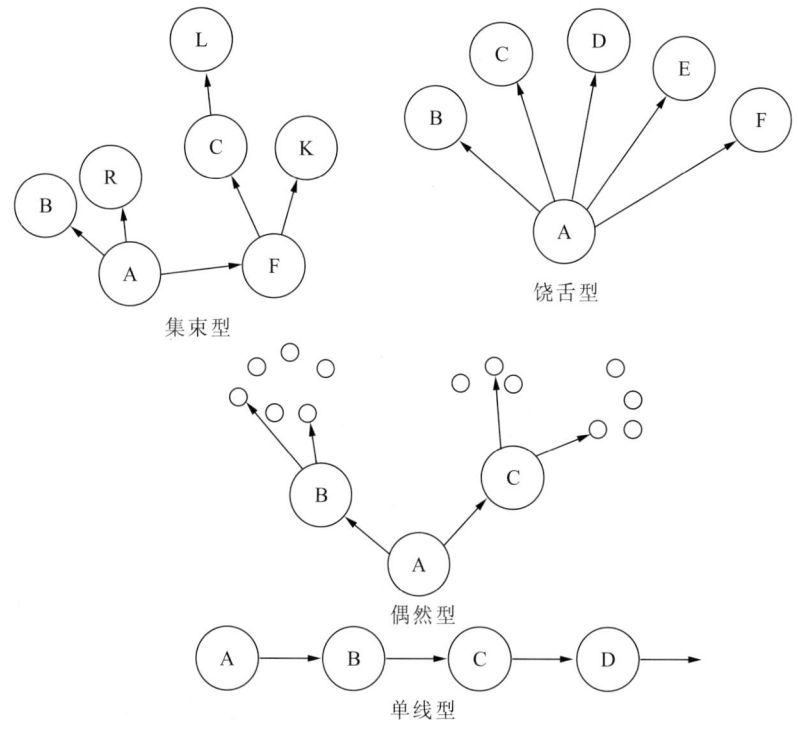

图 5-10 非正式沟通网络

和全通道型更适于解决复杂问题;Y 型兼有轮型和链型的优缺点。但由于存在多头领导,在组织内部的正式沟通中,一般不采用 Y 型沟通。

非正式沟通网络也常常被称为"葡萄藤"(grapewine),一般分为 4 种:单线型、饶舌型、偶然型和集束型。单线型是通过一连串的人把消息传递给最终的接受者;饶舌型(gossip chain)是一个人主动地把消息传播给其他很多人;偶然型(probability chain)是按偶然机会将消息随机地传递给其他人;集束型(cluster chain)则将信息有选择地告诉自己的朋友或有关人员。研究表明,非正式沟通普遍采用集束型方式,即把消息告诉经过选择的对象。非正式沟通有其存在的客观必然性,因此管理者不能阻止它,而应学会利用和引导它,使之成为正式渠道的补充。

五、有效沟通的要求

管理沟通是一个复杂的过程,某一信息的传递要经过若干渠道,常会受到各种因素的影响,致使沟通质量不高,这些干扰因素称为"沟通障碍",如人为障碍、语义障碍、物理障碍等。

为此，要求领导者坚持及时、适量、灵活、有效的沟通四原则，按照了解关注、理解、接受、行为4个沟通步骤，采用发展双向性、支持性、重复性、综合性4种沟通方法，提高说、写、听、读4种沟通能力，以改善管理沟通。

第四节　有关领导的最新观点

近年来，学者们从不同角度研究领导问题，提出了许多新的观点，大大加深了人们对领导的理解。其中，比较著名的有团队领导、交易型领导与变革型领导、领袖魅力型领导与愿景规划型领导等，本节将分别介绍。

一、团队领导

据统计，80%的《财富》500强企业中至少有一半或一半以上的员工以团队的方式工作。工作团队正逐渐成为各类组织中占主流的结构形式之一，因此带领团队工作的领导者的作用则越来越重要。然而，传统的"命令与控制"型领导已经阻碍了团队绩效的提高，必须从根本上改变领导团队的方式。

团队领导者(team leaders)的主要角色是建立信任与鼓舞士气，而不是指挥下属。团队领导者鼓励所有成员之间的互动以及团队与上级管理层、组织中的其他团队、顾客、供应商等之间的有效沟通。其工作重点应当是拓展团队的能力，而不再是仅仅关注个人。团队领导者通过提供培训机会、排除影响任务完成的障碍以及提供必要的资源以帮助团队成员。同样，团队领导者还注意培养团队成员的相互信任，以激发他们的巨大潜能。此外，团队领导者还努力创造团队的认同感。即领导者努力让团队成员理解他们的使命，通过设置更加具体的目标促进下属尽力完成。

与传统领导者忙于阻止个体之间冲突不同，团队领导者认可个别差异。毫无疑问，把多样化的个体融入一个高度承诺的团队，对每位团队领导者来说都是一种巨大的挑战。团队领导者尊重各种不同的意见与观点，鼓励所有成员自由表达自己的思想。与传统领导者忙于应急不同，团队领导者能预测并影响变革。

团队最常见的4种类型是：问题解决团队、自我管理团队、跨职能团队、虚拟团队。

问题解决团队(problem-solving teams)由来自同一部门或职能领域的员工组成，团队成员努力改进工作活动或解决具体的问题。在该团队中，成员能就如何改进工作流程和方法交流想法或提出建议。但是这些团队几乎无权根据他们的建议单方面采取行动，且这种类型的团队在使员工参与到与工作有关的决策和过程方面还显得不足。

自我管理团队(self-managed teams)是一个正式群体,在没有管理者监督的情况下进行操作,并对整个工作流程或部门负责。自我管理团队负责完成工作,并进行自我管理。具体工作包括:制定工作计划和安排日程、分派成员任务、共同监控工作进度、作出操作性决策、针对问题采取行动。这种类型的团队不仅解决问题,而且还实施解决问题的方案,并对工作结果承担全部责任。

跨职能团队(cross-functional team)由不同职能特长的专家组成小组,并在各种任务上协同合作。

虚拟团队(virtual team)是指利用计算机技术把地理上分散的成员联系起来以实现共同目标的工作团队。在虚拟团队中,成员通过宽带网、可视电话、电子邮件等进行沟通与联系,它可以完成其他团队能够完成的所有工作,如分享信息、作出决策、完成任务等。虚拟团队更倾向于任务导向。

针对不同类型的团队,领导者如何创建高效的团队?有关团队的研究揭示出与高效团队有关的一些特点:

(1)清晰的目标。高效团队非常清楚他们要实现的目标。团队成员致力于团队目标的实现,他们知道团队希望自己做什么,以及成员之间如何协作以实现这些目标。

(2)相关的技能。高效团队由能力很强的个体组成,他们拥有实现所期望目标必需的技术技能,以及彼此能良好合作的人际技能。

(3)相互的信任。高效团队的显著特征是团队成员之间的相互信任。在高效团队中,成员们相信彼此的能力、品质和诚实。

(4)统一的承诺。统一的承诺是指对团队目标的奉献精神,愿意为实现目标付出自己额外的努力。高效团队中的成员对团队表现出高度的忠诚感和奉献精神,他们愿意为团队的成功作出一切努力。

(5)良好的沟通。高效团队中的成员能以清晰的方式传递和理解信息,他们能迅速并有效地分享彼此的想法和情感。

(6)谈判的技能。高效团队会不断调整成员的工作内容,这种灵活性需要团队成员具有谈判技能,成员必须能够应对团队中的问题和关系的随时变化。

(7)恰当的领导。有效的领导者能够激励团队追随自己共渡难关,高效团队的领导扮演着教练和促进者的角色,他们为团队成员提供指导和支持,但不控制团队。

(8)内部的支持。高效团队应拥有一个健全的保障体系,它包括:适当的培训、一套用以评估团队成员总体绩效的合理公正的测评系统、能认可和奖励团队活动的奖酬方案以及具有支持作用的人力资源系统。该体系能支持团队成员,并强化那些取得高绩效水平的行为。

(9)外部的支持。从外部条件来看,管理层应该给团队提供完成工作所必需的各种资源。

如何成为有效的团队领导者？表5-5给出了高效团队领导者的关键行为，团队领导者应当不断地监控环境的变化，并随时准备采取各种应对措施。

表5-5 高效团队领导者的关键行为

1. 鼓励团队自我强化高绩效
2. 鼓励团队自我批评低绩效
3. 鼓励团队自己留心、监督与评估团队绩效
4. 鼓励团队在执行任务前认真安排
5. 为团队提供必要的设备与工具
6. 积极与其他团队沟通
7. 充分相信与信任团队成员

二、交易型领导与变革型领导

Burns J M 在 1978 年首次比较系统地提出变革型领导(transformational leadership)和交易型领导(transactional leadership)理论，Bass B 在 1985 年对变革型领导理论进行了进一步的发展。

所谓交易型领导(transactional leaders)，是指通过明确角色和任务要求而指导下属达到预定目标的人。其理论基础是领导-成员交换理论(leader - member exchange theory，LMX)和途径-目标理论(path - goal theory)。交易型领导以下属所需要的报酬来换取自己所期望的下属的努力与绩效。而变革型领导者则是近几年最热门的研究课题之一。所谓变革型领导(transformational leaders)，是指领导者通过改变下属的动机与价值观(如提升需要层次、超越自我兴趣等)来促进绩效的提高和整个组织的变革。其理论基础是马斯洛的需求层次论。与交易型领导不同，变革型领导重视提升成员的内在动机，希望将下属的需要层次提升到自我实现的境界，从而超越原先的工作期望，而不是仅局限在利益的交换上。

Bass & Avolio 等将交易型领导分为权变报酬及例外管理两个方面：

(1)权变报酬(contingent reward)。指领导者给予员工适当的奖励与避免使用处罚，以增加员工工作的诱因。

(2)例外管理(management by exception)。是对下属的错误与不合乎标准的行为加以纠正、反馈或处罚的历程。

Bass & Avolio 归纳出变革型领导的主要因素：

(1)领导魅力或理想化的影响(charisma or idealized influence)。领导者了解什么样的事情对于未来是重要的，以此来凝聚组织成员的注意力，能提出吸引人的

愿景以及达成愿景的策略,并能得到员工的支持,能够通过组织内外人士、正式与非正式的沟通网络,有效将愿景传达给他人。

(2)动机鼓舞(inspirational motivation)。领导者能启发组织成员的工作动机,赋予员工工作的重要意义,以此提高员工的工作期望,相信自己能表现出比预期的更好。

(3)智力激发(intellectual stimulation)。领导者能提出新的构想或观点,激发成员思考完成工作的方法,鼓励组织成员用不同于以往的方式来解决问题。

(4)个性化关怀(individualized consideration)。领导者关心每一个组织成员的个别需求,发现成员的潜能,辅导他们达成任务,他会考虑员工的独特性格,提供不同的支持与持续性的技能发展。

相当多的证据表明,变革型领导显著优于交易型领导,但我们不能将二者视为截然对立的两种类型,变革型领导是站在交易型领导的肩膀上形成的,他们给下属灌输的不仅是运用那些已有观念来解决问题,而且要采用新观点新视角来解决问题。因此变革型领导更具领袖魅力,它比交易型领导更能使下属产生更高的努力水平、创造力、绩效水平以及高的员工满意度。表5-6列出了交易型领导与变革型领导关注点的不同。

表5-6 交易型领导与变革型领导的关注点比较

交易型领导	变革型领导
制定计划	提出愿景/使命
分配责任	传达愿景
运用权力控制	激发动机、赋予成员自主性
履行例行事项	营造变革与创新
顺从	承诺
强调契约性责任	刺激额外的努力
重视理性	关注成员并靠直觉
顺应环境	对环境有预见性

三、领袖魅力型领导与愿景规划型领导

领袖魅力(charisma)是指领导者所具有的能对跟随者产生巨大、超凡影响(如接受、支持、追随、忠诚等)的个人吸引力。领袖魅力型领导(charismatic leaders)是指能对下属产生不同寻常影响的领导人。他是一个热情而自信的领导者,他的人格魅力和活动能力影响着人们以某种特定方式活动。具有领袖魅力型的领导的个人特质包括:有一个愿景目标,他们能够清晰生动地描述这个目标,他们愿意为

了实现这个目标而勇于前进不畏失败,他们对环境限制及下属的需要十分敏感,他们的行为表现常常超乎常规。

与具有领袖魅力型的领导相对应,跟随者也具有一系列的个人特征。首先,跟随者非常尊敬领导者,他们对领导者异常忠心,愿意为领导者赴汤蹈火。其次,跟随者十分喜爱、仰慕领导者,愿意模仿领导者的言行、穿戴。最后,跟随者绝对服从领导者,他们从不怀疑领导者的指示与命令,不折不扣地去执行。

研究证据表明,领袖魅力型的领导与下属的高绩效和高满意度之间有着十分显著的关系。通常,当下属的工作任务中包含意识形态方面的转化时,或下属处于高压与不确定性环境中时,领袖魅力型的领导方式最有效。如政治活动、战争时期、企业处于创业或生死攸关的阶段时,领袖魅力型的领导更卓有成效。

豪斯(House)和巴斯(Bass)认为,领袖魅力型领导应遵守以下14条定律:

(1)区分领导者是否具有领袖魅力的特征是支配欲、自信、影响他人的需要和证明自己所持信念完全正确的强大说服力;

(2)领导者的条件越有利,潜在跟随者就越有可能模仿领导者的价值观,实现领导者的期望;

(3)具有领袖魅力的领导者更可能热衷于塑造才华横溢和成功的形象;

(4)具有领袖魅力的领导者更可能清晰地表达理想的目标;

(5)期望与信任同时表达的领导者更可能使跟随者接受领导者的目标,为目标的实现贡献才智,更可能使跟随者努力达到具体的、有挑战性的绩效标准;

(6)具有领袖魅力的领导者更可能激发下属的与使命完成有关的动机;

(7)领袖魅力型领导者产生巨大影响的必要条件是下属知道并认同使命与目标;

(8)具有领袖魅力的领导者通过唤醒跟随者对领导者的情绪反应(如激动、热爱、仰慕等)来减少态度改变的阻力;

(9)具有领袖魅力的领导者经常是下属投射的靶子,以及合理化、压抑、退化的催化剂;

(10)跟随者的共同规范和群体幻想促进了具有领袖魅力的领导者的出现与成功;

(11)具有领袖魅力的领导者常会利用超级辩证技能、专业知识和说服能力来影响他人;

(12)具有领袖魅力的领导者常会赢得支持者极端的爱、反对者极端的恨;

(13)具有领袖魅力的领导者在实用主义、灵活性和机会主义方面差异很大;

(14)当群体、组织、文化和社会处于危机的时候,领袖魅力型领导者更可能出现。

愿景规划型领导(visionary leaders)能够为人们设计一个现实的、可信的、诱人的前景目标,并向人们清晰明确地指出,这种目标建立在当前条件基础上,人们只要经过努力就会实现。迈克尔·戴尔(Dell M)(戴尔电脑公司 CEO)设计的企业愿景是,7天之内把一台组装好的个人电脑直接销售并送到顾客手中。

愿景规划型领导具备3种品质:向他人解释愿景的能力;不但通过言语更要通过行动表达愿景的能力;在不同领导情景中施展并运用愿景的能力。

四、家长式领导和公仆型领导

家长式领导可定义为:在一种人治的氛围下,显现出严明的纪律与权威、父亲般的仁慈及道德的廉洁性的领导方式。在对待下属的过程中应如同其家长那样一方面给予其业务上的指导,另一方面则在生活上给予其关心和爱护。研究表明,家长式领导方式在华人组织中能够发挥节约成本、增强战略柔性、降低离职率和提高员工的组织认同度与忠诚度的积极作用。

目前最为深入和被广泛接受的是台湾大学郑伯埙等提出的家长式领导三元理论。他认为,家长式领导包含3个维度,即权威领导、仁慈领导、德行领导。

(1) 权威领导(立威)。家长式领导表现出4种典型行为,包括专权作风、贬损下属能力、形象整饰与教诲行为,相对应下属会表现出顺从行为、服从行为、敬畏行为与羞愧行为。比如领导的专权作风表现为不愿授权、强调下行沟通、独享信息与严密控制,相对应下属表现出的顺从行为则表现为公开附和、不公开冲突以及不唱反调。

(2) 仁慈领导(施恩)。家长式领导会表现出个别照顾与维护面子,下属相应表现出感恩与图报行为。比如施恩中的个别照顾体现为视下属为家人,尽可能保障下属工作,在下属急难时加以帮助,整体照顾以及鼓励辅导,下属相应地表现出感恩,包括缅怀恩情与感念领导者。

(3) 德行领导。家长式领导应该具备的道德品质主要体现在公私分明和以身作则两个方面,下属相应地表现出认同和效法行为。家长式领导具有浓厚的人治色彩,领导者对下属并不是一视同仁,而是按照差序格局将下属区分为自己人和外人。家长式领导者对自己人较少采取权威领导方式而较多采取仁慈领导方式,对外人则相反。

Greenleaf 于 1970 年首次提出公仆型领导(servant leadership)概念,指出公仆型领导是把员工利益放在首位,试图使员工变得"更健康、更明智、更自由、更自主,也更可能成为仆人"的领导方式,其主要动机是服务而非领导。

目前,公仆型领导理念在美国多个领域的管理实践中得以应用,并且效果显著,如 Synovus 金融公司、西南航空公司、TD 工业公司等。

在中国,"公仆型领导"一词对人们来说并不陌生,不论是把公仆型领导思想的倡导当作一种管理或治国的手段,还是对下属或者民众施恩的一种方式,从行为要求或行为表现的角度来看,我国古代的管理思想以及我国执政党的管理实践,一直隐藏着或在倡导公仆型领导理念。

公仆型领导主要包含 4 个方面的内涵:

(1) 领导动机。公仆型领导"假设自己是员工的仆人",其行为的产生受"关注他人需求"动机的影响,而非源自自我兴趣。

(2) 领导目标。公仆型领导强调促进员工发展和参与社区建设,以及以员工利益为先,并为员工、整个组织以及所有组织服务对象的共同利益而分享权力和地位,而非仅仅实现领导者自身或组织的目标。

(3) 领导过程的关注点。公仆型领导是将注意力从自身转移到其追随者身上的领导活动,即公仆型领导首先关注为员工服务。

(4) 领导者的特征。高尚的道德品质是公仆型领导的重要构成元素。同时,要最大程度地开发下属的潜能,恩慈、谦卑、尊重、无私、宽恕、守信等也是有效的公仆型领导所必须具备的品质。

迄今为止,学术界对公仆型领导的测量方法及计量公仆型领导风格项目尚未形成共识。目前关于公仆型领导主要是从领导者个体特征、领导与员工的关系、工作任务、领导行为等方面测量公仆型领导风格。

从概念内涵以及测量维度来看,公仆型领导与家长式领导二者是有异同的。

(1) 两种理论均强调领导者的德行,例如,公仆型领导要表现出诚信、谦逊、正直、展现真我、负责任、行为符合道德规范、平等对待员工等行为,这类似于家长式领导所强调的正直尽责、不占便宜、无私典范等行为;另外,家长式领导所强调的个别照顾、体谅宽容等在公仆型领导的关心下属的特征中也有部分体现。

(2) 公仆型领导所强调的利他主义、管家精神、概念技能、授权、把下属利益放在首位、帮助下属成长和成功等均是家长式领导没有包含的;同样,家长式领导所强调的威服、专权、隐匿、严峻、教诲等行为也是与公仆型领导行为背道而驰的。

(3) 有研究表明,公仆型领导比家长式领导更能提高员工的工作满意度和组织公民行为,更能减少员工的工作场所偏离行为,即公仆型领导比家长式领导对中国大陆企业员工具有更高的领导效能。

自我测试

1. 何谓领导?领导的实质是什么?
2. 何谓激励?激励的基本过程是怎样的?
3. 构成领导者影响力的来源有哪些?

4. 有人说:"期望越大,失望越大",请用激励理论解释之。

5. 对于管理岗位,具有高成就需要者是一个好的候选人吗?试说明之。

6. 根据强化理论,谈谈为什么管理者对待员工应以奖为主。

7. 假如要你为某单位制定一种奖金制度,你将采用哪种理论的何种要素?为什么?

8. "重要的不一定是你给他多少,而是这个数字相对于其他同事来说是多少"这句话体现了哪种激励理论?

9. "高—高"型(或团队型)领导方式一定是最有效的领导方式吗?请说明理由。

10. 你认为领导的有效性受哪些因素的影响?

11. 假如你是一家企业的厂长,你在上行沟通与下行沟通中采取哪些措施?

12. 领导者怎样和下列人员沟通?

 (1)鼓励一个下属;

 (2)批评一个下属;

 (3)通知一个下属,要调动他的工作;

 (4)向你的助手介绍一台新仪器的用途。

13. 如何成为领袖魅力型的领导?

14. 交易型领导与变革型领导有何不同?

15. 最常见的团队类型有哪些?高效团队有哪些主要特征?

互联网练习

通过浏览网页,搜索一家公司,了解该公司的使命、目标和价值观等信息,同时获取该公司高层管理者及其个人领导风格方面的信息。分析:该公司的使命、目标和价值观是如何影响其领导过程的。

管理视窗

90后大学生最崇拜的商界领袖

央视市场研究机构(CTR)对超过3000名90后大学生进行了《你最崇拜

的商界领袖》调查,榜单显示,排名前十的商业大佬们依次是:百度董事长兼CEO李彦宏、微软创始人比尔·盖茨、阿里巴巴集团董事局主席马云、小米科技创始人雷军、腾讯董事会主席兼CEO马化腾、联想CEO柳传志、长江集团董事局主席李嘉诚、华为创始人兼CEO任正非、京东创始人兼CEO刘强东、新东方董事长俞洪敏。

百度创始人李彦宏在做事风格、思想理念、个人魅力、技术实力、专注精神等五个细分领域的得分最高。

本次调查结果显示,90后对商界领袖的评价标准更加丰富和多元,而非以金钱作为唯一的衡量标准。

问题:
你心目中最崇拜的商业领袖是谁?请列出成功商业领袖应具备的特质。

甜言蜜语和冷嘲热讽

有一件事情是人们普遍关心的,那就是自己是否受到别人认真的对待,自己是否重要。用粗鲁的方式对待别人是不会得到朋友的。

问题:
日常生活中,你是如何影响他人的?你认为积极主动的(蜂蜜)方式,还是消极被动的(醋)方式更好?请解释说明。

实战模拟

目的:本实战练习主要从人的需求入手,通过模拟不同情境下的角色,帮助学生理解如何激励他人、哪些因素能有效激励他人以及为什么会激励他人。

知识点:需求层次论(5个需求层次)、双因素论(保健因素、激励因素)、强化理论(正强化、负强化、惩罚、自然消退)。

模拟练习描述:
假设某IT公司的研发部门有3名员工甲、乙、丙。
甲:刚毕业的大学生,家境优越,性格活跃,积极向上,有较高的工作热情;
乙:正在计划生二胎,工作责任心强,兢兢业业,曾获优秀员工奖;
丙:工作十多年来,没有作出什么成绩,偶尔犯些小错误,对待工作抱有得过且过的态度。

每组需完成的工作：

每3人组成一个小组，每个成员选择甲、乙、丙三种身份中的一个，完成以下练习：

(1)小组成员每人单独完成：①请具体列出能有效激励你工作的因素，并对这些因素进行排序；②各成员交换身份，具体列出最能有效激励你的因素，并对这些因素进行排序。

(2)每组成员共同完成：小组成员相互交换自己的列表，并就下列问题进行讨论。

①各成员列出的能有效激励不同身份员工的因素中，相同的有哪些？不同的又有哪些？

②总结归纳甲、乙、丙的主导需求分别是什么？其保健因素与激励因素各有哪些？应运用何种强化方式激励他们？

③写一份小组总结报告，何种激励理论最能解释你们小组的分析结果？说明你们的理由。

案例应用

金山的两任掌舵人[①]

金山软件股份有限公司创建于1988年，是中国领先的应用软件产品和服务供应商，创造了WPSOffice、金山词霸、金山毒霸、剑侠情缘、封神榜等众多知名产品。谈到金山的成功一定离不开两个人，那就是它的两任掌舵人——求伯君和雷军。

中国第一程序员求伯君

在程序员眼中，他是IT英雄；在IT业内眼中，他是民族软件的先知；在游戏Fans眼中，他是剑侠情缘系列的BOSS——诸多光环下的这个人，正是被誉为"中国第一程序员"的求伯君，金山公司的第一任掌门人，有着盖世豪侠一般的名字，是IT业的一个传奇。

在金山创业初期，求伯君以WPS一招打天下，奠定了公司在业界的地位。然

---

① 改编自：张书乐，记住这个人，牛鼻子老道求伯君，http://www.sootoo.com/content/547043.shtml，2015-01-21。

而求伯君的 WPS 决不是一夜之间练就的绝世武功。恰恰相反,从 1988 年 5 月开始,求伯君为了这个 WPS,将自己锁在了宾馆,和方便面"结婚",引发肝炎 3 次,每次住院一两个月,在医生的告诫中,他却将电脑放在病床前继续一个人战斗。求伯君在这种孤独中写下了十几万行代码的 WPS 软件。1989 年 9 月的某天,国内第一款中文字处理软件 WPS1.0 终于问世,这成了 1988 年创立的金山公司的主打产品。

一路高唱凯歌的 WPS,在 1993 年遇到了 Word 的挑战。求伯君主动迎接挑战,将公司所有的财力、人力都投入到"盘古"开天地中。尽管如此,金山还是在和微软的遭遇战中一夜溃败。面对昔日的对手微软抛来了橄榄枝,求伯君依然没有放弃自己的理想。他卖掉了自己的别墅,几乎倾家荡产全新投入 WPS97 的开发中。终于,WPS97 推出仅两个多月,就销出了一万三千套,求伯君和他的 WPS 翻盘了。

2000 年后,求伯君俨然成为了金山的精神领袖,而金山也走向了多元化,尤其是游戏,在喜欢玩游戏的求伯君的带领下,依靠网游这个曾经让通用软件公司不耻的小零碎,金山软件真正崛起了,更让许多新世纪才接触电脑的人误以为金山软件是一家游戏公司。

随着金山公司的不断发展,求伯君又开始了一个程序员到一个领导者的修行之路。在管理上,求伯君有一个宗旨:谁负责任谁说了算。"你在做这件事,你就要承担责任,因此你对所有事情都有决定权,包括本部门员工的招聘、培训、考核、利益分配、解聘等。"因此他在企业中实行"目标管理制",给予每一个部门经理充分自由自主的空间,没有早请示晚汇报,也没有冗长的公式考核,每一个部门都有一个任务指标,部门经理的任务就是带动大家去完成任务。求伯君认为对每一个员工的考核应由部门经理来执行,但他本人也会经常向部门经理询问下面员工的情况。除了中层主管灵活性的把握以外,公司本身也有一些框架性的措施来对每个员工进行监督和考核。金山有 20% 的自然淘汰率,谁将被淘汰也视部门经理的考核结果而定。

金山的员工表示,"金山的收入不高、但金山让我们学到了很多,去金山,是冲着求伯君的大名。"也正如求伯君所言,"如果从开始就想着怎么赚钱,我也不会有今天。事业与金钱无关。当你全身心投入开发的时候,不给你钱你也要干。开发时,根本没有心思考虑报酬。只有先成就了业,才有资格谈报酬。"

从好学生到好领导的雷军

提起雷军,你一定想到的是小米,而金山公司才是雷军生命中一度最重要的公司。外界和金山人对雷军曾作出这样的评价:如果说求伯君代表着金山的 WPS

时代,那么雷军则代表着整个金山。在他的领导下,金山软件进一步将应用软件扩展至实域,并在金山的全面互联网转型的过程中作出了重要贡献。在金山时期,雷军形成了自己的管理风格——身先士卒、以身作则、将心比心。在有些人看来,雷军就是一台机器。他按时上班,深夜才从办公室离开,他坚持跑步、滑雪,午餐吃得很简单,刻苦而自律,精力非常人能比。

  1998年,风华正茂的雷军升任金山公司总经理,可谓是年少得志、意气风发、挥斥方遒。接任金山CEO的时候,雷军有过挣扎,前后辗转反侧3天,他始终觉得自己很难成为心目中的偶像——柳传志这样的管理型人才。毕竟,雷军曾经的梦想是成为中国最好的程序员。为此雷军总结出从程序员到总经理的三大障碍:第一,程序员都是完美主义者,他们不能容忍漏洞。管理要学会眼睛里能揉进沙子,他得有容忍精神,有时候甚至需要妥协精神;第二,从写程序到做管理,一定要学会欣赏别人,学会"拿放大镜去看别人的优点";第三,写程序大多数时候只需要跟计算机沟通,是在自己的国度里自由驰骋,可做管理者要学会跟别人沟通,并且还需要很高的沟通技巧。有了这样的总结,雷军开始了一个从好学生到好领导的蜕变。

  雷军蜕变成为成功领导者的因素归于4种武器:

  第一种武器——个人独特魅力。因为雷军的热情聚集了一群优秀的人,使金山形成了独特的程序员文化,这样的文化尊重技术,尊重人才。这样的文化培养了一代又一代杰出的工程师,也造就了金山的成功。雷军做事很有章法。管理金山,他懂得放权,将项目"包产到户",调动了每个有理想员工的积极性;管理投资项目,他除了懂项目,更懂识人,他要求创始人要有理想,有诚信,不做假账。

  第二种武器——好学。雷军从学生时代就很好学,是大家眼中的全能学霸,推崇"肯学、肯干"的工作态度。为了成为合格的领导者,雷军恶补过营销学、管理学,为了把产品卖出去,总结出了自己的销售方法。他积极结识媒体,虚心请教前辈。到如今讲起营销已经头头是道了。

  第三种武器——创新。唯一不变的只有变化。他带领的小米科技公司手机在发布后,成了互联网企业中最早吃"手机"螃蟹的人,如今小米手机第四代销售火爆,拥有了不少铁杆发烧粉丝。

  第四种武器——信任。信任是无价的财富。雷军处事懂得有所为有所不为,游戏项目不投、与金山竞争的项目不投,这些足以让求伯君和金山人信任他。2007年2月,董事会给予430名员工发放了海量期权(占上市完全摊薄后的11%),在所有上市公司中这是绝无仅有的,极大地影响了公司的短期价值。董事会为什么还要这么做?是因为和员工分享上市财富,可以保持公司长期发展的动力。在金山近20年的历史上,长期作战的过程中形成了兄弟文化,"胜则举杯相庆,败则拼死相救"。如果赶项目需要加班的时候,领导会和员工一起加班,其他同事也会留下来陪着加班。时间长了,这种情谊会使整个公司形成一种情感共同体,有利于员工保持良好的生活情绪状况,也有利于公司的稳定。

2011年,雷军重回金山担任董事长,对媒体强调着自己对金山的感情和责任。此时的雷军,对外谦逊有加,在管理上更多体现了强势、霸道的一面。在金山扮演的角色"有点像定海神针",大家不关心他是否忙得过来,最重要的是,他在那里。

【教学功能】

本案例既涉及对人的激励,又涉及领导行为方式、领导环境等内容,有利于学生更好地理解和掌握激励理论、领导行为理论、领导权变理论,可在讲授领导职能时选用。

案例分析关键词:激励理论、领导行为理论、菲德勒模型、领导生命周期理论、领导影响力

【知识点链接】

激励理论包括:需求层次论、双因素论、期望理论、强化理论、公平理论等。

领导的行为方式理论包括:三种领导方式理论、工作中心与员工中心理论、四分图理论、管理方格论。

根据菲德勒模型,领导者究竟应该采取什么样的领导方式,取决于领导者的特征、被领导者的特征和领导环境等因素。领导环境又取决于职位权力、任务结构、上下级关系这三大因素。菲德勒通过研究分析得出结论:当领导环境较好或差时,应采用任务型的领导方式,而当领导环境中等时,应采用关系型的领导方式。

根据领导生命周期理论,当员工的成熟度由不成熟、初步成熟、比较成熟发展到成熟时,可分别采用命令式、说服式、参与式和授权式的领导方式。

领导影响力由法定权、强制权、奖励权、专长权和模范权构成。

【问题】

1. 求伯君与雷军分别采取了何种领导方式?是否有效?请运用菲德勒模型进行分析。

2. 根据领导生命周期理论,判断求伯君与雷军属于哪种领导类型?

3. 求伯君说"你在做这件事,你就要承担责任,因此你对所有事情都有决定权。"这句话强调求伯君的何种领导影响力?

4. 根据需求层次理论、强化理论和期望理论,分析雷军给员工发放海量期权的原因。

5. 从金山两任领导者身上,你得到什么启示?

为自己代言的陈欧

聚美优品(以下简称聚美)CEO及联合创始人陈欧,16岁留学新加坡就读南洋理工大学,大学期间曾成功创办在线游戏平台Garena,并曾在Google等公司任职,26岁获得美国斯坦福大学MBA学位。聚美成立之初,陈欧常常去专柜买来货,跟小伙伴们在小办公室里打包再快递出去。每一单都赔钱,但每天的用户数和订单数都在迅速增长。陈欧带领的团队以惊人的发展速度受到广泛关注,很快获得新东方创始人徐小平、阿里巴巴天使投资人吴炯、险峰华兴天使基金等国内知名天使投资人,以及国际最大风险投资基金红杉资本的数千万美金的高额投资。

公司创立之初,合伙人之间意见不一致,对于做电商还是社区有了激烈的争论。又由于国内刮起了团购热,公司的流动资金也只剩下30万元,陈欧提议先从团购入手,凭感觉一步一步来,后来用了两天时间,在技术上让聚美优品上线。

他总结出了三个"可行条件"。首先,电子商务在中国正在高速发展是不争的事实;其次,化妆品需求很大,但市场上还没有一个可信的化妆品网站;最后,做这个别的男人不好意思做的行业反倒给了自己机会。

陈欧将代理商的化妆品买断,存放在仓库,以限时团购的形式卖出,价格比专卖店低了4成。同年5月,陈欧全面停掉了之前的游戏内置广告业务,同时再次获得了来自徐小平的200万元投资。在陈欧的领导下,聚美优品在短时间内取得飞速发展,成为国内领先的女性时尚限时折扣购物平台。陈欧说"我把自己定义成Leader,画格子的人,我享受从0到100的过程,不是100到10000的过程。我要从0到100再到10000!"

2012年,陈欧开始为自己代言:"不管压力有多大,也要活出自己的色彩,做最漂亮的自己,我是陈欧,我为自己代言。"陈欧为自己代言后,大街小巷贴满了他的广告,他的百度名人指数逼近中国一线明星,聚美也因此流量暴增。在陈欧的计划中,下一步他将会接受更多媒体的采访,让公司和个人形象走上新的台阶。公司也将因此获得更多的市场份额和更为充沛的现金流。

2013年3月1日,聚美优品宣布与一千多家官方授权旗舰店发起声势浩大的"开门大促",然而巨大的流量导致了聚美页面数次瘫痪,带来了巨大的客服压力,同时严重的爆仓使堆积成山的货品发不出去,客服电话被打爆,几十万用户十几天收不到货,也联系不到聚美。陈欧和他的团队不畏惧困难,三天三夜不眠不休,并和其他高管一再发表声明与道歉。

很快,在陈欧的带领下,聚美于2013年8月1日再次拉出3.5周年的促销活动,这次做好了事先的营销预热,这是聚美历史上第一次在大规模流量冲击下扛住了。同时,为避免出现上次爆仓的危机,陈欧要求"801"的所有货品必须3天之内发出,照顾用户的购买体验。"如果我们当时没有专注,我们早死了。而很多公司有无数业务线、无数高管,挖了很多人,做了很多事情,最后他没解决核心问题:就是把货卖出去。"2014年5月16日聚美优品在纽约交易所正式挂牌交易,CEO陈欧也成为美国纽约交易所史上最年轻的中国CEO。

陈欧在公司内部最常说的一句话就是,再不……我们就快死了。"他是一个有强烈危机感的人,又有着强烈的完美主义倾向,所以我们开会就是批评会,我是被批评最多的一个。"联合创始人戴雨森说,"往往是最害怕失败的人,才能够把事情做到最好。"

徐小平曾说陈欧对于市场有着强烈的敏感度和把控能力,而在戴雨森看来,这种"选对道路"的能力源自对失败的极度恐惧。"你习惯了站在山顶的感觉,就无法忍受站在山脚。"陈欧已经将一帮兄弟带到了山顶,更难的是如何找到下一座山,对于他而言,证明自己的道路还依旧很长。

【教学功能】

本案例向我们展示了一个成功的领导者所具备的人格魅力与领导风格,可以帮助学生更好地理解和掌握特质论、领导行为理论等,可在讲授领导职能时选用。

案例分析关键词:领导特质、领导行为方式

【问题】

1. 陈欧具备领导的哪些个人特质?
2. 根据管理方格论,分析陈欧的领导风格。
3. 在聚美优品的成长中,陈欧起到了哪些作用?
4. 结合案例,说明陈欧是如何成为领袖魅力型领导的?

第六章 控 制

学完本章后,你应该能够:

1. 理解控制的含义、特点、重要性及层次。
2. 熟悉控制的类型。
3. 描述控制的基本过程及控制的原理。
4. 理解控制的几种方法。

开篇案例

伊利股份:注重质量管理,以实践行[①]

伊利股份是中国乳业的龙头企业、全球乳业十强,质量管理贯穿于伊利股份的整个生产运作的过程。伊利股份因其严格的质量管控,也成为唯一一家同时符合奥运会及世博会标准,为2008年北京奥运会和2010年上海世博会提供服务的乳制品企业。

伊利股份从其奶源地建设、原料及成品运输流通到质量标准制定与执行都进行了严格把控,以此保证优质的产品质量。

奶源地建设方面,伊利股份是唯一一家掌控新疆天山、内蒙古呼伦贝尔和锡林郭勒等三大黄金奶源基地的乳品企业,拥有中国规模最大的优质奶源基地,以及众多的优质牧场,为原奶长期稳定的质量和产量提供了强有力保障。此外,在基本的设施建设方面,伊利股份增加投资,扩大对奶源基地的建设,例如杜伯特奶源基地的建设,通过严格的选种方法,以保证播种优良的牧草,保障产品的质量安全。而且,伊利股份

---

① 改编自:伊利股份:注意质量管理,以实践行. http://www.yili.com/about/synopsis.html;http://news.xnnews.com.cn/xnqy/201604/t20160426_2367957.htm,2016-04-16.

在生产产品的过程中,严格贯彻执行国际通用的食品安全质量标准,为产品的安全健康打下了坚实的第一步。伊利股份针对原材料和产成品的运输和流通过程,开发了可以查看整个过程产品信息的完美程序。首先,从奶牛在奶源基地的诞生开始,即为他们建立详细的养殖记录;其次运用 GPS,在运输原奶的整个过程中进行可视化跟踪;最后,在原奶进入工厂后,进行条码扫描,随机检测。同时,建立了一套完整的信息系统,包括生产过程的产品批次信息跟踪表、关键环节的电子信息记录系统、质量管理信息的综合集成系统和覆盖全国的 ERP 网络系统,全面实现产品生产的信息化,保证追溯产品信息的及时化、全面化,并与国家平台对接。

除此之外,伊利股份制定了高于国家标准的内部检测标准,其检测项目也成为行业品质管理的标杆。伊利股份严格把关生产中使用的进口原料,国外原产地的检验报告和海关检测报告都是必不可少的;工作人员在检验原料时,不以货物是否在保质期内为标准,而是以更为严苛的原料新鲜度,如果原料在保质期内但超过新鲜度规定的日期,也一律拒收;同时,公司在大宗原料微生物上的标准更是高于国际十倍,有些国际上并没有明文规定的检测项,如芽孢菌的检测,公司也有内部严格的执行标准。

控制工作是管理过程的一个重要组成部分,在计划工作与控制之间,形成一种周而复始的循环过程。广义的控制可能涉及重新修订目标、制定新的计划、调整组织机构、改善人员配备,以及在领导方法上作出重大改变。因此,控制与管理的其他各种职能紧密联系,相互影响,它使管理工作成为一个闭环系统。在本章中,我们将主要讨论组织控制的内涵、类型、过程以及方法。

第一节 控制概述

一、控制的内涵

控制论是由美国数学家罗伯特·维纳(Wiener R)于 1948 年创立的,它是研究关于系统的调节与控制一般规律的科学,任务是使系统在稳定的运行中充分实现自己的目标。之后,控制论被许多学科广泛地借鉴和吸收,用来丰富自己的理论和方法体系,现代管理学就是其中之一。

控制是管理的一项重要的职能,它与计划、组织、领导是相辅相成、互相影响的,它们共同被视为管理链的 4 个环节。所谓控制,就是监督各项活动,以保证它们按计划进行并纠正各种重要偏差的过程。随着管理实践不断创新,管理理论持续演化,学者们对控制也有不同的理解。有学者认为,控制是为了保证组织目标以及为此拟订的计划能够实现,各级主管人员根据事先确定的标准或因发展需要而重新拟订的标准,对下级的工作进行衡量、测量和评价,并在出现偏差时进行纠正,以防止偏差继续发展或今后再度发生。也有学者认为,控制是根据组织内部环境的变化和组织发展的需要,在计划的执行过程中,对原计划进行修订或制定新的计划并调整整个管理工作的过程。

这些界定虽然有所不同,但都强调了控制的目的性、动态性和过程性。控制活动涉及企业的各个层面,无论是基层工作人员,还是部门经营管理人员以及高层的战略制定人员,都应当承担控制的职责。

二、控制的特点

1. 动态性

根据系统的特点,任何控制系统与环境之间都存在着密切的交互作用,控制的功能就是通过这样一种系统与环境的相互作用来实现的。因此,从本质上说,控制是一个动态的过程。其外部环境和内部条件随时都在发生着变化,且管理控制具有鲜明的以人为控制中心的特点,从而决定了控制方法和标准不可能固定不变,这就使管理控制目标体系可以帮助管理者预测、监视并回应不断变化的环境;相反,设计不恰当的系统会导致组织绩效下降到不可接受的水平。

2. 目的性

控制的意义在于使活动朝着计划目标前进,限制偏差的积累,适应环境的变化,因此,任何一种控制都具有鲜明的目的性。例如联邦快递的控制目标是准时传递 99.9% 的包裹,如果准时递送率降到 98%,那么控制系统将向管理者发出信号,管理者就可以调整运营,使得绩效重新达到预定的目标。

3. 反馈性

控制的目的性要得以实现,就离不开信息反馈。对于一个简单的控制系统来说,反馈信息是较单纯和特定的。但对管理工作而言,信息是根据管理过程和管理技术组织起来的,在生产经营活动中产生的,并且经过分析整理后的信息流或信息集。管理中的信息种类繁多、数量巨大,其与管理系统结合在一起,就形成了一个系统——管理信息系统。管理信息系统的出现,使控制活动更加复杂、技术更加先进、反应更加灵敏。

三、控制的重要性

1. 任何组织和活动都需要进行控制

法约尔曾指出,控制必须施之于一切的事、人和工作活动。这是因为即使有完善的计划、有效的组织与领导,都不能确保管理者的目标一定能自动达到,都需要控制予以督促;工作是由人来完成的,人因个人才能、动机和态度的不同,在执行同样工作任务时也往往出现不同的结果;计划是事先制定的,本身因环境变化也需要修正,这些都需要控制这个职能来加以管理。良好的控制系统能防止各种问题的产生,使管理的各项职能朝着既定的目标前进。

2. 控制工作与管理其他职能密切相关

控制工作通过纠正偏差行动与其他3个职能紧密结合在一起,使管理过程形成了一个相对封闭的系统。

在这个系统中,计划产生控制的标准,而计划的目标要能够实现,又必须由控制来保证。一旦计划付诸实施,控制工作就必须跟随、穿插其中,衡量计划的执行进度,揭示计划执行中的偏差以及指明纠正措施,以保证对工作发展态势的控制。

要进行有效的控制,还必须要有组织的保证。在控制进行过程中,我们必须知道企业在计划实施中发生的偏差情况以及采取纠偏行动的职责应归属于谁。如果各级组织机构职责不明确,承担偏差产生责任的部门和采取纠偏措施的部门就无法明确。因此,组织机构越明确、全面和完整,控制工作就会越有效果。

控制要有效进行,还必须配备合适的人员,必须给予正确的指导和领导,必须调动广大参与者的积极性。一个有效的控制系统形成,必须依赖于管理者的充分授权。在处理人际关系时,许多管理者认为授权是一件非常困难的事,其主要原因是由于管理者对下属的决策负有最终的责任,担心下属犯错要自己来承担责任,从而使许多管理者试图靠自己做事来避免授权给他人。但是,如果通过建立反馈机制,形成一种有效的控制系统,能积极、有效地提供授予了权力的下属工作绩效的信息和反馈,授权风险就会大大降低,管理者也会更愿意授权。

在多数情况下,控制工作是一个管理过程的终结,又是一个新的管理过程的开始。控制工作的目的不仅要使一个组织按原定计划,维持其正常活动,以实现既定目标,而且还要力求通过控制工作中总结的成功经验和发现的种种问题,实现有效的反馈,为新的工作提供新的思考和分析,使组织的活动提出新的目标,有所前进,有所创新,达到新的高度。众所周知,组织的管理工作无始无终,一方面要使系统的活动维持在一个平衡点上,另一方面还要使系统的活动在原平衡点的基础上求得上升,不断提高和发展。

四、管理控制的层次

一个典型组织的活动由两个关联的过程构成:物理过程和管理过程。物理过程是一个具体实物的流转过程,它指组织从组织外部得到人力、物力、资本、信息等资源,经过加工、转化、移动,以产品或服务的形式再提交给外部的过程。这一过程由另一个过程——管理过程所控制。管理过程处理的是物理过程中产生的信息,并向物理过程发出信息的过程,输出的就是对物理过程发出的指令。

管理过程通过3个分系统发挥自己的控制职能。

(1) 价值系统。它决定组织追求的价值、目标、政策,为组织提供计划,评价的标准和控制方针、政策。

(2) 信息系统。它提供各种变量的数据。

(3) 预测决策系统。它对备选方案的结果提供预测,并据此作出满意的决策。

实际的控制工作会根据组织层次的不同而有各自特殊的控制内容。粗略地看,在战略层,控制工作是对组织所有层次活动的设计、规划、目标设定和工作结果的监督,具有非确定性活动的特点。在经营层,控制工作是对常规性的工作进行控制,具有确定性活动的特点。在作业层,控制工作是对生产流程、流通活动进行具体控制,也有确定性活动的特点。3类控制活动的具体情况如表6-1所示。

表6-1 不同管理层的控制职能

	价值系统	信息系统	预测决策系统
战略层	控制内容:组织的高层活动,包括目标设定和监督,适用资源抉择。	输入:外部情况、人员情况和内部成果报告。自身:各项特别报告和模拟,非限定的咨询。输出:目标、政策和各种制约	预测情报一般不完备,变化幅度大,强调外向的视野;决策时间间隔不规则
经营层	控制内容:部门管理者活动,包括按职能筹措和分配资源;制定各种制度和标准;测定成果,实施管理	输入:概要情况和例外情况。自身:大量定期报告、各类型情况和数据库,限定咨询。输出:各种决定、领导活动、部分程序	预测情报受个人和组织情况影响大,多强调内部的视野;决策时间间隔规则(年、季、月、周等)
作业层	控制内容:基层负责人的活动,包括根据规章使用资源、履行职责。	输入:内部事项和处理记录。自身:固定程序和具体的活动信息。输出:作业行动	备选方案的结果规定明确、稳定可测;决策时间间隔多为时间处理。

第二节 控制的类型

按不同的分类标准,控制工作可以划分为以下几种不同的类型。

一、根据控制的切入点划分

由于控制时点的不同,依据企业经营的投入阶段、转化阶段和产出阶段将控制分为前馈控制(feedforward control)、同期控制(concurrent control)和反馈控制(feedback control),这是控制比较常见的分类。三者的关系如图6-1所示。

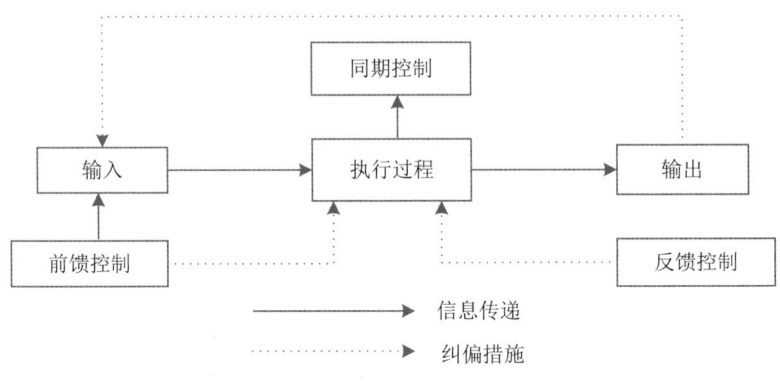

图 6-1 控制的类型

(一)前馈控制

前馈控制又称为预先控制,即管理人员在工作开始之前对工作中可能出现的偏差进行预测和评估,及时采取措施预先防止问题的产生。其目的是防止问题的产生而不是当问题出现时再进行补救。由于控制始于行动之前,故也称为面向未来的控制。前馈控制根据现有的信息(包括以往的经验和最新的情报信息等),预先进行分析、预测,并不断地修正计划和实施方案,力求使预测结果与实际情况相一致。

前馈控制的重点在于提前采取各种预防性措施。例如在企业中制定一系列规章制度让职工遵守,从而保证工作的顺利进行;企业为了开发一种能够有效满足消费者需求的产品,预先对消费者的实际消费行为进行追踪调查;为了生产出高质量的产品而对原材料质量进行的入库检查;企业可以建立设备使用记录的电子档案,根据设备使用状况做好维修,减少停工损失;职工的岗前培训等都属于前馈控制。

前馈控制有很多优点,首先,它将可能出现的各种偏差抑制在萌芽状态,使系统避免出现较大的损失,有防患于未然的效果。其次,前馈控制的适用范围很广,适用于一切领域的所有工作,如企业、医院、学校、军队都可以运用这种控制方法。最后,前馈控制是在工作开始之前,针对某项计划行动所依赖的条件进行控制,不针对具体的人员,因而不会造成心理冲突,易于被职工接受并付诸实施。

但是由于未来的不确定性,前馈控制实施起来并不是那么容易,它需要及时和准确的信息,并对整个系统和计划有透彻的分析,预估输入变量数据对预期的最终成果的影响。由于管理人员不可能完全把握未来会发生的事件和可能导致的结果,因而,在管理工作中也要综合运用其他类型的控制工作。

(二)同期控制

同期控制,又称为现场控制、实时控制,是在活动进行之中对出现的偏差实施控制，有利于在发生重大过失或造成不可挽回损失之前及时采取措施。这类控制工作方法主要为基层主管人员所采用。最常见的同期控制手段是由主管人员通过深入现场亲自监督检查、指导和控制下属人员的活动。它包括的内容有：①向下级指示恰当的工作方法和工作过程；②监督下级的工作以保证计划目标的实现；③发现不符合标准的偏差时，立即采取纠正措施。

同期控制是一种比较经济、有效的控制方法，但是难度也比较大，它要求控制人员具有敏锐的判断力、快速的反应能力以及灵活多变的控制手段。另外，即使是现场控制从发现偏差到纠正偏差，也需要花一段时间，控制效果也非完全理想的同期控制。因此进行同期控制要有具备一定素质的基层管理人员，要有足够的授权，多听下属的意见，要求组织建立完善的信息网络和必要的计算机信息系统，并在管理制度上建立严格的信息收集、分析和报告体系，确保信息传递的迅速，纠偏、调节措施的及时。

虽然同期控制效果明显，纠偏有力，但也存在许多弊端。第一，运用这种管理方法容易受到管理者的时间、精力、业务水平的制约，管理者不能时时事事进行现场控制，只能用在关键工作上。第二，同期控制的应用范围较窄，主要应用于生产工作，而对科研、行政管理工作难以进行同期控制。第三，同期控制容易在控制者与被控制者之间形成心理上的对立，影响被控制者的工作积极性和主动精神。因此，同期控制一般不能成为日常性的主要控制方法，而只能是其他控制方式的补充。

（三）反馈控制

反馈控制是一种最常见的控制类型，控制作用发生在行动之后，主管人员分析以前工作的执行结果，将它与控制标准相比较，发现偏差所在及其原因，拟订纠正措施以防止偏差在下一次的工作中出现；或者在组织内外环境条件已经发生重大变化、原定标准和目标脱离现实时，采取措施对计划进行调整、修正。反馈控制的过程如图 6-2 所示。

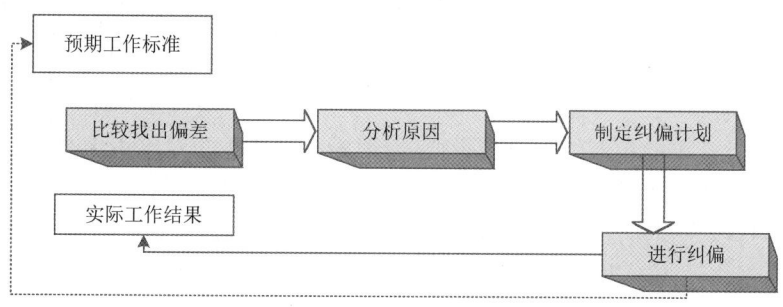

图 6-2 反馈控制过程

反馈控制既可用来控制系统的最终成果,例如产量、销售收入、利润、利润率等,也可用来控制系统的中间结果,例如新产品样机、生产计划、生产过程、工序质量、在制品库存量等。前者称为端部反馈,后者称为局部反馈,局部反馈对于改善管理控制系统的功能起着重要作用。通过各种局部反馈,可以及时发现问题、排除隐患,避免造成严重后果。例如工序质量控制、月度检查、季度检查等,就可应用于局部反馈。它们对于保证最终产品的质量和保证年度计划的实现无疑起着重要作用。局部反馈与端部反馈之间是一种多重嵌套关系,这种结构是复杂的动态系统的一个主要特征。

反馈控制的优点是:首先,反馈控制可以根据工作的实际结果对工作进行评价,既易于工作人员接受,也有利于管理人员采取有效和有力的措施改进管理工作;其次,反馈控制可以增强员工的积极性,人们通过获得评价他们绩效的信息,据此来调整自己未来的行为。但是反馈控制也有其局限性,它的最大缺点是只能事后发挥类似"亡羊补牢"的作用,没法改变和挽回组织已经形成的损失;另外由于从发现到纠正偏差实际上存在一定时滞,因此无法应对最新的情况。

以上3种控制类型各有利弊,实践中不可能完全依赖某一种单一的控制手段,组织中的管理者应该善于根据实际情况,将它们有机搭配、嵌套融合,才能设计出有效的组织控制系统。

二、根据控制的领域划分

控制集中在组织的任何领域,大多数组织依据它们使用的4种资源——物力资源、人力资源、信息资源和财务资源来确定控制的应用领域,因而控制可以分为四大类型,分别是:

(1)物力资源的控制。它包括库存控制(库存既不能太多也不能太少)、质量控制(维持适当水平的产品质量)和设备控制(提供必要的机器和设备)等。

(2)人力资源的控制。它包括人员的选择与安置、培训与提高、绩效评估与薪酬等。

(3)信息资源的控制。它包括销售与营销预测、环境分析、公共关系、生产进度及经济预测等。

(4)财务资源的控制。它是最重要的,因为财务资源与对组织中其他资源的控制都有关系,而财务问题倾向于渗透到大多数与控制相关的活动上。例如,财务报表中的存货账户直接反映一个企业存货控货的水平;而企业财务资金链的断裂很可能是由销售预测不当造成的,巨人集团的兴衰充分说明了这一点。

三、根据组织的层次划分

美国著名的管理学家里奇·格里芬(Griffin R)认为,控制还可以根据组织系统的层次划分为运营控制、财务控制、结构控制、战略控制。此外,陈传明和周小虎认为,组织内所有人的工作都应得到监控,管理者特别是高层管理者也不例外,即管理者的控制。综合上述观点,根据组织的层次可以将控制划分为以下五大类:

(1)运营控制(operation control)。它关注的是组织将资源转化成产品或服务的过程,经营控制主要包括生产作业控制、质量控制、存货控制和设备控制。

(2)财务控制(financial control)。它是当财务资源流入组织(收入、股东投资)、由组织拥有(流动资金、留存收益)以及流出组织(支出、费用)时对其的控制。主要的控制方法有财务报表、比率分析、财务审计和预算等。

(3)结构控制(structural control)。它关注的是组织构架的各要素如何为其既定目标服务,监控管理比率(administrative ratio)以确保人员支出不会过高就是结构控制的一个典型例子。不同的组织设计会产生不同的控制方法,其中集权控制(centralized control)和分权控制(decentralized control)是一个统一体的两个极端。这两个极端的结构控制类型有很大程度的不同,如表 6-2 所示。

表 6-2 集权控制与分权控制的比较

比较项目	集权控制	分权控制
控制方法与目标	员工服从	员工忠诚
正规程度	严厉的规章、正式的控制和严格的等级	团队规范、文化和自我控制
绩效预期	可接受的最低绩效水平	高于最低水平绩效
组织设计	高大型结构,影响自上而下	扁平结构,相互影响
奖励机制	针对个人绩效	针对团队绩效
参与	限制且正式	宽泛且非正式

(4)战略控制(strategic control)。它关注的是组织的公司层战略、业务层战略和职能层战略如何协调组织实现战略目标,即组织利用战略实现其目标的有效程度。要做到这一点,组织需要整合其战略与控制系统。战略控制关注组织的 5 个方面——构架、领导力、技术、人力资源及信息与运营控制系统。如果有一种或者几种执行方法正在阻碍目标的实现,那么执行方法就必须改变。结果是企业会发现它必须改变其架构、更换关键领导人、采用新技术、调整其人力资源,或改变信息与运营控制系统。

(5)管理者的控制(control of management)。它是通过标准、绩效衡量和纠正偏差等过程来对管理者本身的行为实施控制的过程。管理者控制问题的产生与现代企业制度的发展分不开,是伴随着企业所有权与经营权的分离而产生的委托代理问题。公司股东作为所有人是企业活动的委托人,管理人员则是代理人,代理人是自利的经纪人,具有不同于公司所有者的目标函数,具有机会主义的倾向。因此,企业管理人员可能会背离所有者目标而产生代理风险。公司治理就是为解决委托代理问题而逐渐产生和发展起来的,成为当前管理者控制的主要方法。但是,较之于组织其他成员,管理者的绩效标准更加难以确定,对于管理者偏差的矫正也具有特殊的内容,人们尚未发明一套有效的工具来计算经理人员在实施行政权力过程中所表现出来的努力程度和效果。

四、根据控制的运行机制划分

根据内部运行机制,控制可以广义地分为三大类:官僚控制、市场控制和团体控制。表6-3总结了这3类控制的主要特征与使用条件。

表6-3 控制的特征与使用条件

控制系统	特征	使用条件
官僚控制	利用正规的章程、标准、层级和合法的强制手段	当任务明确,且员工独立时最有效
市场控制	利用价格、竞争、利润中心和交换关系	当产品可以辨认,且市场可以在各方面之间被建立起来时最有效
团体控制	包括文化、价值观、信仰和信任	当员工有权作出决定,且没有其他更好的办法时最有效

1. 官僚控制

官僚控制(bureaucratic control)就是运用规则、法规、权威、层级、书面文件、标准和其他官僚主义机制来进行行为标准化和评估业绩。官僚规则和程序的主要目的是标准化并控制雇员的行为。官僚控制系统是组织控制中最为普遍和常用的,其中以财务控制、人力资源控制和生产作业控制最为关键。但近十年来,人们越来越不满足于局部意义的控制技术方法,而更希望以一些全面的衡量方法来衡量组织的总成就,因此,企业价值评估、平衡计分卡等技术便应运而生。

2. 市场控制

市场控制(market control)是基于财务和经济信息,以价格机制对组织的行为进行规范,将组织内部的经济活动看作经济交易。在市场控制系统中,价格成为产品或服务价值的指示器,每个业务部门都被看作利润中心,通过价格机制与其他的中心交换资源;价格竞争对控制生产效率和绩效发挥作用,管理者以比较价格和利润评价、判断自己所管辖的公司,比较的方法主要是对相同公司财务报表之间的比较。很明显,市场控制的使用存在着前提条件:存在竞争;组织的产出应十分清晰,以使价格能够准确地被判断。

3. 团体控制

团体控制(clan control)是采用社会手段,诸如公司文化、共享的价值观、承诺、传统来控制行为。它与前两种控制最大的区别在于:官僚控制和市场控制的假设前提是组织利益和个人利益是不一致甚至是冲突的,而团体控制的假设前提是组织拥有共享的价值观念和组织成员之间是相互信任的。

在实施团体控制的组织中,管理者已不能通过正式的控制来对每个员工的工作情况进行最佳的监督,而必须相信他们与公司的利益是一致的,并充分给他们授权,但这并不意味着放弃控制的权力,这显然是在考验管理控制的艺术。

加强组织文化建设是团体控制的另一项关键措施。组织文化是关于组织目标和行为的一系列假设,由组织的全体成员共同分享。它是组织在长期的经营和管理活动中所形成的、以共享价值观为核心的行为准则和价值评判标准。通过培养优秀的强势文化来增强组织的凝聚力,对于团体控制来说是至关重要的。

第三节 控制的过程

一、控制的步骤

在控制的过程中,为强化和优化控制职能,控制工作一般划分为3个基本步骤(图6-3):①制定控制标准;②衡量实际绩效,将实际绩效与标准进行比较;③采取管理行动来纠正偏差或不适当的标准。

(一)制定控制标准

1. 控制标准的含义及其制定

控制标准来源于计划,又不同于计划。计划是为了实现某一决策目标而制定的综合性的行动方案,其内容有时很难和具体情况接轨,因此,必须根据计划内容和组织实施的具体情况,确立专门的控制标准。一般并不是计划实施过程中的每一步都要制定控制标准,而是要选择一些关键点作为主要控制对象。

关键点一般都是目标实施过程中的重要部分,它可能是计划实施过程中最容易出现偏差的点,或者是制约因素的点,或者是起转折作用的点,或变化度大的点

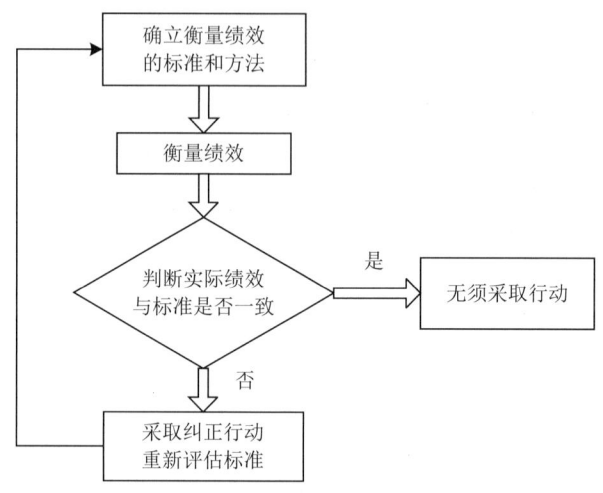

图 6-3 控制过程示意图

等等,应根据具体情况进行具体选定。控制标准要求尽可能简化明了,做到具体化、数字化,容易测定,容易执行。例如,麦当劳快餐店的管理者的控制标准一般包括:①95%以上的顾客进门后3分钟内,服务员必须迅速上前去接待;②事先准备好的汉堡包必须在5分钟内热好送给顾客;③服务员必须在顾客离开后5分钟内把餐桌打扫干净。

2. 控制标准的分类

控制标准可以分为定量标准和定性标准两大类。

定量标准包括:①实物量标准,如企业中的产品产量、单位台时定额、单位产品工艺消耗定额等;②货币标准,如单位产品成本、年利润额、销售收入、税金等;③时间标准,如生产线的节拍、生产周期、交货时间等;④综合标准,如劳动生产率、废品率、市场占有率等。

相对来说,定性标准有一定的弹性,如企业的信誉、某人的工作能力、广告的近期效果等。

3. 制定标准常用的方法

(1)统计分析法。它以组织的历史数据资料或与同类组织对比的水平为基础,运用统计方法进行分析,据以确定现在的控制标准。这种方法常用于拟定与组织的经济效益有关的标准。

(2)技术分析法。它是以对具体工作所做的客观定量分析为基础制定的准确的技术参数和实测的数据作为控制标准,主要应用于生产者个人或组织的产出定额标准。这种方法订立的标准一般是更科学、更可靠的,因为它以实际测量为基础,但这种方法也有一定的局限性,即有些实际工作测量的难度是很大的,而且,现在的实际情况又难以反映未来的可能变化。

(3)经验估计法。它是在缺乏充分资料数据的情况下,由有经验的管理人员以过去的经验和判断为基础进行估计评价以确定控制标准。这种方法比较重视新的情况,有利于发挥管理人员的主观技能。这种方法是对以上两种方法的补充。

标准的制定是全部控制工作的第一步,一个周密完善的标准体系是整个控制工作的保证。

(二)衡量实际绩效并与标准进行比较

衡量的过程实际上是一个信息产生和比较的过程。用预定标准对实际工作成效和进度进行检查、衡量和比较,及时为管理者提供能够反映偏差是否产生并能判定其严重程度的信息,是这一阶段的主要任务。在这一阶段我们要解决两个问题:如何衡量以及如何评价衡量结果。知道了如何衡量,就能够有效地为管理者提供有关工作运行状况的直接数据和信息,而要正确评价衡量结果,还需要将结果与标准进行比较,对数据和相关信息进行分析、整理、归类,形成有用的、合适的信息。

1. 如何衡量的方法

为了获得控制信息,管理人员衡量实际工作情况时可以采用个人观察法、统计报告法、口头报告法、书面报告法以及抽样检查法等。

(1)个人观察法。个人观察提供了关于实际工作最直接和最深入的第一手资料。这种观察可以包括非常广泛的内容,因为任何实际工作的过程总是可以观察到的,而这些又是常常被其他来源忽略的信息。个人观察的显著优势是未经过第二手而直接反映给管理者,避免了可能出现的遗漏、忽略和信息的失真。

但这种方法也有它的局限性,如费时费力;只是简单地观察,不能全面了解各个方面的工作情况,还容易造成假象等等。

(2)统计报告法。统计报告就是将在实际工作中采集到的数据以一定的统计方法进行加工处理后得到的报告。计算机的广泛应用使统计报告的制作日益方便。这种报告不仅有计算机输出的文字,还包括许多图形、图表,并且能按管理者的要求列出各种数据。尽管统计数据可以清楚有效地显示各种数据之间的关系,但它们对实际工作提供的信息是有限的。统计报告只能提供一些关键的数据,它忽略了其他许多重要因素。

(3)口头报告和书面报告法。信息也可以通过口头汇报的形式来获得,如会议、一对一的谈话或电话交谈等。这种方式的优点是快捷方便,而且能够得到立即的反馈。其缺点是不便于存档查找和以后重复使用,而且报告内容也容易受报告人的主观影响。书面报告要比口头报告更加精确全面,且易于分类存档和查找,报告的质量也更容易得到控制。

书面报告与统计报告相比要显得慢一些,而与口头报告相比要显得正式一些。

(4)抽样检查法。抽样检验法是从整体中随机抽取一部分工作进行深入细致的检查,以此来推测全部工作的质量,在工作量比较大而工作质量又比较平均的情况下常采用的方法。这种方法最典型的应用是产品质量检验,在产品数量极大或者产品检验具有破坏性时,这是唯一可以选择的衡量方法。此外,对一些日常事务性工作的检验,也可采用这种方法。

这4种形式各有其优缺点,管理者在控制活动中必须综合使用方能获得较好的效果。

2. 如何评价衡量结果

首先要将反馈的结果与标准进行比较,通过比较,可以确定实际工作成效与标准之间的偏差。确定可接受的偏差范围是非常重要的,在实际工作中,并非所有的偏差都可能影响企业的最终成果或导致问题的出现。有些偏差可能是由于计划本身的问题(如标准自身的问题),而另一些偏差则可能是由于一些偶然的、暂时的、局部因素引起的,并不一定会对组织活动的最终结果产生重要影响。因此,确定可接受的偏差范围非常必要。当偏差显著地超出可接受范围时,就应引起管理者的高度重视。管理者应特别注意偏差的大小和方向,过大的正偏差和负偏差同样需要引起警惕。

3. 衡量实际绩效应注意的问题

(1)衡量频度要合适。衡量频度不仅体现在控制对象数目的选择上,而且表现在对同一标准的衡量次数(即频度)上(如检查的数量、抽样的间隔时间)。对控制对象或要素的衡量频度过高,不仅会增加控制的费用,而且还会导致检查人员工作疲劳,影响他们的工作情绪,从而产生衡量工作的失误,对组织目标的实现产生负面影响。但衡量和检查的次数过少,则有可能造成许多重大的偏差不能被及时发现,不能及时采取措施,从而影响计划的完成。适宜的衡量频度取决于控制活动的性质,例如对产品质量的控制常常需要以小时、日等较小的时间单位来进行,而对新产品开发的控制则可能需要以月为单位。

(2)衡量的信息要具有代表性。代表性是指信息的及时性、可靠性和适用性。信息如果不能及时收集、传递,其利用价值就会大大降低,甚至给组织带来巨大损失。但是收集的信息要可靠,这样决策人员才能作出正确的决策。另一方面组织中的不同部门乃至同一部门在不同时期对信息的种类、范围、内容、详细程度等的要求都是不同的,这就要求工作人员完善信息来源环节,并对衡量工作所获得的信息进行整理分析,确保在管理者需要的时候提供尽量精炼而又能满足控制要求的全部信息。

(三)采取管理行动纠正偏差

控制过程的最后一项工作就是根据衡量和分析的结果采取适当的措施。衡量工作的结果是获得了工作实际情况的信息,要将标准与实际工作的结果进行对照,并分析其结果,为进一步采取措施做好准备。

1. 寻找发生偏差的原因

在衡量绩效之后,若没有发生偏差,或偏差在规定的"可容忍"的范围之内,则该控制过程只需要前两个步骤就可以完成,但是若偏差是在计划估量范围之外的,则管理者应该考虑采取纠偏行动,使绩效符合标准。

导致某项工作产生偏离标准的原因是多种多样的,主要有以下几个方面:

(1)标准本身是基于错误的假设和预测订立的,从而使此标准无法达成;

(2)从事该项工作的员工不能胜任此项工作,或者是管理者没有给予适当的指令;

(3)和该项工作有关的其他配套工作发生了问题。

因此采取纠偏行动的第一步是分析事实,以确定产生偏差的原因,只有对问题作了彻底的分析之后,管理人员才能采取适当的行动。

2. 采取措施

找出偏差的原因后,还要采取措施予以纠正,才能实现控制的目的,使工作的实际执行情况不断与计划取得一致,以使组织实现自己的目标。

常见的纠正偏差的方法如下:

(1)调整计划以及相应的标准。在计划执行过程中出现偏差的原因可能并不是执行不力,而是计划本身设定得不合理。例如,大部分员工没有完成劳动定额,可能不是由于员工工作不努力,而是定额设定水平太高。另外,原来的标准和制定的计划虽然正确,但是由于外界环境发生了预料不到的变化,它们不再适应新形势的要求,这时也需要调整原计划及相应的标准。

(2)组织工作方面的调整。这种措施是运用组织职能重新委派职务或明确职责,进行机构调整,或者解雇、重新配备人员。需要注意的是,这种纠偏措施或多或少会影响一部分人的利益,因此在执行过程中可能会遇到各种阻碍,这些人会公开或暗地里反对纠偏措施的实施。这时,控制人员要充分考虑到组织成员对纠偏措施的态度,要尽量消除执行者的疑虑,争取更多人的理解和支持,以保证纠偏措施的顺利实施。

(3)改善指导和激励方法。有些偏差是由于管理方面存在的问题导致的,在这种情况下,就需要管理人员先从自身找出产生偏差的原因,然后改变领导方式,或者采取更有效的激励措施等。

(4)其他方面的措施,如调整经济、技术手段等因素,增加资金或设备的投入等。

总之，控制绝不是仅限于衡量计划执行中出现的偏差，控制的目的在于通过采取纠正措施，把那些不符合要求的组织活动引导到正常的轨道上来，使管理系统稳步实现预定目标。

二、控制的原理

1. 反映计划要求原理

计划为控制提供了标准，控制为计划实现提供了保证。既然控制的目的是为了实现计划，控制系统和控制方法应当与计划的特点相适应。计划越是明确、全面、完整，所设计的控制系统越是能反映这样的计划，则控制工作也就越有效。

每一项计划每一种工作都各有其特点，因此，控制所需的信息也各不相同，在确定什么标准、控制哪些关键点和重要参数、收集什么信息、如何收集信息、采用何种方法评定成效，以及由谁来控制和采取纠正措施等方面，都必须按不同计划的特殊要求和具体情况来设计。例如，产品销售控制系统要收集销售产品的品格、规格、数量和交货期等情况；而成本控制系统则主要收集各部门、各单位甚至各种产品在生产经营过程中发生的费用，这两种控制系统尽管都在同一个生产系统中，但二者之间的设计要求是完全不同的。

2. 组织适宜性原理

一个有效的控制系统还必须反映组织结构的类型和特征。组织结构是对组织内各个成员所担任的职务和相应的职责权限的一种规定，因而，它也就成为明确执行计划和纠正偏差职责的依据。若一个组织结构的设计越是明确、完整和完善，所设计的控制系统越是符合组织机构中的职责和职务的要求，就越有助于纠正脱离计划的偏差。健全的组织结构包括两个方面的含义：一方面，要做到职权分明，使组织结构中的每个部门、每个员工都能切实担负起自己的责任；另一方面，要保证组织中沟通渠道的通畅，能将反映实际情况和工作状态的信息迅速地上传下达。

3. 控制关键点原理

控制关键点原理是控制工作的一条重要原理。这条原理要求管理者在一个完整的计划执行过程中选出一定的关键点，把衡量工作成效时有关键意义的那些因素作为控制的重点。也就是说，控制要突出重点。对一个主管人员来说，随时注意计划执行情况的每一个细节通常是没有必要的，他们应当将注意力集中于计划执行中的一些主要影响因素上。控制方法如果能够以最低的费用或其他代价来探查和阐明实际偏离或可能偏离计划的偏差及其原因，那么它就是最有效的。对控制效率的要求既然是控制系统的一个限定因素，自然就在很大程度上决定了主管人员只能在他们认为是重要的问题上选择一些关键因素来进行控制。事实上，控制了关键点，也就控制住了全局。

4. 例外原理

控制工作也应该强调例外，也就是那些超出一般情况的特别好或特别坏的情况。主管人员尤其应该把有限的注意力集中在那些比较特殊的情况或者是说一些重要的例外偏差，这样，控制工作的效率就可能很高。因为这些例外的偏差往往反映的是真正导致计划目标不能实现的问题。需要指出的是，例外并不能仅仅依据偏差数值的大小来确定，某些微小的偏差可能比某些较大的偏差影响更大。比如说，企业利润下降1%，可能反映了产品成本存在很严重的问题，而企业对员工奖励超出预算10%却属于正常。

企业在实际运作当中，例外原理必须与控制关键点原理相结合。仅仅立足于寻找例外情况是不够的，我们应把注意力集中在关键点的例外情况的控制上。这两条原理有些共同之处。但是，我们应当注意到它们的区别：控制关键点原理强调选择控制点，而例外原理则强调观察在这些点上所发生的异常偏差。

5. 及时与灵活性原理

为了有效地达到组织目标，控制应在有限的时间内及时进行。有效的控制要求能对组织活动中产生的偏差尽可能早地发现并及时采取措施加以纠正，避免偏差的进一步扩大，使控制失去应有的效果。要做到及时控制，必须作出及时收集与传递信息，并且管理人员要根据掌握的信息快速作出纠偏决策。如果信息处理时间过长，即使信息非常客观和准确，但由于时间滞后，可能会失去纠偏的实际意义。

另外，几乎没有处于稳定环境而不需要改变的组织，每一个组织都需要随着时间和内外部环境的变化而不断调整其控制方式。即使某个控制手段、方法或措施曾经对某个问题非常有效，但不能保证它下一次仍然还有好的效果。控制系统应当具有灵活性，拥有可以应付组织内外部环境变化的各种对策和相应预案，要制定能随机应变的控制方式和方法。要实行弹性控制，允许有一定幅度的偏差范围或意外情况的发生，过于死板的控制系统反而会破坏控制的有效性。

第四节 控制方法

企业管理实践中运用着多种控制方法，本节主要介绍预算控制、作业控制、审计控制等方法。

一、预算控制

预算控制就是根据预算规定的收入与支出标准来检查和监督各个部门的生产经营活动，以保证各种活动或各个部门在充分达到既定目标、实现利润的过程中对经营资源的利用，从而费用支出受到严格有效的约束。

(一)预算的形式

1. 固定预算与弹性预算

在固定预算中,某预算期成本费用和利润都只是在一个预定的产销业务量水平的基础上编制的。但是,一旦这种预算赖以存在的前提——预算业务量与实际水平相距甚远时,必然导致有关成本费用及利润的实际水平与预算水平因基础不同而失去可比性,不利于开展控制和考核。

弹性预算是指在成本按性质分类的基础上,以业务量、成本和利润之间的相互关系为依据,按照预算期内可能实现的各种业务水平编制的有伸缩性的预算。它克服了固定预算的缺点,适用面宽,机动性强。

2. 增量预算和零基预算

传统的预算方法是增量法,增量预算又称基线预算法,是以上一年度的实际发生数为基础,再结合预算期的具体情况加以调整,而很少考虑某项费用是否必须发生,或其预算额有没有必要这么大。在增量法下,预算编制单位的负责人常常竭力用完全年的预算指标,以致到了年底毫无剩余。这种行为用于他们维持预算的现有水平,并能得以要求增加资金。这种行为在政府部门、事业单位以及财政投资性的国有企业尤为明显。

零基预算不受前一年度预算水平的影响。它对现有的各种作业进行分析,并根据其对组织的需要和用途,决定作业的取舍;并且根据未来一定期间生产经营活动的需要和各项业务的轻重缓急,对每项费用进行成本-效益分析和评定分级,从而确定其开支的必要性、合理性和优先顺序,并依据企业现有资金的实际可能,在预算中对各个项目进行综合性费用预算。

由于每次预算均从零开始,所以零基预算实施起来既费时又费力。它的成功运用要求广泛而深入的分析,实际上增量预算也需要广泛而深入的考核。现实中折中的方法是,每3年至5年编制一次零基预算,以减少浪费、避免低效。

(二)预算的内容

不同企业,由于生产活动的特点不同,预算表中的项目会有不同程度的差异。但一般来说,预算内容要涉及以下几个方面:收入预算、支出预算、现金预算、资金支出预算、资产负债预算。

1. 收入预算

收入预算和支出预算都是从财务角度计划和预测了未来活动的成果以及为取得这些成果所需付出的费用。

由于企业收入主要来源于产品销售,因此收入预算的主要内容是销售预算。销售预算是在销售预测的基础上编制的,即通过分析企业过去的销售情况、目前和未来的市场需求特点及其发展趋势,比较竞争对手和本企业的经营实力,确定企业在未来时期内为了实现目标利润必须达到的销售水平。

由于企业通常不止生产一种产品,这些产品也不仅在某一个区域市场上销售,因此,为了能为控制未来的活动提供详细的依据,便于检查计划的执行情况,往往需要按产品、区域市场或消费者群(市场层次)为各经营单位编制分项销售预算。同时,由于在一年中的不同季度和月度销售量也往往不稳定,所以通常还需预计不同季度和月度的销售收入,这种预计对编制现金预算是很重要的。

2. 支出预算

企业销售的产品是在内部生产过程中加工制造出来的,在这个过程中,企业需要借助一定的劳动力,利用和消耗一定的物质资源。因此,与销售预算相对应,企业必须编制能够保证销售过程得以进行的生产活动的预算。关于生产活动的预算,不仅要确定为取得一定销售收入所需要的产品数量,而且更重要的是要预计为得到这些产品、实现销售收入需要付出的费用,即编制各种支出预算。

(1)直接材料预算。直接材料预算是根据实现销售收入所需的产品种类和数量,详细分析为了生产这些产品,企业必须利用的原材料的种类数量,它通常以实物单位表示。考虑到库存因素后,直接材料预算可以成为采购部门编制采购预算、组织采购活动的基础。

(2)直接人工预算。直接人工预算需要预计企业为了生产一定量的产品,需要哪些种类的工人,每种类型的工人在什么时候需要多少数量,以及利用这些人员劳动的直接成本是多少。

(3)附加费用预算。直接材料和直接人工只是企业经营全部费用的一部分。企业的行政管理、营销宣传、人员推销、销售服务、设备维修、固定资金折旧、资金筹措以及税金等,也要耗费企业的资金。对这些费用也需要进行预算,这就是附加费用预算。

3. 现金预算

现金预算是对企业未来生产与销售活动中现金的流入与流动进行预测,通常由财务部门编制。现金预算只能包括现金流程中的项目,赊销所得的应收款在用户实际支付以前不能列作现金收入,赊销所得的原材料在未向供应商付款以前也不能列入现金支出,而需要今后连年分摊的投资费用却需要当年实际支出现金。因此,现金预算并不需要反映企业的资产负债情况,而是要反映企业在未来活动中的实际现金流量和流程。企业的销售收入、利润即使相当可观,若大部分尚未收回,或收回后被大量的库存材料或在制品所占用,那么它也不可能给企业带来现金上的方便。通过现金预算,可以帮助企业发现资金的闲置或不足,从而指导企业及时利用暂时过剩的资金,或及早筹齐维持运营所短缺的资金。

4. 资金支出预算

上述各种预算通常只涉及某个经营阶段,是短期预算,而资金支出预算则可能涉及好几个阶段,是长期预算。如果企业的收支预算被很好地执行,企业有效地组织了资源的利用,那么利用这些资源得到的产品销售以后的收入就会超出资源消耗的支出,从而给企业带来盈余,企业可以利用盈利的一部分来进行生产能力的恢复和扩大。这些支出由于具有投资的性质,因此对其计划安排通常被称为投资预算或资金支出预算。资金支出预算的项目包括:用于增加品种、完善产品性能或改进工艺的研究与开发支出;用于提高职工和管理队伍素质的人事培训与发展支出;用于广告宣传、寻找顾客的市场发展支出等。

5. 资产负债预算

资产负债预算是对企业会计年度期末的财务状况进行预测。它通过将各部门和各项目的分预算汇总在一起,表明如果企业的各种业务活动达到预先规定的标准,在财务期末企业资产与负债会呈现何种状况。作为各分预算的汇总,管理人员在编制资产负债预算时虽然不需作出新的计划或决策,但通过对预算表的分析,可以发现某些分预算的问题,从而有助于采取及时的调整措施。

通过分析流动资产与流动债务的比率,可能发现企业未来的财务安全性不高,偿债能力不强,可能要求企业在资金的筹措方式、来源及其使用计划上作相应的调整;通过将本期预算与上期实际发生的资产负债情况进行对比,还可发现企业财务状况可能会发生哪些不利变化,从而指导事前控制。

(三) 预算的作用和局限性

1. 预算的作用

(1) 明确工作目标。预算作为一种计划,规定了组织一定时期的总目标以及各部门的具体目标,这样就使各个部门能了解本单位的经济活动与整个组织经营目标的关系,明确各自的职责及努力方向,并从各自角度去完成组织的战略目标。

(2) 协调部门关系。预算把组织各方面的工作纳入到一个统一的计划之中,促使组织各个部门相互协调,环环紧扣,达到平衡。在保证组织总体目标最优的前提下,组织各自的经营活动。

(3) 控制日常活动。编制预算是组织管理的起点,也是控制日常经济活动的依据。在预算执行过程中,各部门应通过计量、对比,及时揭露实际脱离预算的差异并分析原因,以便采取必要措施,消除薄弱环节,以保证预算目标的顺利完成。

(4) 考核业绩标准。预算确定的各项指标,也是考核各部门工作成绩的基本尺度。在评定各部门工作业绩时,要根据预算的完成情况分析偏离的程度和原因,划清责任,奖罚分明,促使各部门为完成预算规定的目标而努力工作。

2. 预算的局限性

(1)容易导致控制过细。某些预算控制计划是如此全面和详细,以致束缚了主管人员在管理本部门时所必需的自主权,出现了预算过细过死的危险。

(2)容易导致本位主义。预算目标有时会取代组织目标,因为有些主管人员只把注意力集中在尽量使自己部门的经营费用不超过预算,而忘记了自己的职责首先是要千方百计地去实现组织的目标。

(3)容易导致效能低下。通常是在往年成果的基础上按比例增长来编制预算,所以,许多主管人员也常常以过去所花的费用作为今天预算的依据;同时他们知道他们的申请多半是要被削减的,因而预算费用的申请数总要大于它的实际需要数。

(4)预算的最大缺陷是缺乏灵活性。实际情况常常会不同于预算,这种差异可以使一个刚编出来的预算很快过时。若这时主管人员还受预算约束的话,那么预算的有效性就会减弱或者消失。

二、作业控制

当作业系统设计完成、作业计划制定并实施之后,作业控制工作就成为作业管理工作的重点。如果没有有效的作业控制工作,再完美的作业系统也可能由于一些意想不到的事情而无法达到预期的目标。一般制造业的作业控制工作包括许多内容,本书只选择其中主要的几项进行介绍,分别是成本控制、采购控制、质量控制和库存控制。

(一)成本控制

成本控制是指以成本作为控制手段,通过制定成本总水平指标值、可比产品成本降低率以及成本中心承担控制成本的责任等,达到对经济活动实施有效控制目的的一系列管理活动与过程。

1. 成本控制的基础

成本分析在于计量各项成本,并将之分配到每个实体或成本对象,这是成本控制的基础工作。我们通常采用直接成本分配方法和间接成本分配方法来进行分配各成本对象。

(1)直接成本分配方法。直接成本是指能够容易和准确地归属到成本对象的成本,即其可采用追溯法来分配。成本分配的追溯法有两种:直接追溯法、动因追溯法。直接追溯法是指将与某一成本对象存在特定或实物联系的成本直接确认分配至该成本对象的过程。动因追溯使用两种动因类型来追溯成本:资源动因和作业动因。资源动因计量各作业对资源的需要,用以将资源成本分配到各个作业上;作业动因计量各成本对象对作业的需求,并被用来分配作业成本。

(2)间接成本分配方法。间接成本是指不能容易地或准确地归属于成本对象的成本。间接成本不能追溯到成本对象,即在成本与成本对象间没有因果联系或追溯不具有经济可行性。把间接成本分配到各成本对象的过程称为分摊。由于不存在因果关系,分摊间接成本就建立在简便原则或假定联系的基础上。比如,一家工厂生产数种产品,照明成本需分摊到各产品,这很难找到因果关系,一种较简便的方式是按各产品消耗的人工时数的比例来分摊。

2. 成本控制的步骤

(1)建立成本控制标准。成本控制首先需要制定控制的标准,通常企业可以采用预算成本或标准成本作为成本控制的标准。预算成本是用财务数字的形式为各部门或各项活动规定在资金、劳动、材料、能源等方面支出的额度,它是通过计算和预计得到的。标准成本则是根据企业过去一段时间各成本项目的实际情况、去除其不合理成分然后通过分析确定的。对于一时无法制定标准的企业,可以采用过去几个月平均先进水平作为各类成本项目的标准成本,待积累经验后再确定更适宜的标准成本。

(2)核算成本控制绩效及分析成本发生偏差的调查。为了及时控制成本支出,在成本形成过程中,要依据控制标准对发生的成本费用进行检验监督,与标准成本作比较分析,及时发现偏差量,以判断成本控制的绩效。

(3)采取纠偏措施。根据偏差原因分析,制定相应的纠偏措施,并落实到具体部门和执行人员。

(二)采购控制

对于制造企业来说,它需要输入大量的物料,然后通过转换变成各种产品。物料构成了产品成本的重要成分,在部分行业,物料成本竟高达 70% 左右,因此,有效地控制物料成本自然就成为了企业降低成本和增加利润的重要渠道。而企业物料获取是通过采购职能实现的,所以控制物料成本很大程度上依靠采购控制。

企业采购控制的主要内容是供应商交付的物料的性能、质量、数量和价格等以及与之相关的寻找、评价、决定能够提供最好产品或服务的供应商。采购控制的目标是实现数量可以保障、质量可以接受、来源可靠、降低成本。目前,国内一些企业采用比较采购的方法,对企业的采购工作进行价格控制以降低采购成本,多数都收到了比较好的效果。

关于供应商,可以多选择一些有能力的供应商,通过他们的竞价使企业获得价格上的实惠,但真正通过购买获得竞争优势只能通过良好的供应商关系才能得到,现在,制造业中一个迅速发展的趋势就是使供应商转变为合作伙伴,建立这种长期的合作关系,企业能够获得质量更优、次品更少和成本更低的输入。

(三)质量控制

质量控制是指监控质量以确保质量满足预先制定的标准。监控的内容包括重量、强度、密度、色泽、味道、可靠性、完整性或其他特征。

通过有效的质量控制,企业可以及早发现作业系统中出现的各种问题,防止不合格物料进入生产过程,杜绝有缺陷的零部件流入下道工序,保证向市场提供合格产品等。在实施质量控制的过程中,应该做到以下几点:

(1)明确对产品是采用全数检测的方法还是采用抽样检测的方法。一般地,如果连续检测的成本很低或者统计结果表明出错率很高,逐个检查每一件产品是十分有意义的,但毫无疑问,这需要花费较多时间和费用。抽样检测通常花费较少,也不需要很多的人员,有利于集中精力抓好关键质量问题,但它存在一定的风险。

(2)确定何时、何地检测。通常,在制造业中,检测可在以下6处实施:当供应商在生产时在其厂检测;从供应商处收到货时在自己厂里检测;在不可逆转的工序之前检测;依次在生产工序里检测;完工产品检测;装运之前检测。在有条件的地方,还应该尽量采用源头检测的方法,即在有可能产生缺陷之前检测。

(3)考虑是采用计数值检测还是采用计量值检测。前者是将产品简单地分成合格品和不合格品,并不标出缺陷的程度。后者则需要设置一个可接受的偏差范围,然后衡量诸如重量、速度、尺寸或强度等指标,看是否落在可接受的范围内。任何样本在一定的范围之内是可以接受的,在一定范围之外则是不可接受的。

(四)库存控制

与企业物料采购相关的另外一项需要控制的是库存,对库存的控制不仅仅可以提供准确的关于采购数量和采购时间等信息,更重要的是通过对库存的控制,可以减少库存,降低各种占用,提高经济效益。进行库存控制可以首先借助ABC分类法确定不同库存物资控制的重要程度。通过对企业所有库存物资进行分析、计算,把物资分成A、B、C三类,然后实施不同的管理:A类物资应受到最严格的控制,因为A类物资的数量非常少,却占用了大量的资金;对B类物资进行一般的控制;对C类物资进行最少的控制,因为它们占用资金很少,可以通过简单设置订货点的方式进行控制。

三、审计控制

审计是由审计部门和人员根据有关的法律、法规制度对管理活动进行监督、审核的过程。根据审计主体的不同,可把审计分为外部审计和内部审计,按照审计的对象不同,可把审计分为财务审计和管理审计。

(一)财务审计

财务审计是以财务活动为中心内容,以检查和核实账目、凭证、财物、债务以及结算关系等为主要手段,以判断财物报表中各项记录正确无误、合理合法为目的的控制方法。因此,财务审计在控制支出的合理性、保证本单位财产、严格管理会计工作、改进本单位财务状况等方面具有积极作用。财务审计的主要方法包括审计检查法、审计调查法、审计分析法和抽样审计法。

(二)管理审计

管理审计是一种对企业所有管理工作及其绩效进行全面系统的评价和鉴定的方法。管理审计虽然也可组织内部的有关部门进行，但为了保证某些敏感领域得到客观的评价，企业通常聘请外部的专家来进行。管理审计主要包括的内容有：

(1)熟悉被调查单位或部门的组织、人事、业务性质、管理制度、业务操作程序及领导关系等；

(2)确定需要获取的资料；

(3)查明各种业务记录，如单据、合同、函电、规章制度、账册、会议记录、总结报告等；

(4)向各级管理人员和员工调查，完成书面记录；

(5)核实所得资料并进行分析，形成清楚的调查记录。

(三)内部审计与外部审计

1. 内部审计

内部审计简称内审，是由单位内部审计部门和人员进行审计的过程。内部审计由于情况较特殊，一方面能针对本单位情况加强监督、审核，另一方面还能提出有关建议以利于加强控制。内部审计应加强制度化、经常化建设，以充分发挥审计部门和专职人员的作用。内部审计虽局限于对会计账户的审核，但就其最有用的方式而言，内部审计包括对经营活动的全面评价，即按预计的成果来衡量实际的成果。因此，内部审计人员除了使本身确实弄清楚会计账户是否反映实际之外，还要对政策、程序、职权行使、管理质量、管理方法的效果、专门问题以及经营的其他各个方面作出评价。

2. 外部审计

外部审计简称外审，是由外单位的审计机构（如会计事务所）和专业人员对本单位的财务和管理进行审计的过程。外部审计的特点是审计人员在行政隶属上与本单位没有依附关系，因此可以更公正地对待审计对象，按章办事，但是由于时间和其他因素的限制，外部审计可能会由于情况不熟悉、人员不熟悉等而遇到一些困难，达不到预期的控制效果。

四、其他控制方法

除了前面介绍的控制方法外，还有许多控制理论和方法或与控制相关的理论和方法，本节还要介绍标杆管理和平衡计分卡的理论和方法。

1. 标杆管理

标杆管理是以在某一项指标或某一方面实践上竞争力最强的企业或行业中的领头企业或其内部某部门作为基准,将本企业的产品、服务管理措施或相关实践的实际状况与这些基准进行定量化的评价、比较,在此基础上制定和实施改进策略和方法,并持续不断反复进行的一种管理方法。标杆管理设定的目标应该是既具有一定的挑战性,又具有相当程度的可行性。由于标杆管理与控制的内容和性质非常相似,因此,可以将标杆管理看成一种控制方法。

标杆管理包括以下几个步骤:

(1)确定标杆管理的项目、对象,制定工作计划;

(2)进行调查研究,搜集资料,找出差距,确定纠偏方法;

(3)初步提出改进方案,然后修正和完善该方案;

(4)实施该方案,并进行监督;

(5)总结经验,并开始新一轮的标杆管理。

标杆管理虽然帮助很多公司取得了成功,但是也存在不足。一是标杆管理会引起本企业与目标企业全面趋同,失去推行差异化战略的机遇。二是容易使企业落入"落后—推行标杆管理—再落后—再推行标杆管理"的恶性循环。事实上,在落后的情况下,跨越式的战略比追赶式战略可能更有效。

2. 平衡计分卡

平衡计分卡从普通的绩效评估工具扩展到企业战略管理和实施方法,事实上,平衡计分卡不仅可以用作企业绩效评估方法,而且可以用作战略管理方法,同时它还是一种企业控制工具。

在平衡计分卡中,企业不仅要关注财务指标,而且要重视组织的运营能力;企业不仅要关心短期目标,而且要考虑长期战略发展。如图6-4所示,企业战略处于核心位置,财务、顾客、内部经营过程、学习和成长环于四周,构成一个管理系统。

在财务方面,平衡计分卡包含了传统的财务指标,如现金流、投资回报率等。在顾客方面,平衡计分卡包含了市场份额、客户回头率、新顾客获得率、顾客满意度等指标。在内部经营过程方面,要根据顾客的需求,按照"调查研究—寻找市场—设计和开发产品—生产制造—销售与售后服务"的顺序来创造流程。内部经营过程的指标常常有成品率、次品率、返工率、新产品销售额在总销售额中所占比例、开发新产品所用的时间、对产品故障反应的速度等。在学习和成长方面,最重要的因素是人才、信息系统和组织程序。企业可以通过改善企业内部的沟通渠道、强化员工的教育和培训、调动员工的积极性、提高他们的满意度等措施来促进企业的学习和成长。学习和成长方面的指标通常有培训支出、培训周期、员工满意度、员工流失率、每个员工提出建议的数量、被采纳建议在总建议中所占的比重、被采纳建议所产生的效果等。

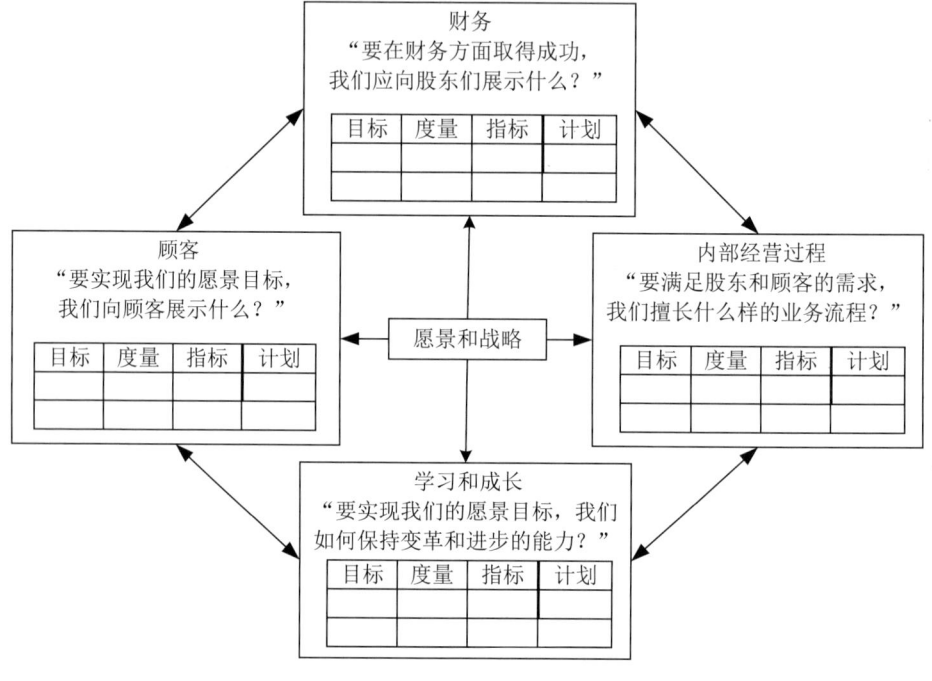

图 6-4 平衡计分卡控制图

自我测试

1. 为什么需要进行控制？
2. 控制过程的主要步骤有哪些？
3. 前馈控制、同期控制和反馈控制有何不同？
4. 信息技术的普遍应用会对控制方法有哪些方面的影响，为什么？
5. 有效控制的原则主要有哪些？
6. 请列出主要的控制方法。

互联网练习

通过浏览网页，搜索一家公司，了解该公司的控制系统。分析：该公司的控制系统是否有效？它使用了哪些控制方法？

管理视窗

问题出在哪儿？

大多数管理者都有一个共同的困扰，那就是明明告诉了下属应该怎么做，但最后的结果往往事与愿违，而且一而再、再而三地出现类似的问题，最终让管理者灰心丧气，总觉得自己带了一群"笨蛋"，怎么教都教不会。总之是无法有效控制下属的行为，一个团队就变成了"一群人"。

问题：

你认为上述困境问题出在事前控制、事中控制还是事后控制？有效的控制过程是怎样的？

实战模拟

目的：预算控制、作业控制、审计控制、标杆管理以及平衡计分卡是控制的主要方法。通过对不同类型组织的控制方法的实地调查和访谈，帮助学生更加深入地理解如何使用控制的方法。

知识点：控制的作用、控制对象、控制方法

模拟练习描述：

每3~5人组成一个小组，通过访谈或者问卷的形式，与企业、政府、学校等不同类型组织的相关人员进行沟通，最后完成以下练习。

每组需完成的工作：

(1) 描述该组织主要采取了哪些控制方法。

(2) 分析该组织使用这些方法的优缺点。

(3) 如果你是该组织的管理人员，根据该组织的特点，你如何完善控制方法？

案例应用

华润公司 6S 管理体系[①]

中国华润总公司控股的华润(集团)有限公司是一家在香港注册和运营的企业,迄今已有 78 年历史。目前华润集团有 6 家香港上市公司、7 个战略业务单元、15 家一级利润中心。6S 管理体系是华润公司从自身实际出发摸索出的一种系统化管理模式,从而更好地管理多元化集团企业。6S 管理体系将集团内部多元化的业务及资产划分为责任单位并作为利润中心进行专业化管理,并在董事会下设立 6S 委员会对其进行组织领导及监督实施。6S 由六种管理体系有机结合,既是一个全面预算管理体系,也是一个多元化的信息管理系统。

(一)业务战略体系

业务战略体系是从最初的业务编码体系发展而来的,在专业化分工的基础上将集团及属下公司按管理会计的原则划分为多个业务相对统一的利润中心(称为一级利润中心),每个利润中心再划分为更小的分支利润中心(称为二级利润中心等),并逐一编制号码,使管理排列分类有序。但仅仅做到这一步是不够的,利润中心需要制定业务竞争战略,构建自身的商业模式等,从而在行业中获得更大的市场份额和持久的竞争力,因此,利润中心必须分财务、客户、内部运营流程、学习与成长四个层面细化业务战略。

(二)全面预算体系

确定了业务战略之后,需要通过全面预算体系进行层层分解,最终落实到每个责任人每个月的经营上,使管理者可以明晰自己的业务,并能从背离预算的程度上发现并解决问题。预算经过各个部门和层级的反复修改,最终汇总形成整个集团的全面预算报告。

(三)管理报告体系

在预算体系的基础上,每个利润中心按规定的格式和内容编制管理报告,具体由集团财务部统一制定并不断完善。管理报表是内部报表,直观清晰明了,不仅能反映共性管理信息,也能体现业务单元自身的行业特点。管理报告每月进行一次,包括每个利润中心的营业额、损益、资产负债、现金流量、成本费用、盈利能力、应收账款、不良资产等情况,并附有公司简评。每个利润中心报表最终汇总为集团的管理报告。

[①] 改编自:屠华.华润集团 6S 管理体系的探索与思考.西南财经大学,2010.

(四)内部审计体系

战略的执行情况、预算的完成以及管理报告的真实性都需要通过审计进行再认定。集团内部审计是管理控制系统的再控制环节和经营管理过程的监督环节,集团通过审计来强化全面预算管理的推行,提高管理信息系统的质量。

(五)业绩评价体系

不管是战略还是预算的执行情况都需要进行评价,而评价体系要能促进经营目标的实现。根据每个利润中心业务和发展阶段的不同,量身定制一个评价体系,但总体上是通过获利能力、过程及综合能力指标进行评价。根据各业务点的不同情况,将每一个指标项再细分为许多明细指标,以期能反映该利润点经营业绩及整体表现,目的是要做到公平合理,既可以兼顾到不同业务点的经营情况,又可以促进业务改进提高,加强管理。其中有些是定量指标,有些是定性指标,而对不确定部分集团则有最终决定权。从财务、流程、客户、学习四个维度设置关键指标,发挥业绩评价的综合管理作用。

(六) 经理人考核体系

经营责任具体落实到各级责任人,从而考核也要落实到利润中心经理人。利润中心经理人考核体系主要从业绩评价、管理素质、职业操守三方面对经理人进行评价,得出利润中心经理人目前的工作表现、今后的发展潜力、能够胜任的职务和工作建议。根据以上三部分的考核结果,进一步决定对经理人的奖惩和使用。

围绕6S管理体系的建设,集团还做了一些完善和配套工作:

(1)建立服务中心考核体系。将集团职能部室设定为服务中心,并对这些管理部门的考核形式及民主监督形式作出明确规定。主要体现在定位各服务中心,明确其主要职能;提出评价及量化服务中心工作质量的方案;规定服务中心考核办法;根据考评结果决定奖惩办法。

(2)改革用人制度。一级利润中心经理人聘用增加了内部公开招聘的程序。公开报名,统一考试,人事部门综合评议,推荐候选人名单,经常务董事会面试后聘任。这一做法已经得到实施。另外,根据对一级利润中心、服务中心的考评结果,对工作业绩突出者由集团总经理向常务董事会建议入选新一届领导班子。这样,使干部提拔任用进一步透明化、规范化,并促使6S管理体系真正落到实处。

【教学功能】

预算控制作为控制的一个主要方法得到了广泛应用。预算控制通常包括收支预算、现金预算、资金支出预算等。除了涉及预算控制的知识点外,本案例可以加强学生对控制类型的理解。

案例分析关键词:预算控制、控制类型

【知识点链接】

预算控制根据预算规定的收入与支出标准来检查和监督各个部门的生产经营活动,以保证各种活动或各个部门在充分达到既定目标、实现利润的过程中对经营资源的利用,从而费用支出受到严格有效的约束。

【问题】

1. 华润的预算控制系统的主要内容是什么?
2. 这一预算控制系统有什么优缺点?请评价之。

"人人贷"的风险管理控制[①]

(一)人人贷的发展概况

人人贷于 2010 年 5 月成立,是人人友信集团旗下公司及独立品牌,近年来发展迅速,2013 年 6 月人人贷加入上海资信网络金融征信系统,同年 12 月,与招商银行正式达成风险备用金银行托管协议,2014 年 4 月人人贷注册资本增至一亿元。

作为中国最早的一批基于互联网的 P2P 信用借贷服务平台,人人贷为有借款需求的和投资需求的个人搭建了一个互助平台:有借款需求的人,可以在人人贷的网站上发布借款列表来筹集资金;而有投资需求的朋友,可以根据自己的风险承受能力和自己的资金状况来选择性地对借款列表进行投标,以获得高于银行利息的利润,从而满足借贷双方的需求。

我国 P2P 网络借贷行业主要有三种模式:纯线上模式、以线下为主模式以及线上线下相结合的模式。由于我国的个人征信体系仍有缺陷,信息零散,且目标借款客户呈现出个体分散性的特点。因此人人贷采取线上线下相结合的发展模式。在贷款项目的获取方面,人人贷公司不仅会通过线上获取贷款项目,也会和第三方小额贷款公司、担保机构合作。其中,与第三方机构合作的产品称为机构担保标,2014 年人人贷公司机构担保标的占比为 12.02%,信用认证标和实地认证标分别占 4.47% 和 83.51%。在资金来源上,目前人人贷都是从线上获得理财用户,并且所有理财用户都是在线上进行充值和交易。截至 2014 年年底,人人贷的注册用户数突破 100 万人,成交金额突破 55 亿元,发展势头强劲。

(二)具体风险管理控制措施

人人贷的坏账率从 2012 年的 1.43% 逐年降低到 2014 年的 0.34%,低于行业

---

① 改编自:陈洁."人人贷"的风险管理控制案例分析.华南理工大学,2015.

平均水平,说明人人贷的风险控制取得了一定成效。

1. 信用风险的控制

在信用风险的控制方面,人人贷建立了贯穿贷前、贷中和贷后的系统的风险管理机制。据人人贷创始人杨一夫介绍,人人贷从西方发达国家引入了一整套科学信用审查及风险控制机制,并根据中国的实际情况进行了发展完善,逐步形成了贯穿于产品设计、前端销售、贷前调查、贷中审批、贷后管理的服务流程。

贷款前借款人需要上传申请资料进行认证,在客户提出借款申请并上传各项必要申请资料之后,人人贷会通过网络、电话及其他可以掌握的有效渠道对客户的基本资料进行核实。人人贷加入上海资信网络金融征信系统(NFCS),可以更全面地了解授信对象,更准确地对用户的信用状况进行评估。

贷中,人人贷充分利用自身团队数学背景的优势,依靠互联网的力量,建立了基于数据挖掘的借款人模型。这个模型将行业经验转换为数据规则,将借款人是否有稳定的工作、是否有车有房和有效联系人等条件列为 模型的重要指标。该模型可以区分用户的属性,并预算出用户的违约概率,可供审核参考。在用户递交资料的环节,这些模型便会进行相关的分析判断,从而对特征用户给出预警信号。为了客观反映借款人的个人信用情况,人人贷建立了自身的信用认证体系,并制定了信用额度体系,信用分数不同的用户享有不同的信用等级,信用等级不同的用户享有不同的信用额度。人人贷倡导分散投资的理念,并且在网站上对用户进行了提示,告知用户进行分散投资可以降低单一借款人违约对投资收益的影响。同时,为了保证出借客户的资金能够分散出借给若干个借款人,人人贷设计研发了优选理财计划这款操作工具。

贷后,人人贷强制要求其借款人每月进行等额本息还款,随着还款的推进,借款人的本金余额会逐渐减少,如果借款人逾期未归还借款,人人贷会根据借款人的逾期天数,分别采用短信电话通知借款人、联系该借款人的紧急联系人或单位以及专业的高级催收团队与第三方专业机构上门催收等方式进行催收工作,直至采取法律手段,并且,借款人逾期还款需要承担罚息与逾期后的管理费用,并且该用户会进入个人信用评级体系的黑名单。另外人人贷专门设置了风险备用金作为出借客户的风险缓冲,由招商银行上海分行对人人贷的风险备用金专户资金进行独立托管。

2. 操作风险的控制

人人贷建立权限管理体系,遵循国家法律法规保护用户的隐私信息,未经同意不会向任何第三方披露用户的个人信息、账户信息以及交易信息。并运用了各种先进的安全技术保护用户在人人贷账户中存储的个人信息、账户信息以及交易记录,人人贷网站设立了安全监测系统,可以及时发现网站的非正常访问并做相应的安全响应,与第三方支付平台合作,并谨慎选择第三方小额贷款公司、担保机构进行合作。

【教学功能】

本案例涉及对风险的控制,主要包括前馈控制、同期控制和反馈控制,可以更好地帮助学生理解实际工作中如何应用这些知识。

案例分析关键词:前馈控制、同期控制、反馈控制

【知识点链接】

管理控制在公司行动开始前的投入阶段、进行之中的转化阶段或结束之后的产出阶段进行。依据这些控制时点的不同,将控制分为前馈控制、同期控制和反馈控制。这3种控制方式的控制重点各不相同:前馈控制重在对人、财、物等资源的控制,主要是预防;同期控制重在对正在进行的活动发生的问题进行管理;反馈控制是对已结束工作的资源投入、工作过程进行评价,是对已经发生问题的管理,目的在于对以后活动开展控制。

【问题】

1. 结合所学知识分析人人贷风险管理控制措施的优缺点。

2. 面对人人贷在风险管理控制过程中仍然存在的不足,我们应该采取何种措施来完善?

连续案例:阿里巴巴

阿里巴巴——简介

"让客户相会在阿里巴巴、工作在阿里巴巴、生活在阿里巴巴,并持续发展最少102年"这句话描述了阿里巴巴集团的精髓——它想成为什么样的公司。阿里巴巴从1999年成立发展至今,已成为全球最大的电子商务企业。作为电商企业的杰出典范,在其发展过程中,阿里巴巴遇到了各种各样的机遇和挑战。为了能更好地掌握管理学的理论知识和方法,我们将追踪阿里巴巴的发展历程,从管理的4个职能出发,通过以下连续案例,来诠释阿里巴巴成功管理的奥妙。

起步与发展

一提起阿里巴巴,人们马上会想到它的创始人马云。马云大学毕业后当了6年半的英语老师,这期间他成立了杭州首家外文翻译社,小有名气。1995年,马云去美国催讨一笔债务,结果是没有要到一分钱,却从此发现了互联网的"魔力"。对计算机一窍不通的他在西雅图第一次接触了互联网,刚刚学会上网后,就想到为他的翻译社做网上广告,上午10点他把广告发送到网上,中午12点前他就收到了分别来自美国、德国和日本的6封邮件,说这是他们看到的有关中国的第一个网页。马云当时就意识到互联网是一座金矿,从此也诞生了一个疯狂的念头——把中国企业的资料集中起来,由设计者做好网页向全世界发布,利润则来自向企业收取的费用[①]。马云的第一个产品名为"中国黄页",是互联网上最早出现的以中国为主题的商业信息网站,当时许多在国外留学的人都知道这个网站。

马云十分善于演讲,杭州街头的大排档里时常看见他口若悬河地向别人推销自己的"互联网计划",然而互联网那时候在中国还鲜为人知,但马云仍不屈不挠地坚持着自己的"伟大计划",到世界各地去宣讲。在后来的各种机缘巧合下,马云结

---

① 参考自:阿里巴巴创业故事:马云与阿里巴巴的成长历程,http://www.yingsheng.com/pxzx-glgy/70159.html,2014.10

识了拥有耶鲁大学经济学学士学位及法学博士学位的蔡崇信、阿里巴巴的第一代程序员吴泳铭,以及技术大牛师昱峰、Java架构师周悦虹等18人,组成了"18罗汉",于1999年在杭州的一间公寓里创办了阿里巴巴集团,旨在为供应商和买家提供连接平台,由此开启了阿里巴巴商业帝国的大门。马云带领其他17位创始人一路披荆斩棘,在电子商务行业闯出了一条新路。

随着中国加入WTO和互联网的发展,2003年,阿里巴巴推出了淘宝网,以提供"免费服务"的市场策略,成功取代了当时eBay在中国的网站。平台搭建好后,阿里巴巴开始着手解决在交易过程中的支付和物流这两大难点。2004年,阿里巴巴就推出了自己的支付服务——支付宝,简化交易过程中的支付流程,同时也为中小企业提供支付担保;2010年,阿里巴巴对外宣布了其"大物流计划",搭建起集德邦、天地华宇等20多家专业物流公司的物流平台,为中小企业在电子商务模式中遇到的物流瓶颈提供了很好的解决方案。淘宝是为每个人提供的交易平台,而阿里巴巴推出的天猫则是为品牌商家企业提供的交易平台,其与淘宝的产品定位区分十分明晰,但又互为补充,与阿里巴巴1688共同组成了阿里巴巴的三大支柱。

除此之外,阿里巴巴的业务开始向门户搜索、旅行、音乐等智能终端业务渗透,其业务也开始向国外延伸,马云本人也被评为"商业领袖",受到了来自世界各国400多家媒体的追踪报道。不得不说,在过去的十几年里,阿里巴巴的发展规模和速度都十分惊人,取得了巨大的成功。在阿里巴巴看来,他们的成功源于阿里巴巴对其企业使命孜孜不倦的追求——"让天下没有难做的生意,旨在打造开放、协同、繁荣的电子商务生态圈"。

规模的扩张,意味着企业体量越来越庞大。如何有效管理才能使得企业上下协同并进、保持竞争优势则显得尤为重要。2011年6月,阿里巴巴将原淘宝网拆分为淘宝网、天猫及一淘网3家独立的公司,为不同客户服务。2012年7月,阿里巴巴对其组织架构进行了调整,按照其业务划分,由子公司制调整为事业群制,成立包括淘宝、一淘、天猫、聚划算、阿里国际业务、阿里小企业业务和阿里云在内的7个事业群。2013年1月,阿里巴巴再次对业务架构进行调整,将七大事业群拆分成25个事业部,其业务发展将由各事业部总裁(总经理)负责。马云称这种架构演变主要是为了应对快速变化的电商市场,同时也能为年轻员工提供更多的发展空间和机会。

公司概况

阿里巴巴的业务范畴[①]:

---

① 阿里巴巴集团官网 http://www.alibabagroup.com/cn/about/business.

淘宝网:中国最大的移动商务平台

天猫:为品牌及零售商而设的第三方平台

聚划算:专注于限时促销的销售和营销平台

全球速卖通:全球消费者零售市场

阿里巴巴国际交易市场:全球批发贸易平台

1688:中国国内的网上批发市场

阿里妈妈:营销技术平台

阿里云计算:云计算与数据管理平台开发商

蚂蚁金融:专注于服务小微企业与消费者的金融服务供应商(包括支付宝、余额宝、招财宝、蚂蚁聚宝、蚂蚁花呗、芝麻信用和网商银行等)

菜鸟网络:物流数据平台运营商

截至2015年,阿里巴巴的员工数量约为3万人,基于美国通用会计准则(GAAP),2015财年阿里巴巴营业收入达122.93亿美元(约762.04亿元人民币)。在非GAAP下,阿里巴巴净利润为56.43亿美元(约349.81亿元人民币)。我们不禁思考,阿里巴巴是如何通过计划、组织、领导和控制来使其庞大的商业帝国高效运转的呢?为此,接下来将会在对应的章节提供阿里巴巴的连续案例,学生可以在学习理论之后,对阿里巴巴进行深层次的探讨,丰富自己的学识,开拓自己的视野。

【问题】

1. 在互联网行业背景下,你认为技术技能对马云来说是否为最重要的?如果是,请说明为什么;如果不是,你认为对于马云来说,拥有哪些管理技能是最重要的?为什么?

2. 通过马云的创业经历和阿里巴巴的发展历程,你认为一个成功的管理者需要具备哪些素质和能力?

3. 描述阿里巴巴发展过程中的管理环境,并解释说明不同时期环境对于开展管理活动的利与弊。

4. 阿里巴巴的企业使命是如何影响其管理方式的?

5. 阿里巴巴业务的扩展和其企业使命是紧密联系起来的吗?业务的扩展是否会分散其管理重心以及资源利用?

6. 访问阿里巴巴的网站(http://www.alibabagroup.com),分别找出一位高层管理者、中层管理者和基层管理者,描述他们分别承担了哪些管理者角色?试着想象担任该职位的人需要怎样进行计划、组织、领导和控制?

阿里巴巴——计划

所有管理者都在从事一项工作——计划。他们所做的计划可能是长期的,也可能是短期的。这些计划可能是战略性的,也可能是战术性的或业务性的;这些计划可能涉及到整个组织,或者一个工作小组或特定的部门。不管管理者所做的计划是什么类型或什么内容,重要的是他们在做计划。没有计划,管理者们也就无从进行组织、领导和控制。阿里巴巴在全体员工和管理者的努力下取得了很多成就,因此,毫无疑问,阿里巴巴一直以来都在计划着。

使命和价值观

阿里巴巴的使命是:让天下没有难做的生意,旨在打造开放、协同、繁荣的电子商务生态圈。在其发展过程中,阿里巴巴提出并向员工灌输以下6个核心价值观,以推动阿里巴巴不断向这一目标迈进。

(1)客户第一:客户是衣食父母;
(2)团队合作:共享共担,平凡人做非凡事;
(3)拥抱变化:迎接变化,勇于创新;
(4)诚信:诚实正直,言行坦荡;
(5)激情:乐观向上,永不言弃;
(6)敬业:专业执着,精益求精。

公司目标

任何一个成功的企业都需要适合于自身发展的愿景和定位。阿里巴巴的愿景是:成为一家持续发展102年的企业;成为全球十大网站之一;只要是商人就一定要用阿里巴巴。

公司的具体目标是:为全世界创造1000万家小企业的电子商务平台;为全世界创造1亿个就业机会;为全世界10亿人提供消费平台。

这使得阿里巴巴从内心深处全方位思索如何实现目标,正是在这样的愿景指导下,阿里巴巴制定了自己的企业发展战略。

根据阿里巴巴2015年的市场数据显示,阿里巴巴2015年注册用户达到了8亿个,活跃买家数达到了4.07亿个,2015年其股票成交量为3940亿美元,总收益120.3亿美元[①],仅"双十一"当天,天猫就完成了912.17亿元的销售额。但阿里巴

---

① 阿里巴巴官网 http://www.alibabagroup.com/cn/ir/financial,2016-01-28。

巴并不满足于财务数字上的成功,而是致力于成为一家为社会创造更多价值的企业,致力于改变小企业与创业者传统的营商方式,并从中为消费者带来更多的产品及服务选择。在 2015 年阿里巴巴的年会上,马云就提出了下一个十年目标——为 1000 万家企业提供生存、成长和发展的平台,为全世界创造 1 亿个就业机会,为全世界 20 亿消费者服务[①]。

公司战略

从成立之初至今,阿里巴巴已经初步形成了自己完整的电商生态系统,被认为是当前最成功的电子商务贸易平台。就电子商务服务平台的业务模式来看,信息流、资金流和物流是最为核心的"三流"。公司成立之初,中国的电子商务发展尚处于起步阶段,eBay 在全球电商领域也居于绝对优势地位。由此,阿里巴巴第一阶段的战略以聚集"信息流"为首要目标,以国内中小企业为切入口,用"免费策略"吸引这类企业汇聚在阿里巴巴平台,形成了大量的信息流;第二阶段是打通"资金流",阿里巴巴目前实施的支付宝、诚信通等业务成功地完善了其电商平台的资金体系建设;第三个阶段是解决"物流",在这一阶段,阿里巴巴 CEO 张勇上任后提出电商升级成为其核心战略[②],即基于大数据构建以菜鸟为载体的供应链协同平台,这一战略旨在实现从服务消费者转向服务商家的思维模式的转变。

除了这三个阶段的战略布局,阿里巴巴在发展过程中充分运用了横向一体化和纵向一体化战略。阿里巴巴在做大做强 B2B 业务之后,充分挖掘其资源价值并进行资源整合,进入 C2C 领域,使其电商生态圈迅速扩大。并于 2007 年年初对外推出了自己的软件服务业务,为中小企业提供通用的进销存和财务管理软件,增加用户黏性。最后阿里巴巴借助阿里妈妈进军广告服务业,为其原本的中小企业主、淘宝商家、支付宝商铺用户以及个人用户提供第三方广告平台,与其他诚信体系、支付平台等业务相结合,为用户提供一整套的电商服务。随着阿里巴巴业务的不断扩大,员工数量不断上升,为了使庞大的组织体系能够高效运作,阿里巴巴将其七大事业群拆分为 25 个事业部,各司其职,协同迈进。

值得一提的是,阿里巴巴在全球的扩张也十分迅速,这得益于其国际化战略的实施。从 2007 年开始,海外市场就成为阿里巴巴布局的重点。阿里巴巴希望全球的商人都能通过阿里巴巴的平台交流和沟通,而且也不单单是把中国的货品拿出去,也要把国外的货品拿进来。在拓展国际市场的过程中,阿里巴巴使用当地文字,雇佣当地员工,与当地的企业进行合作,很快在美国、澳大利亚、韩国、日本等国

---

① 中国经济网 http://www.ce.cn/cysc/tech/07hlw/guonei/201504/29/t20150429_5243857.shtml.
② 新浪科技 http://tech.sina.com.cn/i/2015-02-10/doc-iczmvun6018644.shtml.

家的电子商务市场占有一席之地。在未来,阿里巴巴也将不断扩大全球购的地域范围。

在阿里巴巴公布的2016年扩张计划中,"阿里巴巴无处不在(Alibaba Everywhere)"这一用语被首次提出。阿里巴巴的首席执行官张勇表示,在未来,阿里巴巴的主要战场是全球进口、农村电子商务以及一线城市。那么在这一扩张计划中,对于不同的市场,阿里巴巴又该如何布局?

【问题】

1. 阿里巴巴为实现"让天下没有难做的生意"的目标,作出了哪些决策?这些决策分别属于理性决策、有限理性决策,还是直觉决策?请解释说明。
2. 分别给出阿里巴巴进行战略决策、管理决策和业务决策的例子。
3. 阿里巴巴是否有必要构建自己的物流平台?这属于什么类型的决策?请为该决策制定具体实施计划。
4. 你认为阿里巴巴将服务对象从消费者转变为商家是否合理?为什么?
5. 未来阿里巴巴在进军全球进口、农村电子商务以及一线城市这三大主要战场时,该如何做计划?这些计划的异同点是什么?
6. "阿里巴巴无处不在(Alibaba Everywhere)"的扩张战略对阿里巴巴来说是否过于野心勃勃?要成功实现这一战略还需要具备什么条件?
7. 阿里巴巴具备什么优势?若要继续保持这些优势,阿里巴巴需要怎样做?

阿里巴巴——组织

组织活动是管理者一项重要的任务。一旦组织目标和计划确定下来,组织功能就体现在实现这些目标和计划的过程中。当管理者从事组织职能时,他们得先确定哪些工作需要完成,并创建一个组织结构,使得从事这项工作的组织成员能够有效率、有效果地完成任务。阿里巴巴一直以来致力于电商平台的构建与发展,并不断追求对市场和客户的灵活快速响应,因此管理者必须直面持续组织并重新组织其工作的现实问题。

组织结构与变革[①]

2013年1月10日,阿里巴巴集团宣布对现有的架构和组织进行相应的调整,将包括淘宝、天猫、阿里云、聚划算等在内的七大事业群拆分为25个更为细小的事

---

① http://tech.qq.com/a/20130110/000132.htm.

业部,各事业部的业务发展将由各事业部总裁(总经理)负责。紧接着,2月22日,马云宣布,支付宝不再单独设立 CEO,并将其划分为 4 个具体的事业部,由新任总裁分别负责,而原来的 CEO 彭蕾将担任新成立的阿里小微金融服务集团的 CEO。5月10日,马云卸任阿里巴巴 CEO,原来的事业部总裁陆兆禧上任,阿里巴巴集团开始进行新的人员调整。9月10日,全新的网络通信事业部和淘点点事业部成立,音乐事业部转变成为数字娱乐事业群,并具体划分为 5 个事业部,另外,将原来的云 OS 事业部重新拆分为 2 个事业部。至此,阿里巴巴的组织结构改革基本完成(图1)。

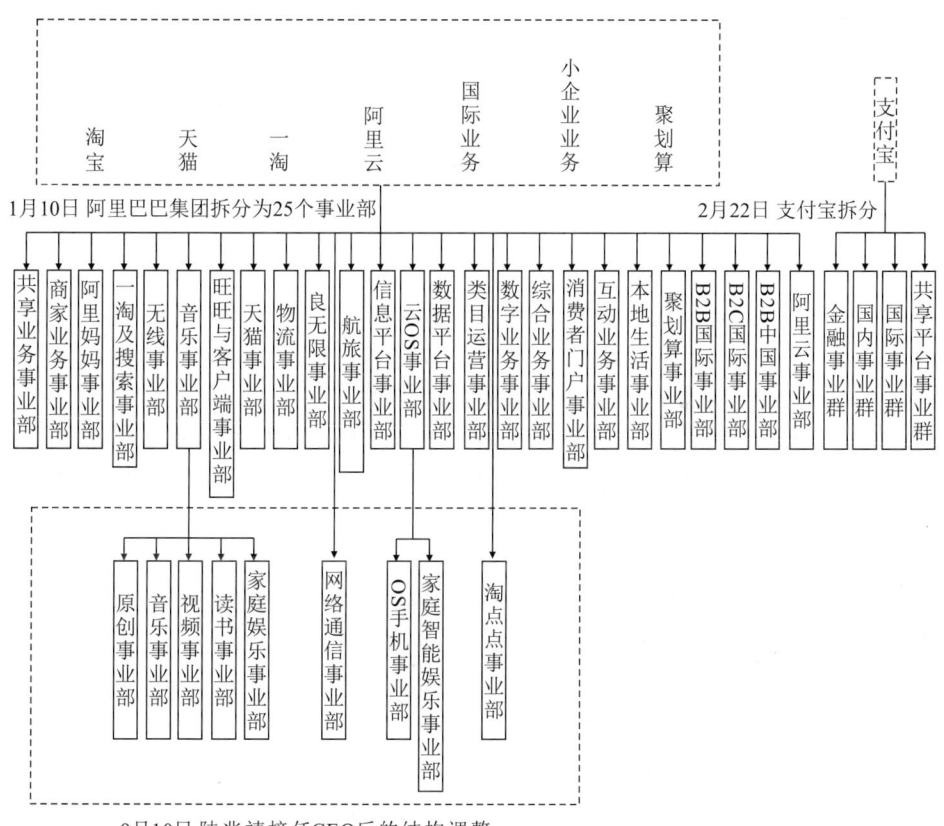

图 1　阿里巴巴组织结构调整框架图

一方面,伴随着京东、当当网等多种电商平台的崛起,市场竞争风起云涌,未来复杂的商业系统生态化将成为必然的趋势;另一方面,随着无线客户端的逐渐普及,互联网也将给企业带来更多的机遇与挑战。因此,如何让企业能够更加灵活地进行协同与创新，便成为阿里巴巴成功的关键之一。

马云曾说，商业系统的生态化是未来中国商业健康发展必需的基础建设。老牌电商平台借互联网的东风纷纷建立起了自己的王国，新兴企业层出不穷，"我们希望各事业部不局限于自己本身的利益和KPI，而以整体生态系统中各种群的健康发展为重，能够对产业或其所在行业产生变革影响；真正使我们的生态系统更加市场化、平台化、数据化和物种多样化，最终实现'同一个生态，千万家公司'的良好社会商业生态系统"。新的事业部结构将会承担阿里巴巴集团内同类型业务整合、拓展的任务，打通子公司或事业群之间的界限，使阿里巴巴的商业生态系统建设从上到下一以贯之。

阿里巴巴也希望可以通过将组织结构拆分成"更多"的小事业部，"给更多阿里巴巴年轻的领导者创新发展的机会"，带给企业更多的活力和创新的动力，"各自的小事业部可以把公司的商业生态系统变得更加透明、开放、协同、分享，变得更加美好"。

"变革不是一时的，而是时时的。在信息时代，变化才是最好的稳定。"过去几年的时间里，阿里巴巴集团先后经历了多次的变革。其中，最为著名的是2011年马云将淘宝拆分为三部分：天猫、淘宝和一淘，促进了天猫和淘宝的飞速发展，也引领了"双十一"的热潮。而此次，阿里再度进行组织变革，期望通过小事业部的组织新形态在不同的时代背景下，给自己创造新的机遇。

无线互联网的发展，成为了众多电商平台发展的新契机。而互联网的氛围也促进了商业社会朝更加透明、诚信和健康的方向发展。在新环境的推动下，阿里巴巴希望通过互联网这个工具，参与企业的变革和建设，完善企业变革。"给市场和竞争者更多挑战我们的机会的同时，给自己机会。"

另一方面，客户和用户利益最大化一直是阿里巴巴长期以来坚持的目标，只有实现顾客利益的最大化，才能最大程度地体现企业的利益及存在的价值。而新的事业部组织结构的形成，无疑可以更好地实现这一目标。各事业部的领导者将更多的精力集中于自己所在的领域，各领域间"松而不散"，权力在集团公司内的重要性被削弱，大家可以更多地关注于人和事、理想和责任、信任和协同。这也是阿里巴巴集团一直强调的"建设商业生态系统而不是商业帝国"的思想在组织结构上的落地实施。

阿里巴巴集团表示，新的组织结构将具有更大的决策权和更灵活的市场反应速度，它强化了独立业务的活力和创造力，使之在管理和运营上更有效率和成长性，并能从中不断地发现人才，为阿里巴巴集团培养出未来的领导者团队。

人事管理

当金融危机到来时,业内公司纷纷裁员以缩减人员成本。阿里巴巴集团不仅没有裁员,反而扩招 5000 名员工,同时给副总级别以下的人员加薪。通过这一举措使阿里巴巴员工能够安心工作,将精力都投入到工作当中,而不是忧心自己的未来。

作为电子商务的领军企业,创新是其发展的关键要素。阿里巴巴通过将事业群划分为 25 个小事业部,给予年轻员工更多的机会,希望通过源源不断的新生力量,带给公司创新的动力,促进公司创新能力的提升。2015 年 12 月,在进行新一轮公司组织改革的同时,众多有实力有想法的年轻人相继被启用,共有 7 位 80 后的年轻管理者将承担起阿里巴巴集团内各重要管理岗位的重任。阿里巴巴现任 CEO 张勇表示:"我将和这些年轻人一起,推动集团零售电商平台的全面改革和升级。"

除此之外,阿里巴巴集团还成立了互联网界中独一无二的"组织部",推进集团高管的轮休学习计划,选送管理者在海内外著名的商学院进行短期或者长期的培训和学习。

改革与创新

2015 年年底,阿里巴巴再一次进行组织结构的升级,建设整合阿里巴巴产品技术和数据能力的强大中台,进而形成"大中台,小前台"的组织和业务体制。作为前台的一线业务会更敏捷、更快速适应瞬息万变的市场;中台将集合整个集团的运营数据能力、产品技术能力,对各前台业务形成强力支撑。由此,推动集团电商零售平台的全面改革升级,实现云计算、阿里妈妈、菜鸟等新兴业务的全面独立发展。

在互联网和商业不断变化、融合的今天,在大数据和云计算正成为新经济时代的"石油"和引擎的大背景下,不断的变革是阿里巴巴未来发展的必要前提。

【问题】

1. 阿里巴巴 2015 年变革前后分别采取的是哪一种类型的组织结构?
2. 在案例中,涉及组织结构设计六要素的例子有哪些?请具体描述。
3. 阿里巴巴采取的是什么部门划分方式?
4. 阿里巴巴 2013 年进行组织变革的动因是什么?这次变革属于哪一种类型?
5. 在组织变革过程中阿里巴巴大量启用年轻人,你如何看待这一做法?该做法对组织变革有何影响?
6. 阿里巴巴的长期目标是:为全世界创造 1000 万家小企业的电子商务平台;

为全世界创造1亿个就业机会;为全世界20亿人提供消费平台。此外,公司致力于将阿里巴巴建成商业生态系统而不是商业帝国。管理者将如何进行组织以完成这些目标?

阿里巴巴——领导

领导问题也许是管理学领域中研究和讨论得最多的一个话题。每年都有新的调查研究、新的方法和改进的领导技能的建议发表。显然,领导职能是非常重要的职能。成功地领导员工意味着了解员工的态度、行为、性格、个人和团队工作努力程度、动机、冲突等,并能够有效激励员工以完成组织目标。这不是一件容易的事。事实上,了解员工如何行动以及为什么采取某些行为有时很困难。阿里巴巴一直努力创造一种使员工作出最大努力的工作环境。从初创时的"18罗汉"到2015年的3万名员工,经过十几年的发展,阿里巴巴已经成为全球最大的零售交易平台。这离不开成功的领导。

马云的领导风格

马云是一个十分自信的人,他曾说"亚马逊是世界上最长的河,8848是世界上最高的山,而阿里巴巴是世界上最富有的宝藏"。在创业之初,他就对阿里巴巴的盈利模式深信不疑,甚至在公开场合说过许多"大话"。但事实证明,他相信自己的判断力,并且深信不疑地坚持到现在,正是他的这份自信,能够感染每一个愿意跟随他的人,把"大话"变成了"实话"。但同时,马云也十分自知,他深刻明白,在有技术并且懂该如何去实现的人面前,闭嘴和放手是最高效的方法。这就是为什么一个完全不懂电脑的人却能够借助互联网开辟出一块新大陆的秘诀——自信和自知。

光是自己清楚企业的愿景是什么,该朝着什么方向发展还远远不够。马云时常给员工们"开大会",在大会上讲话,把自己的想法告知员工,凭借自己卓越的演讲才能,清晰地向每一个阿里巴巴员工描绘企业未来发展的蓝图,并紧扣员工的需求,鼓舞着阿里巴巴人齐心协力朝着同一个目标奋进。

市场日新月异,变革和创新才能立于不败之地。马云正是剧烈变革的绝对拥护者,他认为,任何行业都需要一个搅局者,震荡才能产生创新。他也不断地在阿里巴巴内部"搅局",从"七剑下天山"到现在的25个事业部,可见一斑。

激励员工

在阿里巴巴迅速向各个领域、各个地区扩张的过程中,"人才"的巨大作用不可忽视。马云以及阿里巴巴非常重视员工的培养,认为员工是阿里巴巴资产的一部分,并致力于实现人力资产的"保值"、"增值"。他常强调:"与其把钱存在银行,不如把钱投资在员工身上,员工不成长,企业就不会成长。员工才是公司最好的财富。"

2011年,为了帮助员工应对住房物价上涨的压力,阿里巴巴集团于8月17日宣布推出30亿元的"iHome"职业贷款计划,向员工提供无息住房贷款;同时投入5亿元成立教育基金,解决员工子女的学前和小学教育问题;考虑到CPI上涨压力,还给基层员工发放超过4000万元的一次性物价和子女教育补贴。一时间阿里巴巴员工变成网友们"最羡慕的人"。

在许多公司,办公室恋情是被严格禁止的,但在阿里巴巴,这却是一个受鼓励的行为,每年的"阿里巴巴日"是所有阿里巴巴人的集体婚礼日,在这一天,阿里巴巴将根据新人报名选出102对新人,马云作为主婚人为他们举办婚礼,让员工家属走进阿里巴巴了解亲人的工作环境,不仅让员工感受到企业的环境,也让他们的工作得到家庭的支持和认可。

阿里巴巴的核心价值观之一:拥抱改变。阿里巴巴HR认为,一般员工都要经过1到3个月才能融进公司文化。因此,阿里巴巴特地设置了3个月的"师傅带徒弟"和HR关怀期,而在入职6~12个月的时候还可以选择"回炉"接受再培训。

公司会定期请公司外的专业讲师为员工培训有关银行结算、风险控制等方面的专业知识。设立"阿里夜谈",定期开展一些员工感兴趣的话题进行学习和交流。另外,还设立了"阿里课堂"、"阿里夜校"、"阿里学院"等培训项目,让每一位有意愿提升自己的员工都能得到及时、有用的培训。

员工晋升通道明确,只要在当前岗位上工作满一年且考评合格就有资格参加内部招聘,包括淘宝、支付宝、天猫等各个子公司的部门。马云在近两年将旗下企业一再分拆,从"七剑下天山"到现在的25个事业部,权力不断下放,重新激发创新,让所有想在事业上有所成就的员工都有可以施展才能的空间。

阿里巴巴还推出了"受限制股份单位计划",这个制度很像创投模式中的Vesting条款,员工逐年取得期权。在阿里巴巴内部有一个共识——(现金)奖金是对过去表现的认可,而受限制股份单位计划则是对未来的预期,是公司认为你将来能作出更大贡献才授予你的。阿里巴巴的员工每年都可以得到至少一份受限制股份单位奖励,但每一份奖励的具体数量因职位、贡献的不同而存在差异。

培养新生代

在2013年1月15日的一封员工邮件里,全球接近3万名阿里巴巴员工都收到了这样一个消息:马云将不再担任集团首席执行官一职。对于马云的这一决定,员工们既感到惊讶又在其意料之中，这是因为马云曾多次公开探讨过指导和塑造公司年轻员工成为世界级商业领袖的重要性。马云在这封邮件中提到，他认为48岁的自己已经不再适合电商这个快速发展的行业，而他下一阶段的工作核心则是"配合更有能力的同事开展工作"和"继续致力于对年轻员工进行价值观的培养"。这似乎又回到了这位互联网企业家的本职——一名教师。

阿里巴巴不仅在内部培养年轻管理者，也从其外部挖掘新人。2015年年底阿里巴巴新晋升的四位合伙人之一——俞永福就是2014年随着UC优视被阿里巴巴收购进入阿里巴巴的，他加入阿里巴巴后就被委以重任，进入阿里巴巴集团最高决策团队。这种对年轻一代管理者的培养在阿里巴巴随处可见，只要具备优秀的领导才能，认同阿里巴巴的价值观并愿意为其使命竭尽全力，千里马就永远会奔腾在阿里巴巴的广阔草原上。

千姿百态的阿里人

当其他企业都强调认真工作时，马云却要求阿里巴巴的员工要"快乐工作、快乐生活"。阿里巴巴员工曾一度被网友评为"最幸福的员工"。在阿里人看来，"这恐怕是中国笑脸最多的一个公司"。在阿里巴巴，你时常可以看到一群互联网销售人员在一部部冰冷的电话前长时间站立，激情澎湃并手舞足蹈；可以看到一个拿着三千左右工资薪水的普通白领口气铿锵，满脸信心道"我正在给中国的电子商务做贡献"；还可以看到雇员们和部门经理因为完成了一个项目而一起愉快地"裸"奔，亦或是一位"销售冠军"在一个寒冷的冬日里开心地跳进了西湖；甚至马云会在员工大会上打扮成维吾尔族姑娘或是白雪公主来"取悦"员工；而阿里巴巴的首席财务官蔡崇信，这个被业界认为不好说话、极其严肃的人，偶然也会穿上女人的丝袜，在众目睽睽下跳起缠绵的钢管舞……这些在外人看来"匪夷所思"的现象，在阿里巴巴却时常发生。

阿里巴巴的内部氛围完全不像是一个企业，更像是一个大学校园。在其中，员工可以根据自己的工作状态申请各种各样的培训项目；如果对新产品、工资、上级领导甚至是对办公室里的零食口味不满意都可以在阿里巴巴的内网——"阿里味儿"上面吐槽，马云也会时常跟帖讨论；可以在阿里巴巴的园区内开垦一片花田，甚至可以养鹅；在淘宝事业部，每个雇员都有一个"花名"，它们来自马云酷爱的金庸小说，随着人员的增多，"花名"的取名来源开始向西游记中的角色拓展；而每一位销售人员都有一个共同的名字，叫"店小二儿"。

如何将"软"价值观传达给员工，并确保员工保持正宗的"阿里味"是阿里巴巴HR关注的一个重点。在阿里巴巴开放的企业氛围中，却有一项十分严格的制度——政委制度，大小政委协同业务经理一起通过打分来实现员工的价值观塑造和人才培养。政委制度是连接员工思想和企业文化的一个重要载体。

【问题】

1. 根据领导特质论,是什么样的特质造就了马云走向成功?马云的领导风格是怎样的?
2. 在案例中,请列举出阿里巴巴分别运用需求层次论、双因素论、期望理论、强化理论来激励员工的例子。
3. 马云说:"与其把钱存在银行,不如把钱投资在员工身上",你是否赞成这种说法?为什么?
4. 阿里巴巴是如何创造"快乐工作、快乐生活"的企业氛围的?
5. "受限制股份单位计划"相对于现金激励的优缺点有哪些?
6. 阿里巴巴的内部沟通是如何进行的?你认为这些沟通方式是否有效?

阿里巴巴——控制

虽然管理者已经制定了目标和计划,组织和设计好工作活动,并采取措施来激励和领导员工努力实现这些目标,但即便这样,管理者的工作还没有完成。恰恰相反,现在的管理者必须通过监控工作活动以确保按计划进行,并及时纠正任何显著偏差。这个过程就是控制。虽然控制是管理过程的最后一个环节,但对于其他管理者职能而言,并不意味着它是不重要的。在阿里巴巴,管理者控制着各项职能、平台以及人员,以确保产品、服务的体验以及各项组织目标的实现。

质量管控之道[①]

阿里巴巴作为一家为商家、品牌及其他客户提供产品、服务和数字内容的企业,它所提供的是互联网基础设施以及营销平台,从而使其可借助互联网的力量与用户和客户互动。

然而,营销平台作为阿里巴巴的主要产品,在很长的一段时间里却受到了网友们的猛烈抨击。其中商家的信誉和购买产品的质量成为网友们抨击的主要问题。为此,2010年,马云在公开场合的演讲中为其主要网络营销平台淘宝网"喊冤",表示假货并非淘宝生产,没有办法打假。从顾客角度来说,影响阿里巴巴产品质量的关键因素即是买家与卖家的信誉。为提高营销平台的服务质量,马云表示,互联网将成为解决假货的有效途径。这看似前后矛盾的话语,背后其实是阿里巴巴旗下

---

① http://www.cqn.com.cn/news/zgzlb/diyi/979461.html,2014-12-05。

的淘宝网为了保证产品质量而采取的一系列控制措施，这些措施包含了前馈控制、同期控制以及反馈控制。

假货之所以猖獗，原因在于从事外贸加工的企业主要依靠订单生存，而如果想要发展自身的品牌，耗时长且投入多，因此很多企业最终走上了做假货的不归路。为了从根本上杜绝假货，淘宝网尝试与制造业发达的地方政府进行合作，通过合作引导具有生产能力的中小企业注册自己的品牌，同时实现政策支持与网络销售的协助。而且，通过深入调查发现，消费者对于产品的评价并不全部依托于品牌，更主要的评价标准在于产品质量。降低自有品牌的门槛，为企业提供品牌发展的环境和平台，这就是淘宝构建良性优化环境的重要一步棋。

淘宝还借鉴"群防群治"的理念，建立了一支具有四五千人的"神秘队伍"。这支队伍的主要角色就是"神秘买家"。以此为基础，淘宝设立了严格的商品品质规范，对发布规范、抽样方法、检验依据、检验项目及技术要求、判定原则、异议处理办法都有详尽的规定。为此，淘宝每年投资亿元以上资金进行假货购买鉴定，抽检范围涵盖食品、保健品、服装、小家电等 28 个行业。该项措施实施的前两年，阿里巴巴协助警方共打击造假团伙 40 余个，涉案金额共 1.7 亿元。

在互联网环境中，企业产品的优势与劣势都会被无限放大。通过互联网这个工具，阿里巴巴一方面更加严厉地打击制假售假，另一方面也降低门槛，让企业有机会来做自己的品牌。

除此之外，淘宝网通过建立信用评价体系，将卖家和买家同时纳入质量控制的过程中，充分利用信用评价的规则，规范买家和卖家的行为，保证产品质量，提高客户满意度。其中，店铺评分由买家对卖家作出，包括宝贝与描述相符、卖家服务态度、卖家发货速度等。每项店铺评分取连续 6 个月内所有买家给予评分的算术平均值。评价中的"好评"、"中评"、"差评"分别对应的店铺积分为＋1、0、－1，若 15 天内双方均未评价，则信用积分不变。并且，评价人可在作出中、差评后的 30 天内对信用评价进行一次修改或删除，但 30 天后评价不得修改。除买卖双方外，如果因骗取他人财物、发布违禁信息而产生非正常交易，淘宝有权介入并删除双方评价。期望基于信用评价所产生的结果，为诚信交易提供参考，保障买家利益，督促卖家诚信交易。

同时，为了保证自身信用评价体系的时效性，淘宝还启动了信用体系升级的用户调查，通过定期的调查与反馈不断升级和调整信用评价的规则。经过反复修改，目前根据用户的信息及需求，淘宝可以对于商家近 30 天的交易记录以及店铺的信用成长历史进行详尽的披露，保证顾客能够及时全面地了解店铺信息。

另外，随着卖家群体的不断扩大，为有效控制卖家行为，防止卖家用不真实的交易来进行"炒作信用度"的行为，淘宝还制定了新的规则。每个自然月（指每个月的1号到这个月的月底)中,相同买家和卖家之间的评价计分不得超过6分(以支付宝系统显示的交易创建时间计算),超出积分规则范围的评价不计分;若14天内(以支付宝系统显示的交易创建的时间计算)相同买卖家之间就同一商品有多笔支付宝交易,则多个好评只计1分,多个差评只扣1分。

针对用户的违规或不诚信行为,淘宝也制定了一系列的惩罚措施。若用户违反淘宝服务协议、支付宝服务协议或相关规则,淘宝将视情节轻重进行处罚,或中止、终止向用户提供服务。处罚措施包括但不限于公示处罚、限制权力、处理商品信息、取消评价权利、冻结账户等。

"职场乌托邦"与绩效控制

作为电子商务的巨头企业,阿里巴巴很多员工的工资水平仅处于国内同行业的中下水平,但这个迅速扩张的团队仍超乎寻常地保持着"亢奋"和"战斗欲",员工们有着职场人士对职责少见的忠诚、幸福感和向心力。

阿里巴巴这个拥有数千员工的企业有着与军事企业一样高度统一的价值观,也就是阿里巴巴的"六脉神剑"——客户第一、团队合作、拥抱变化、诚信、激情和敬业。这种价值观的高度统一,一方面降低了企业的人员管理成本,另一方面也加强了企业对员工的控制。

除了高度统一的价值观外,阿里巴巴对员工也有自己的筛选标准。在每年10%淘汰率的基础之上,还有一个与众不同的考核制度——50%是业绩考核,另50%则是以"六脉神剑"为参照对价值观进行的打分。换言之,对于阿里巴巴来说,有业绩没团队合作精神的员工会被直接清除;老好人但没业绩的员工也会被逐步淘汰;有业绩也有团队精神的员工才是阿里巴巴最需要的。通过综合的考评方式让企业员工有意识地注重企业的团队合作,提高企业的整体工作效率。

从员工考核标准可以看出,在阿里巴巴的管理体系中,对人才的筛选格外敏感。而阿里巴巴也有一套自己的人才盘点体系,即30%是最有潜力的,60%是潜力一般的,10%是没有潜力的。

基于上述的361分类原则,每位主管都要给自己的下属打分,并对员工素质进行强制排序,这是阿里巴巴绩效管理中特别重要的一点,他们强调的是管理者的责任,就是让主管不断地关注下属。通过这样的方法,能够让主管对下属的关注提高60%。并且,阿里巴巴鼓励员工进行轮岗,通过轮岗,让多个主管对员工进行考评,从而产生相对较为公平的评价结果[①]。

---

① http://www.chinahrd.net/article/2014/12-17/201349-1.html.

【问题】

1. 为了保证产品质量,淘宝分别采用了什么样的前馈控制、同期控制和反馈控制？请具体描述。

2. 从控制过程的3个步骤出发,评估淘宝的信用评价体系。

3. 阿里巴巴对于员工的控制属于哪种类型的控制？请说明原因。

4. 对于阿里巴巴的员工,什么样的控制标准是有用的？

5. 阿里巴巴的"六脉神剑"如何影响公司的控制方式？这些控制方式又是如何帮助企业实现自己的目标的？

主要参考文献

彼得·德鲁克. 21世纪的管理挑战[M]. 北京:机械工业出版社,2006.
彼得·德鲁克. 管理的实践[M]. 北京:机械工业出版社,2006.
彼得·德鲁克. 卓有成效的管理者[M]. 北京:机械工业出版社,2005.
曾楚宏,李青,朱仁宏. 家长式领导研究述评[J]. 外国经济与管理,2009 (5):38~44.
陈佩,杨付,石伟. 公仆型领导:概念、测量、影响因素与实施效果[J]. 心理科学进展,2016 (1):143~157.
弗雷德里克·泰勒. 科学管理理论[M]. 北京:中国社会科学出版社,1978.
高良谋,郑文全,李品媛. 管理学[M]. 大连:东北财大出版社,2014.
哈罗德·孔茨,海因茨·韦里克. 管理学[M]. 北京:经济科学出版社,1993.
亨利·法约尔. 工业管理与一般管理[M]. 北京:中国社会科学出版社,1999.
胡昌平. 管理学基础[M]. 武汉:武汉大学出版社,2002.
加雷思·琼斯,珍妮弗·乔治. 当代管理学(第三版)[M]. 北京:人民邮电出版社,2003.
姜杰,张喜民,孙立宁. 管理学名著概要[M]. 济南:山东人民出版社,2005.
姜英来. 30部必读的管理学经典[M]. 北京:北京工业大学出版社,2006.
莱斯利·鲁,劳埃德·拜厄斯,刘松柏. 管理学:技能与应用[M]. 北京:北京大学出版社,2013.
雷蒙德·叶,克瑞·皮尔逊,乔治·科兹梅特斯基. 零时——即时响应客户需求的创新战略[M]. 北京:电子工业出版社,2002.
里基·W·格里芬. 管理学(第9版)[M]. 北京:中国市场出版社,2008.
理查德·L·达夫特,多萝西·马西克. 管理学原理(第5版)[M]. 北京:机械工业出版社,2009.
理查德·L·达夫特. 组织理论与设计(第7版)[M]. 北京:清华大学出版社,2003.
理查德·帕克斯·科多克. 商业升级[M]. 咸利娟,译. 北京:东方出版社,2008.
路易斯·戈麦斯-梅西亚,戴维·鲍尔金,罗伯特·卡迪. 管理学:人·绩效·变革(第3版)[M]. 北京:人民邮电出版社,2009.
罗伯特·克瑞尼,姜思琪,吴茜,等. 管理学原理(第11版)[M]. 北京:清华大学出版社,2012.
史蒂夫·尼兰. 条理性思维——对管理者解决问题和决策的系统指导[M]. 北京:机械工业出版社,2001.
史蒂文·凯斯. 抢在时间前面的7条捷径[M]. 北京:中国青年出版社,2003.
斯蒂芬·罗宾斯,戴维·德森佐,玛丽·库尔特. 管理学:原理与实践(第8版)[M]. 北京:机械工业出版社,2013.
斯图尔特·克雷纳. 管理百年:20世纪管理思想与实践的批判性回顾[M]. 海口:海南出版社,

2003.

谭力文,徐珊,李燕萍. 管理学(第2版)[M]. 武汉:武汉大学出版社,2004.

王碧英,高日光. 中国组织情境下公仆型领导有效性的追踪研究[J]. 心理科学进展,2014,22(10):1532~1542.

席西民. 新世纪:中国管理科学界的挑战、机遇与对策[J]. 管理科学学报,2000,3(1):7~14.

小詹姆斯·唐纳利,詹姆斯·吉布森,约翰·伊凡瑟维奇. 管理学基础(英文版·第10版)[M]. 北京:机械工业出版社,2005.

邢以群. 管理学[M]. 北京:高等教育出版社,2007.

余敬,刁凤琴,孙理军. 管理学(第二版)[M]. 武汉:中国地质大学出版社有限责任公司,2011.

余敬,刁凤琴. 管理学案例精析[M]. 武汉:中国地质大学出版社,2006.

周浩,龙立荣. 恩威并施,以德服人——家长式领导研究述评[J]. 心理科学进展,2005,13(2):227~238.

周三多,陈传明,鲁明泓. 管理学——原理与方法(第4版)[M]. 上海:复旦大学出版社,2005.

Burns T, Stalker G M. The Management of Innovation[M]. London:Tavistock, 1961.

Chandler A D Jr. Strategy and Structure:Chapters in the History of the Industrial Enterprise[M]. Cambridge, MA:MIT Press, 1962.

Child J. Organization:A Guide to Problems and Practices[M]. London:Kaiser & Row, 1984.

Hackman J R, Suttle J L. Improving Life at Work[M]. Glenview, IL:Scott, Foresman, 1977.

Hodgetts R M, Luthans F, Lee S M. New Paradigm Organizations:From Total Quality to Learning to World Class[J]. Organizational Dynamics, Winter 1994.

Koontz H, O'Donnell C. Essentials of Management[M]. New York:McGraw-Hill, 1974.

Mahoney T A, Jerdee T H, Carroll S J. The Jobs of Management[J]. Industrial Relations, 1965, 4(2):103.

Mintzberg H. Power In and Around Organizations[M]. Upper Saddle River, NJ:Prentice Hall, 1983.

Mintzberg H. The Nature of Managerial Work[M]. New York:Harper & Row, 1973.

Morand D A. The Role of Behavioral Formality and Informality in the Enactment of Bureaucratic versus Organic Organizations[J]. Academy of Management Review, 1995(10):831~872.

Robbins S P, Coulter M. Management (11th ed)[M]. Prentice Hall, Inc, 2011.

Schermerhorn J R Jr. Management (5th ed)[M]. John Wiley & Sons, Inc, 1996.

Senge P M. The Fifth Discipline:The Art and Practice of Learning of Organizations[M]. New York:Doubleday, 1990.

附录一　中英文术语

【第一章】

Management　管理
Management functions　管理职能
Planning　计划职能
Organizing　组织职能
Leading　领导职能
Controlling　控制职能
Efficiency　效率
Effectiveness　效果
Coordination　协调
Manager　管理者
Operatives/Nonmanagerial employees　操作者/非管理雇员
Top managers　高层管理者
Middle managers　中层管理者
First-line managers　基层管理者
Management roles　管理者角色
Interpersonal roles　人际关系角色
Informational roles　信息传递角色
Decisional roles　决策制定角色
Technical skills　技术技能
Human skills　人事技能
Conceptual skills　概念技能
Organization　组织
Environment　环境
General environment　一般环境
Specific environment　具体环境

【第二章】

Industrial revolution　工业革命

Division of labor (job specialization)　劳动分工

Scientific management　科学管理

Therbligs　基本动作元素

General administrative theory　一般管理理论

Principles of management　管理原则

Division of work　分工

Authority　权力

Discipline　纪律

Unity of command　统一命令

Unity of direction　统一指导

Subordination of individual interests to the general interest
　个人利益服从集体利益

Remuneration　报酬

Centralization　集权

Scalar chain　等级链

Order　秩序

Equity　公平

Stability of tenure of personnel　人员保持稳定

Initiative　主动性

Esprit de corps　集体精神

Ideal bureaucracy　理想行政组织体系

Hawthorne Studies　霍桑研究（试验）

Hierarchy of needs theory　需要层次理论

Physiological needs　生理的需要

Safety needs　安全的需要

Social needs　社会的需要

Esteem needs　尊重的需要

Self-actualization needs　自我实现的需要

Motivation-hygiene theory (Two-factor theory)
　激励-保健理论（双因素理论）

Hygiene factors　保健因素

Motivators　激励因素

Theory X　X理论
Theory Y　Y理论
System approach　系统管理理论
System　系统
Closed systems　封闭系统
Open systems　开放系统
Contingency approach　权变管理理论

【第三章】

Decision　决策
Decision-making process　决策过程
Problem　问题
Decision criteria　决策准则
Programmed decisions　程序化决策
Nonprogrammed decisions　非程序化决策
Certainty　确定型
Risk　风险型
Uncertainty　不确定型
Rational decision-making　理性决策
Bounded rationality　有限理性
Satisficing　满意
Intuitive decision-making　直觉决策
Plans　计划
Long-term plans　长期计划
Short-term plans　短期计划
Strategic plans　战略性计划
Operational plans　战术性计划
Specific plans　指令性计划
Directional plans　指导性计划
Goals　目标
Management by objectives (MBO)　目标管理，目标管理法
CPM　关键路线法
PERT　计划评审技术
CNT　组合网络法
Activities　活动

Critical path 关键线路
Slack time 松弛时间，总时差

【第四章】

Organization 组织
Authority 职权
Responsibility 职责
Accountability 负责
Organizational structure 组织结构
Organizational design 组织设计
Organizational chart 组织结构图
Work specialization 工作专门化
Departmentalization 部门化
Functional departmentalization 职能部门化
Product departmentalization 产品部门化
Geographical departmentalization 地区部门化
Process departmentalization 过程部门化
Customer departmentalization 顾客部门化
Cross-functional team 跨职能团队
Chain of command 指挥链
Unity of command 统一指挥
Line authority 直线职权
Staff authority 参谋职权
Functional authority 职能职权
Organizational levels 管理层次
Span of control 管理幅度
Flat structure 扁平结构
Tall structure 高耸结构
Decentralization 分权
Centralizaiton 集权
Employee empowerment 员工授权
Formalizaiton 正规化
Strategy 战略
Environment 环境
Technology 技术

Unit production　小批量生产
Mass production　大批量生产
Process production　连续生产
Size　规模
Line structure　直线型结构
Functional structure　职能型结构
Line-staff structure　直线参谋型结构
Line-functional structure　直线职能参谋型结构
Divisional structure　事业部型结构
Team structure　团队结构
Matrix structure　矩阵结构
Project structure　项目结构
Boundaryless organization　无边界组织
Virtual organization　虚拟组织
Network organization　网络组织
Learning organization　学习型组织
Knowledge management　知识管理
Mechanistic organization　机械式组织
Organic organization　有机式组织
Delegation of authority　授权
Unitary structure　U型结构
Holding structure　H型结构
Multidivisional structure　M型结构
Job design　职务设计
Job characteristic model (JCM)　工作特征模型
Skill variety　技能多样性
Task identity　任务同一性
Task significance　任务重要性
Autonomy　自主性
Feedback　反馈
Specialization　专门化
Job enlargement　工作扩大化
Job scope　工作范围
Job enrichment　工作丰富化

Job depth 工作深度
Staffing 人员配备
Human resource planning 人力资源规划
Recruitment 招聘
Selection 甄选
Performance management 绩效评估或考评
Key performance indicator (KPI) 关键绩效指标考评法
360 degree feedback 360°反馈法
Written essay 书面描述法
Graphic rating scales 评分表法
Behaviorally anchored rating scales (BARS) 行为定位评分法
Multiperson comparisons 多人比较法
Training 培训
Organizational change 组织变革
Time-based competition (TBC) 基于时间的竞争
Zero value gaps 零价值差异
Zero learning gaps 零学习差异
Zero management gaps 零管理差异
Zero process gaps 零过程差异
Zero inclusion gaps 零包含差异

【第五章】

Leadership 领导
Leader 领导者
Power 影响力
Positional power 职位权力
Personal power 个人影响力
Formal power 正式权力
Legitimate power 法定权
Coercive power 强制权
Reward power 奖赏权
Informal power 非正式权力
Expert power 专长权
Referent power 模范权
Trait theories 特质论

Behavioral theories   行为理论
Autocratic style   专制式,权威式,独裁式
Democratic style   民主式
Laissez-faire style   放任式
Initiating structure   定规维度
Consideration   关怀维度
High-high leader   高-高型领导者
Managerial grid   管理方格论
Impoverished management   贫乏型管理
Team management   团队型管理
Middle-of-the-road management   中庸之道型管理
Country club management   俱乐部型管理
Task management   任务型管理
Leadership as a continuum   领导方式连续流
Contingency theories of leadership   领导权变理论
Fiedler contingency model   菲德勒权变模型
Least-preferred coworker (LPC) questionnaire   最难共事者问卷
Position power   职位权力
Task structure   任务结构
Leader-member relations   领导者-成员关系,上下级关系
Situational leadership theory (SLT)   情境领导理论,领导生命周期理论
Readiness   成熟度
Telling   命令式
Selling   说服式
Participating   参与式
Delegating   授权式
Path-goal theory   路径-目标理论
Directive leader   指示型领导
Supportive leader   支持型领导
Participative leader   参与型领导
Achievement-oriented leader   成就导向型领导
Motivation   动机,激励
Need   需要
Three-needs theory   三种需要理论

Need for power (nPow) 权力需要
Need for affiliation (nAff) 归属需要
Need for achievement (nAch) 成就需要
Expectancy theory 期望理论
Equity theory 公平理论
Reinforcement theory 强化理论
Communication 沟通
Interpersonal communication 人际沟通
Organizational communication 组织沟通
Communication process 沟通过程
Encoding 编码
Message 信息
Channel 通道
Decoding 解码
Noise 噪音
Communication channel 沟通渠道
Formal communication 正式沟通
Informal communication 非正式沟通
Vertical communication 垂直沟通
Downward communication 下行沟通
Upward communication 上行沟通
Horizontal communication 横向沟通
Lateral communication 平行沟通,横向交流
Diagonal communication 斜行沟通,越级交流
Communication networks 沟通网络
Chain networks 链型沟通网络
Wheel networks 轮型沟通网络
Y-type networks Y型沟通网络
Circle networks 环型沟通网络
All-channel networks 全通道型沟通网络
Grapewine 小道消息,葡萄藤
Gossip chain 饶舌型
Probability chain 偶然型
Cluster chain 集束型

Team leaders 团队领导者
Problem-solving teams 问题解决团队
Self-managed teams 自我管理团队
Virtual team 虚拟团队
Transformational leadership 变革型领导
Transactional leadership 交易型领导
Leader-member exchange theory(LMX) 领导-成员交换理论
Contingent reward 权变报酬
Management by exception 例外管理
Charisma or idealized influence 领导魅力或理想化的影响
Inspirational motivation 动机鼓舞
Intellectual stimulation 智力激发
Individualized consideration 个性化关怀
Charisma 领袖魅力
Charismatic leaders 领袖魅力型领导
Visionary leaders 愿景规划型领导
Servant leadership 公仆型领导

【第六章】

Feedforward control 前馈控制
Concurrent control 同期控制
Feedback control 反馈控制
Operation control 运营控制
Financial control 财务控制
Structural control 结构控制
Administrative ratio 监控管理比率
Centralized control 集权控制
Decentralized control 分权控制
Strategic control 战略控制
Control of management 管理者的控制
Bureaucratic control 官僚控制
Market control 市场控制
Clan control 团体控制

附录二　如何使你的管理卓有成效

一、如何使管理卓有成效

德鲁克在其《卓有成效的管理者》中指出，要成为一个卓有成效的管理者，必须在思想上养成5个习惯：

(1)知道自己的时间用在什么地方。由于所能控制的时间非常有限，会有系统地工作，来善用有限的时间。

(2)重视对外界的贡献。并非为工作而工作，而是为成果而工作。接到工作首先自问："别人希望我作出什么成果？"

(3)善于利用自己、上司、同事和下属的长处，不会将工作建立在自己的短处上，也绝不会去做自己做不了的事。

(4)集中精力于少数重要的领域。按照工作的轻重缓急设定优先次序，而且坚守优先次序，坚持要事第一。

(5)善于做有效的决策。知道一项有效的决策，总是在"不同意见讨论"的基础上作出的判断，它绝不会是"一致意见"的产物。知道快速的决策多为错误的决策，真正不可或缺的决策数量并不多，但一定是根本性的决策。

二、如何有效决策

德鲁克在其《卓有成效的管理者》中指出，有效决策的5个因素是：

(1)要确实了解问题的性质，如果问题是经常性的，那就只能通过建立一项规则或原则的决策才能解决。

(2)要确实找出解决问题时必须满足的界限，换言之，应找出问题的"边界条件"。

(3)仔细思考解决问题的正确方案是什么，以及这些方案必须满足哪些条件，然后再考虑必要的妥协、适应及让步事项，以期该决策能被接受。

(4)决策方案要同时兼顾执行措施，让决策变成可以被贯彻的行动。

(5)在执行的过程中重视反馈，以印证决策的正确性及有效性。

三、如何设计组织结构

德鲁克在其《管理的实践》中指出，建立组织结构时，第一要考虑的是这个结构必须满足3个条件：

(1)组织结构在组织上必须以绩效为目标。企业的所有活动都是为了达到最后的目标。简单地说，组织结构必须让企业有意愿、也有能力为未来打拼，而不是安于过去的成就；必须努力追求成长，而不是贪图安逸。

(2)组织结构必须尽可能包含最少的管理层级，设计最便捷的指挥链。每增加一个管理层级，组织成员就更难建立共同的方向感和增进彼此的了解。

(3)组织结构必须能培育和检验未来的高层管理者。企业必须在员工还很年轻、还能学习新经验时，就赋予他们实际的管理责任，让他们在管理职位上当家作主。

四、如何有效授权

罗宾斯在其《管理学》(第4版)中指出，有效授权者的授权应该做到：

(1)分工明确。首先要确定授权的是什么以及授权给谁。你需要选择一个最有能力完成任务的人，然后确定他是否有时间和动力从事这项工作。假设你有一个能干而愿意从事此项工作的下属，你的下一步工作是提供明确的信息，告诉他授权给他的是什么，你希望得到什么结果，以及你对时间和绩效方面的要求。

(2)具体指明下属的权限范围。每一项授权活动都与限制相伴。你能下放的是在某些条件下处理问题的权力，你需要明确指出这些条件是什么，使下属十分明确地知道他们的权限范围。

(3)允许下属参与。确定完成某些工作必须拥有多大权力的最好办法是让负责此项任务的下属参与该决策。

(4)通知其他人授权已经发生。授权不应在真空中进行。不仅管理者和下属需要明确知道授权了什么以及下放了多大权力，还应告知与授权活动有关联的其他人，包括组织内外人士。尤其需要通报的是授权的是什么以及授权给了谁。

(5)建立反馈控制机制。仅有授权而不实施反馈控制会导致许多麻烦。最可能出现的问题是下属滥用他所获得的权力。建立控制机制以监督下属的工作进程增加了及早发现重大问题的可能性，并能保证任务按时按预期的要求完成。

五、如何激励他人

罗宾斯在其《管理学》(第9版)中指出，以下建议有助于你有效地激励员工：

(1)认清个体差异。

(2)使人与职务相匹配。

(3)运用目标。

(4)确保个体行为目标是可以达到的。

(5)个别化奖励。

(6)奖酬与绩效挂钩。

(7)检查公平性系统。

(8)运用认可。

(9)表达你对员工的关怀。

(10)不要忽视金钱的激励作用。

六、如何有效控制

Harold Koontz 和 Cyril O'Donnell 在其《管理的本质》中指出,有效控制的特征包括:

(1)控制以战略和产出为导向。控制应该支持战略计划,而且关注给组织带来异常的重大活动。

(2)控制应该易于理解。控制应该通过提供可理解的数据支持决策的制定,而不应该采用复杂的报告和模糊的统计数字。

(3)应该鼓励自我控制。控制应该互相信任,沟通良好,使每个员工参与其中。

(4)控制应该以及时和例外管理为导向。控制应及时报告偏差,了解绩效差距的内在原因,并考虑应采取的纠正措施。

(5)控制在本质上应该是积极的。控制应强调对发展、变革和改善的贡献,而不应该强调罚金和斥责的作用。

(6)控制应该公平和客观。控制应该被认为对每个员工都是公平和准确的,控制应该考虑一个基本的目的——提高组织的绩效。

(7)控制应该是有弹性的。控制应该为个人的评价留有余地,而且在环境变化时应该能够及时调整。

七、如何有效管理时间

时间是一种不可再生的资源,对于管理者而言,时间永远是最短缺的。德鲁克在其《管理的实践》中谈到如何善用时间时指出,管理者永远都在为时间不够用的问题寻找神奇的灵丹妙药:上速读课、规定员工呈交上来的报告不能超过一页、机械化地限定面谈的时间一律不能超过 15 分钟。这些办法根本没有用,最后只是浪费时间罢了。不过管理者却有可能聪明地分配时间。

懂得善用时间的管理者通过良好的规划达成绩效。他们愿意先思考、再行动,花很多时间彻底思考应该设定目标的区域,花更多时间有系统地思考如何解决一再出现的老问题。

史蒂文·凯斯指出了抢在时间前面的 7 条捷径:

第一条:制定计划,明确目标。

第二条:把重点放在关键结果领域。

第三条:遵守强制增效规律。

第四条:事先准备。

第五条:发现限制元素。

第六条:自我激励。

第七条:现在就做。

附录三　管理者画像

画像1：你是一个X理论者还是Y理论者？

说明：以下10个陈述中，请在最符合你个人感觉的选项上画圈。

SA＝非常同意
A＝同意
U＝不确定
D＝不同意
SD＝非常不同意

1. 人们应该明白，老板是掌权者。　　　　　　　　　　　　SA　A　U　D　SD
2. 当需要额外的努力时，员工们会应付自如。　　　　　　　SA　A　U　D　SD
3. 员工需要指挥和控制，否则他们不会努力工作。　　　　　SA　A　U　D　SD
4. 人们生来就喜欢工作。　　　　　　　　　　　　　　　　SA　A　U　D　SD
5. 管理者应该是一个果断、严肃的领导者。　　　　　　　　SA　A　U　D　SD
6. 员工不应该参与决定和他们有关的问题。　　　　　　　　SA　A　U　D　SD
7. 管理者必须坚定和顽强。　　　　　　　　　　　　　　　SA　A　U　D　SD
8. 管理者应该在工作部门中建立相互信任的氛围。　　　　　SA　A　U　D　SD
9. 如果一个部门想要有很高的生产效率，就必须激励员工。　SA　A　U　D　SD
10. 员工需要创新的自由。　　　　　　　　　　　　　　　 SA　A　U　D　SD

得分和解释

陈述	SA	A	U	D	SD
1,3,5,7,9	1分	2分	3分	4分	5分
2,4,6,8,10	5分	4分	3分	2分	1分

10个陈述的得分总和就是你的分数。分数越高，说明你的管理风格与Y理论越一致；分数越低，则说明你的管理风格与X理论越一致。

画像 2：确定决策风险和不确定性偏好

你在决策时可能承担多大的风险？考虑下面的陈述，如果同意就在前面标上"是"，如果不同意就标上"否"。

——1. 我每个月都在同一个地方理发，因为我知道那里总是用同样的方法理发。

——2. 如果我需要聘请一位工程师，我知道，如聘用的候选人有工程学硕士学位，他就会掌握做这项工作需要的知识。

——3. 由于中国消费品市场的增长，产品在中国的销路应该很好。

——4. 新计算机很贵，但是只需要 4 个月，它带来的业务就足以弥补其成本。

——5. 如果两家汽车修理店的可靠性相同，并且都说它们明天就能修好我的汽车，我将把汽车送到说自己能进行相同的修理、但少收 25 美元的汽车修理店。

——6. 如果一家公司没有进入与自己所在的产品市场相关的服务领域，它就会错失良机。

——7. 如果我知道某人总是在 8:30 之前到达办公室，我就知道自己可以在 8:45 分打电话给他。

——8. 一种健康保险的保险费比较低，但是需要自己承担的免赔额比较高；另一种健康保险的免赔额比较低，但是保险费比较高。因为我通常是健康的，所以我会购买第一种保险。

——9. 虽然环保型包装并不漂亮，但是会吸引顾客，因此我们应该改为使用环保型包装。

——10. 一家五金店早晨 7:00 开始营业，另外一家 9:00 开始营业，但是只有第二家商店才有我喜欢的那个牌子的电池。我可以在这两家商店中任选一家。因为早晨我并不急着用电池，所以我会等到第二家商店开始营业。

得分：如果对 1、5、7、10 题的回答是"是"，表明你偏爱确定性；如果对 2、4、8 题的回答是"是"，表明你能接受风险；如果对 3、6、9 题的回答是"是"，表明你能够接受不确定性。

画像 3：你是否遵循指挥链？

你更适应一家传统层级结构的公司，还是对层级关系不太看重的组织更适合你？这个练习能检测你在一个期望服从指挥链的组织中的管理能力。

仔细思考以下的说法，如果同意就标上"T"，不同意就标上"F"。

——1. 当某些事情打扰我工作时,我会直接向最高管理层报告。
——2. 要想得到你想要的东西,唯一的途径是直接与公司所有者谈话。
——3. 如果上司的行为冒犯了我,我会直接向他的老板汇报。
——4. 虽然我很乐意向我的下属授权,但是我仍会随时关注,确保他们能完成我分配的工作。
——5. 如果我怀疑我的老板正在从事不道德的行为,我会非常肯定地汇报给人力资源部门。
——6. 除非已经得到了上级管理层的批准,否则我不会告诉我下属的最佳员工他可能会得到晋升。
——7. 必须先经过人力资源部门的许可才能面试某个申请空缺职位的候选人。但是如果等到批准才开始面试,几个月后协助项目的人员才能到位。所以我会提前进行面试。
——8. 如果我怀疑我的老板有情绪困扰,我会告诉他最好的朋友,这个朋友也在我们公司工作。
——9. 如果一个客户提出了一个我无权批准的特殊要求,我会有礼貌地告诉他我会尽快答复他解决方案。
——10. 如果我的一个朋友想应聘我们公司的某个职位,我会让他越过人力资源部门,直接与我的上司谈一谈。

分数:第 4、5、6 和 9 题标"T"说明你遵循指挥链,而第 1~3、7~8 和 10 题标"T"则说明你不会遵循指挥链。

画像 4:期望理论和你对管理的激励

作为其他人的领导者,你认为自己的效率如何?或者你认为自己的效率将会如何?有些管理者很适应管理他人的角色,有些管理者处在管理岗位上,对处理有关"人"的问题却从来都觉得不在行。期望理论为你提供了一个框架,使你可以了解自己作为一名管理者的绩效,也可以帮助你确定可以采取哪些行动来提高自己的管理绩效。

说明:对下面的每一个陈述,选择出最能反映你判断的一项。

	非常同意	非常不同意
1. 我相信我可以成为一名有效的管理者。	——	——
2. 我在管理岗位上可以做得很好。	——	——
3. 处理与员工有关的问题对我来说是个难题。	——	——
4. 我可以很好地处理不涉及人的问题,如会计	——	——

或供应问题。
5. 我并不清楚如何衡量管理他人的效果。　　　——　　——
6. 你能在多大程度上成为一名好的管理者,取决于　——　　——
你属下的员工。
7. 成为一名好的管理者是我职业发展的关键。　　　——　　——
8. 通过其他人完成工作是打造良好职业生涯的　　——　　——
一种方法。
9. 培养员工是个人与组织成功的关键。　　　　　——　　——
10. 培养负责任的员工团队是成功的关键。　　　　——　　——

得分:前 6 条主要集中于你的期望水平。第 1、2、6 条,回答"非常同意"得 1 分,回答"非常不同意"得 0 分。第 3、4、5 条,回答"非常同意"得 0 分,回答"非常不同意"得 1 分。

把前 6 条的得分简单相加,就可以得到自己的期望分数。得分越高(最高 6 分),你的期望水平越高。得分越低,则说明你认为在人事管理方面成为有效管理者的困难越大。

如果你的期望得分比较低,那么考虑考虑你可以采取的措施,做好准备在课堂上讨论这些措施。

第 7~10 条反映的是手段。每次回答"非常同意"都可以得 1 分。你的手段得分就是每个问题得分的总和。得分越高(最高 4 分),说明你认为有效管理下属和获得成功的结果之间的联系越强。

如果你的手段得分比较低,那么考虑考虑你可以采取的措施,做好准备在课堂上讨论这些措施。

画像 5:权力与影响

这个练习可以帮助你发现你对不同类型的权力与影响的态度。每名学生应该独立完成这些表格,然后 3~5 人一组讨论各自的答案。每个小组还要回答练习后面的问题,然后与全班同学一起分享他们的想法。

A. 权力表

以下是一些关于权力的陈述。你对每个陈述持什么态度,就在相应的数字上画圈。

	强烈反对	反对	中立	赞同	强烈赞同
1. 胜利就是一切。	1	2	3	4	5
2. 聪明人笑到最后。	1	2	3	4	5
3. 胜利者只有一个。	1	2	3	4	5
4. 每分钟都会诞生一个失败者。	1	2	3	4	5
5. 不能完全相信任何人。	1	2	3	4	5
6. 枪杆子里面出政权。	1	2	3	4	5
7. 追逐权力的人都是贪婪的、不可信任的。	1	2	3	4	5
8. 权力产生腐败,绝对权力导致绝对腐败。	1	2	3	4	5
9. 你付出多少就会得到多少权力。	1	2	3	4	5

B. 影响表

1. 在下面的表格中列出过去一周左右对你产生影响的人的姓名,或者列出运用了以下权力类型的人的姓名。如果有人运用了多种权力,就把他的名字写到所有应用的权力种类中去。标明他对你的影响是积极的(+)还是消极的(-)。

社会权力基础	姓名	(+)或(-)
强制型	_____	_____
奖励型	_____	_____
法定型	_____	_____
专家型	_____	_____
参照型	_____	_____

2. 用"是"或"否"回答下面关于问题1的问题。

a. 有没有人的姓名出现在多个社会权力基础类别中,并且姓名后面都标记着"+"?

b. 有没有人的姓名出现在多个社会权力基础类别中,并且姓名后面都标记着"-"?

c. 大多数被标记为"+"的人都属于相同的权力基础类别吗?

d. 大多数被标记为"-"的人都属于相同的权力基础类别吗?

3. 根据你对问题1和2的回答,列出你认为积极的(+)社会权力和消极的(-)社会权力。当你试图影响他人时,是倾向于运用被你标记为"+"的权力基础吗?你确实运用过它们吗?

C. 权力与影响表

运用影响表找出对你最具有积极影响的人(第一个人)和最具有消极影响的人

（第二个人）。这两个人的姓名通常是在表中出现频率最多的人。

对于以下的每项陈述，设想一下第一个人会是什么态度，并在相应的数字上画圈。用另一种颜色在反映第二个人的态度上画圈。

	强烈反对	反对	中立	赞同	强烈赞同
10. 胜利就是一切。	1	2	3	4	5
11. 聪明人笑到最后。	1	2	3	4	5
12. 胜利者只有一个。	1	2	3	4	5
13. 每分钟都会诞生一个失败者。	1	2	3	4	5
14. 不能完全相信任何人。	1	2	3	4	5
15. 枪杆子里面出政权。	1	2	3	4	5
16. 追逐权力的人都是贪婪的、不可信任的。	1	2	3	4	5
17. 权力产生腐败，绝对权力导致绝对腐败。	1	2	3	4	5
18. 你付出多少就会得到多少权力。	1	2	3	4	5

比较 A 部分与 C 部分的回答。你更接近第一个人还是第二个人？你更倾向于运用这个人运用的权力种类吗？你最常用的是哪种权力？最不常用的是哪种权力？你什么时候认为自己的权力最大？什么时候认为自己的权力最小？这些回答与你在 B 部分的回答一样吗？

附录四　管理大师与名著

一、弗雷德里克·温斯洛·泰勒与《科学管理原理》

泰勒的思想是继联邦宪法之后，美国对西方思想所作出的最持久的一项贡献。

——美国著名管理大师　彼得·德鲁克

我们应立即引进计件工资制并试行实施，我们应试行泰勒制的每一项科学的和进步的建议。

——列宁

（一）作者简介

弗里德里克·温斯洛·泰勒（Frederick W. Taylor，1856—1915），美国工程师、发明家、科学管理奠基人。泰勒生长在费城，家境富裕，青少年时期曾承办经典欧洲之旅。18岁重返家乡后在一家蒸汽泵制造商——水利工程公司当学徒。1878—1897年，泰勒到米德维尔钢铁公司工作，由于在工作中表现突出，泰勒由技工提拔为工长、机修车间主任、总机械师，并在业余时间学习，于1883年获得机械工程硕士学位。1898—1901年间，泰勒受雇于伯利恒钢铁公司继续从事管理方面的研究，进行了著名的"搬运生铁块试验"和"铁锹试验"。1915年3月，泰勒在费城逝世，在他的墓碑上铭刻着"科学管理之父"的称号，这个称号被全世界的管理学界所认定。

（二）经典著作及其思想

泰勒的代表作是1911年出版的《科学管理原理》。泰勒主要研究如何使工作更加多产和高效，即提高劳动生产率。泰勒提出了工作定额原理，要求制定"合理的日工作量"；认为必须为工作配备"第一流的工人"，培训工人成为"第一流的工人"是企业管理当局的责任；要使工人掌握标准化的操作方法，使用标准化的工具、机器和材料，并使作业环境标准化；实行有差别的计件工资制，督促和鼓励工人完成或超过定额；工人和雇主双方都必须来一次"心理革命"，共同努力提高劳动生产率；提出把计划职能同执行职能分开，变原来的经验工作方法为科学工作方法；实行职能工长制与例外原则。

在《科学管理原理》中，泰勒列举了改善工作表现的步骤：

——找出 10~15 个不同的人(最好来自不同的公司和地区),这些人对要分析的特定工作十分精通;

——研究这些人在工作中使用的基本操作或动作的精确系列以及每个人所使用的工具;

——用秒表记录每一基本动作所需的时间,找出做每一步工作的最快方法;

——消除所有错误动作、缓慢动作和无效动作;

——将最快最好的动作和最佳工具结合在一起,成为一个系列。

《科学管理原理》是泰勒本人管理思想与研究成果的集中体现。它将科学方法系统地引入管理实践,反对传统的经验管理,提出科学管理的普遍采用会使生产能力普遍地成倍增长,这对整个国家意味着工作时间得以缩短,人们所需要的生活必需品和奢侈品有可能双双增产以及教育、文化和娱乐生活的飞速增长等。总而言之,它将为全世界带来最高的利益。《科学管理原理》是一部标志新的管理时代的经典,是管理史上的第一座里程碑。

泰勒是历史上少有的真正认真研究过劳动并取得卓越研究成果的人,他的思想远远超过了他自己所在的时代。时至今日,泰勒本人及其《科学管理原理》一直被奉为管理者不可不知的经典。正因为泰勒的影响无处不在,使得他的工作有时被人误解为一种十分单纯的劳动研究,认为他提出的管理方式是用来压制工人的。历史学家在仔细分析各种资料后得出结论:一种旨在增加工商业在经济和社会方面的贡献在 20 世纪初出现,泰勒的成就高于任何一个人。

二、亨利·法约尔与《工业管理和一般管理》

(法约尔)首次提出了一般管理等概念,并首次形成了极其系统的理论……首次提出要对管理的基本原则、原理进行研究,首次对管理者提出了要求……法约尔的思想和研究体现了哲学倾向,是管理哲学的开山鼻祖。

——工商管理博士 郑文斌

《工业管理和一般管理》一书中所提出的 14 条原则与五要素在现代管理思想中已作为普遍遵循的准则、一种公理性质的东西存在。

——《新管理时代》

(一)作者简介

亨利·法约尔(Henri Fayol,1841—1925),法国杰出的管理大师,第一位管理思想家。法约尔出生在法国的一个小资产者家庭,1858 至 1860 年期间,他就读于圣艾蒂安国立矿业学院。1860 年毕业后,进入科芒特里-富香博-德卡维尔采矿冶金公司,1888 年出任该矿业公司总经理后成功地将处于困境中的公司起死回生,有着非常丰富的管理大企业的经验。他在公司干了 58 年(1860—1918),其中 12

年做基层主管,16 年做中层主管,30 年当总经理,退休后还在公司继续担任董事,直到 1925 年 12 月去世。这是一个一生都在从事实际生产经营和研究管理的人。

在科芒特里公司工作期间,法约尔就开始了管理的研究工作。法约尔对公司如何组织得更好进行了思考,对管理的地位、管理者所需的技能及管理原则作了精辟描述。法约尔的组织管理理论是西方管理思想与理论发展史上的一个里程碑,有关的组织理论为管理理论的发展勾勒出了基本的理论框架,为以后管理学教育奠定了条件和基础,使管理具有一般科学性。他被评价为欧洲贡献给管理运动最杰出的人物,被后人尊称为"管理理论之父"。

(二)经典著作及其思想

法约尔的著述很多,其代表作《工业管理和一般管理》被称为管理史上的第二座丰碑、"管理理论之父"的划时代著作。

《工业管理与一般管理》(1916 年发表)一书主要体现了法约尔一般管理理论思想,此书共分为两个部分:第一部分论述了管理教育的必要性与可能性;第二部分论述了管理的原则与要素。在第一部分中,作者总结出了企业的 6 项活动,提出了管理的五大职能,论述了组成企业人员才能的各方面能力的相对重要性,倡导管理教育。在第二部分中,作者提出了一般管理的 14 项原则,分析论述了管理的五大要素。

与泰勒等人不同的是,由于长期担任企业最高领导人,法约尔积累了管理大企业的经验,同时,他还在法国军事大学任过管理教授,对社会上其他行业的管理也进行过广泛的调查,退休后还创办了管理研究所。法约尔的经历决定了他的管理思想要比泰勒开阔。泰勒注重"科学"和方法,法约尔注重"原则"和要素,他们的思想共同构成了古典管理理论的基础。

三、马克斯·韦伯与《社会组织和经济组织》

韦伯的科层组织理论连同他的社会学理论,在西方社会学家和管理理论家中得到了广泛的关注。围绕他的思想遗产,西方学术界进行了长达 30 年之久的"学术战争"。

——《管理思想家》

(一)作者简介

马克斯·韦伯(Max Weber,1864—1920),德国著名的古典管理理论学家、经济学家和社会学家"组织理论之父"。韦伯出生在德国爱尔福特,1882 年进入海德堡大学攻读经济学和法律,之后就读于柏林大学。在此期间,他曾在军队服役,1888 年参与了波森的军事演习,因而对德国的军事生活和组织制度有相当的了解。1891 年获得博士学位,1894 年获得海德堡大学的教授资格。1897 年,韦伯患上精神官能症,中断了工作。休息达4年之久,1902年韦伯复任海德堡大学教授,从1904年起他的学术创作进入了鼎盛期,以惊人的速度出版了大量学术论文和专著。1920年韦伯去世,时年56岁。

韦伯对社会学、宗教学、经济学与政治学都有相当的造诣,主要著作大多是在晚年或去世后发表的。对韦伯的学术渊源和成就,美国社会学家刘易斯·A·科瑟有个评论:"韦伯的头脑容量大得惊人,影响他思想的因素多种多样。韦伯是最后一批博学者中的一个。"

(二)经典著作及其思想

《社会组织和经济组织》(1921年出版)中所阐述的官僚组织模式的理论(即行政组织理论)被称为"一切正式组织的有效指导原则"和国家管理体制的基础。

韦伯对组织管理理论的伟大贡献在于:明确而系统地指出理想的组织应以合理合法的权力为基础,没有某种形式的权力,任何组织都不能达到自己的目标。为此,韦伯首推官僚组织并提出官僚组织理论。他对理想的官僚组织模式的描绘,为官僚组织指明了一条制度化的组织准则。

行政组织化是人类社会不可避免的进程,韦伯的理想行政组织体系自出现以来得到了广泛的应用,它已经成为人类社会组织的主要形式。他的行政组织理论实际上是把管理非人格化,依靠单纯的责任感和无个性的工作原则,客观合理地处理各项事务。他认为,这种理想的行政组织体系能提高工作效率,在精确性、稳定性、纪律性和可靠性等方面优于其他组织体系。但同时他也认为,由于这种管理体制排斥感情因素,导致了整个社会感情的匮乏,扼杀了个人的积极性和创造性。

韦伯在《社会组织和经济组织》中强调规则、强调能力、强调知识的行政组织理论为社会发展提供了高效率、合乎理性的管理体制,这是韦伯在管理思想上的最大贡献。被称为"组织理论之父"的韦伯与泰勒、法约尔是西方古典管理理论的3位先驱。

四、埃尔顿·梅奥与《工业文明中人的问题》

泰勒发现了工作,之后有人探索大规模的工作,有人将工作组织起来,但在梅奥之前,没有人发现是人在做工作。

——美国著名管理学者 怀特墨

《工业文明中人的问题》首次涉及了对人的社会与心理因素的探讨。事实上,梅奥尽其所能地为所有人在所有地方寻求发展的机会。

——美国管理学专家 罗特利斯伯格

(一)作者简介

埃尔顿·梅奥(Elton Mayo,1880—1949),美国管理学家,原籍澳大利亚,美国艺术与科学院院士。生于澳大利亚的他,曾先后在当地的圣彼得学院和阿得雷德大学接受教育,并取得逻辑和哲学硕士学位,后来又到苏格兰的爱丁堡学习医学。1911—1919 年间,梅奥在澳大利亚的昆士兰大学任逻辑学、伦理学和哲学讲师。第一次世界大战期间,他利用业余时间用心理疗法治疗受伤士兵,成为澳大利亚采用此种疗法的先驱者。

1926 年,梅奥进入哈佛大学工商管理学院专门从事工业研究,任哈佛大学工商管理研究院工业研究室副教授,以后一直在哈佛大学工作直到退休,并在退休时获得了"荣誉退休者"的头衔。1927 年冬,梅奥应邀参加了霍桑试验。

(二)经典著作及其思想

梅奥最伟大的成就是他在 1927 年应邀参加霍桑试验和对试验结果的研究,并由此创立了"人际关系学说"。《工业文明中人的问题》(1933 年出版)一书基于霍桑试验的研究结果提出了著名的人际关系学说,其主要内容可以概括为以下 4 点:

第一,不应把职工看成单纯的"经济人",而应把其看作是"社会人"。

第二,工资报酬、工作条件等不是影响生产率的第一因素。

第三,不能只关注正式组织,还要看到工作中间存在非正式组织。

第四,企业领导要善于正确处理人际关系,善于听取员工的意见,能够通过提高员工的满意度来提高士气,从而提高生产率。

霍桑试验的结果揭示了在社会生产过程中人的社会状况与生产效率的直接关系,那就是影响生产率的第一要素是人的关系。

梅奥创立的人际关系学说被广泛地应用到 20 世纪 30 年代的管理实践中。自此以后,围绕"人的个性、心理与行为"的研究开始轰轰烈烈地展开,多角度、多系列的理论相继形成,最终使西方管理思想在经历过古典管理理论(包括泰勒的科学管理理论、法约尔的组织管理理论和韦伯的官僚制行政组织理论)阶段之后进入到行为科学管理理论阶段。

五、道格拉斯·麦格雷戈与《企业中人的方面》

道格拉斯·麦格雷戈的专题著作《企业中人的方面》揭露了泰勒主义,并且描述了一种革命性的管理方式。他是把行为科学的发现应用于商务世界的第一个人。

——美国著名管理大师 彼得·德鲁克

不能够也不应该忘掉道格拉斯·麦格雷戈这个名字,他是管理理论的一位老祖宗,也是一位空前的顶尖商业思想家。

——《30 部必读的管理学经典》

（一）作者简介

道格拉斯·麦格雷戈（Douglas McGregor，1906—1964），美国著名行为科学家和管理教育家，行为科学学派代表人物之一。麦格雷戈生于美国底特律，1924年在一个服务站当服务员，1932年获得美国韦恩大学文学学士学位，1933年获得哈佛大学文学硕士学位，1936年获得哈佛大学哲学博士学位。1935—1937年，麦格雷戈在哈佛大学任教，讲授社会心理学；1948—1954年，任安第奥克学院院长；1954年任麻省理工学院工业管理学教授；1960—1963年，任安第奥克学院理事。除在大学任职外，麦格雷戈还曾在杜威化学公司、新泽西标准石油公司、贝尔电话公司、联合碳化物公司等一些公司和组织的公共关系部门担任负责人和顾问。此外，他还是美国心理学学会、美国艺术科学院以及美国国家科学院的成员。

（二）经典著作及其思想

麦格雷戈在1960年出版的《企业中人的方面》是阐释"最顶尖的商业思想"的著作、"不能够也不应该忘掉的理论经典"。

麦格雷戈在《企业中人的方面》中创立了"X理论-Y理论"。X理论把人视为机器，人的行为需要外力作用才能产生，这一理论特别重视职工生理及安全的需要，同时也很重视惩罚，认为惩罚是最有效的管理工具，而管理者的角色是家长、督导；Y理论把人视为一个有机的系统，其行为不但受外力影响，而且也受内力影响，这一理论认为人不仅是经济人，也是社会人，在不断追求满足的同时，不仅不逃避责任，反而谋求重任，所以管理者是辅助者，其重要任务是创造一个使员工发挥个人才能的工作环境。

这是两种截然不同的人性观与价值观。正如许多西方管理学家所说，这个理论是从根本上改变了对组织中的人的看法。他强调人的潜在能力，提高了工业社会中人的作用，充分论证了"以人为中心的管理"。因而，他的管理思想在西方管理思想史上占有十分重要的地位。

麦格雷戈第一次将行为科学理论应用于商界，他以他的"X理论-Y理论"激励模型而著称于世。作为美国著名的行为科学家和管理教育家、行为科学学派的代表人物之一，麦格雷戈是人际关系学派最有影响、观点被引用最多的思想家之一。

六、弗雷德里克·赫茨伯格与《再论如何激励员工》

我们听到的管理者的抱怨比员工的抱怨还要多，他们不知道怎样才能让员工满意。赫茨伯格的"双因素理论"可以为这些管理者打开一个新的视界，如果应用得当，"激励力"将不再是企业的一个抽象概念。

——《员工都在想什么》

（一）作者简介

弗里德里克·赫茨伯格（Frederick Herzberg，1923—2000），美国著名的心理学家。赫茨伯格曾获得纽约市立学院的学士学位和匹兹堡大学的博士学位，其后在美国和其他30多个国家从事管理教育和管理咨询工作，是美国犹他大学的特级管理教授，曾任美国凯斯大学心理系主任。赫茨伯格于1968年在《哈佛商业评论》杂志上发表的"再论如何激励员工"成为该刊有史以来最受欢迎的文章。

（二）经典著作及其思想

20世纪50年代末期，赫茨伯格和他的助手对200名工程师、会计师进行了有组织性的调查。根据被调查者关于工作中满意问题的回答，赫茨伯格积累了影响这些人员的各种因素的资料。根据研究结果，赫茨伯格在《再论如何激励员工》中主要论及了4个方面：

第一，保健因素。这类因素的改进能消除人们对工作的不满意，如果这些因素有缺陷或不具备，必然引起人们的不满意，若这类因素处理得当，则能防止员工不满情绪的产生。因此保健因素称为"维持因素"。

第二，激励因素。它们能给予人们很大程度的满足感，促进效率的提高，促进人们的进取心，激发人们作出最好的表现。这些因素的改善能让职工感到满意，使职工得到激励，有助于充分、有效、持久地调动他们的积极性。

第三，区分双因素的意义。赫茨伯格认为，保健因素和激励因素独立存在，以不同的方式影响人的积极性和行为。缺少保健因素，员工会感到不满意；有了保健因素，员工并不会感到满意，而是没有不满意。有了激励因素，员工会感到满意；没有激励因素，员工不会感到不满意，而是没有满意。

赫茨伯格认为，传统的激励假设都不会产生更大的激励。按照赫茨伯格的观点，管理当局应该认识到保健因素是必需的，不过它一旦使不满意中和以后，就不能产生更积极的效果，只有"激励因素"才能使人们有更好的工作成绩。

第四，管理建议。为此，赫茨伯格提出了工作丰富化、增加自主权、改变人事管理重心的建议。

"双因素理论"的提出与"工作丰富化"的开创性研究，奠定了赫茨伯格在管理研究领域的大师声望，他的思想一直带给组织的管理者与领导者新鲜的启示。

七、切斯特·巴纳德与《经理人员的职能》

研究管理学的，没有人不知道巴纳德的大名。管理学者几乎都承认，巴纳德关于组织理论的探讨，至今几乎没有人超越。

——《管理理论研究》

它(《经理人员的职能》)内容丰富,使人很难读得过来,但不管怎样说,它都是一座丰碑。

——美国著名企业管理大师 托马斯·彼得斯

(一)作者简介

切斯特·巴纳德(Chester I. Barnard,1886—1961),现代管理理论中系统学派的创始人,又是一个成功的商业人士。巴纳德生于美国马萨诸塞州凡尔登地区的一个贫穷家庭,早年就读于蒙特赫蒙学院,1906年至1909年在哈佛大学读完全部经济学课程,因缺少实验学科的学分而未获得学位。后来由于他在研究企业组织的性质和理论方面作出了杰出的贡献,得到过7个荣誉博士学位。1909年进入AT&T,1927年任贝尔(新泽西)公司总经理,1952年退休。巴纳德理论总的特征是,以组织为基础分析和说明管理的职能和过程。其理论结构为:个体假设——协作行为和协作系统理论——组织理论——管理理论。他在管理角色的特性和权力范围、公司与管理者的关系方面作出了突破性贡献,开创的组织管理理论研究揭示了管理过程的基本原理,经西蒙、马奇等的进一步发展,形成管理学领域的组织管理学派。

巴纳德一生遭遇了许多不幸和坎坷,幼年贫困、青年时期学业未果以及老年丧子都曾经让他痛苦。但他有一位称职的父亲,给予过他很多鼓励,让他在多次挫折和打击中恢复过来并顽强奋斗。他是一位出色的社会活动家,曾担任过洛克菲德基金会会长、美国国家科学基金会会长、美国财政部长助理、美国艺术和科学院院士。同时他也是一位出色的钢琴演奏家,曾担任过美国新泽西巴赫协会主席。

(二)经典著作及其思想

巴纳德是一个典型的企业人,作为一名实践工作者,他在漫长的工作经历中积累了丰富的经营管理经验。《经理人员的职能》(1938年出版)更是其毕生从事企业管理工作的经验总结。

巴纳德认为,社会的各级组织包括军事的、宗教的、学术的、企业的等多种类型的组织都是一个协作的系统,它们都是社会这个大协作系统的某个部分和方面。这些协作组织是正式组织,都包含3个要素:协作的意愿、共同的目标和信息联系。所有的正式组织中都存在非正式组织,正式组织是保护秩序和一贯性所不可缺少的,而非正式组织是提供活力所必需的。两者是协作中相互作用、相互依存的两个方面。

巴纳德把社会学概念应用于分析经理人员的职能和工作过程,建立了一个有关组织的定义和概念的逻辑体系。书中提出了著名的正式组织和非正式组织理论以及经理人员的三项基本职能:建立和维持一个信息联系的系统;从组织成员那里获得必要的努力;规定组织的共同目标。巴纳德的理论贡献,在于他从最简单的人类协作入手,条分缕析,揭示了组织的本质及其最一般的规律。

巴纳德在西方管理思想史中占有十分重要的地位,西方管理学界称他是现代管理理论的奠基人。对于经理人员,尤其是希望将一个传统的组织改造为现代组织的经理人员来说,巴纳德的价值尤其突出。

八、彼得·德鲁克与《管理:任务、责任、实践》

只要一提到彼得·德鲁克,在企业的丛林中就会有无数双耳朵竖起来倾听。他是一盏指引我们的明灯,他的著作让我们走出迷雾找到方向。

——《哈佛商业评论》

在德鲁克之前,并无真正的管理学者存在。

——美国著名企业管理大师 托马斯·彼得斯

(一)作者简介

彼得·德鲁克(Peter F. Drucker,1909—2005),美国著名的管理大师,"现代管理之父"。德鲁克生于奥匈帝国的维也纳,祖籍荷兰,家族在17世纪时从事书籍出版工作。他的父亲是文化事务的官员,母亲是奥地利率先学习医科的妇女之一。德鲁克从小生长在富于文化的环境之中,先后在奥地利和德国受教育,1929年后在伦敦任新闻记者和国际银行的经济学家,1931年获法兰克福大学法学博士。1937年移民美国,曾在一些银行、保险公司和跨国公司任经济学家与管理顾问。1942年至1949年任贝宁顿学院哲学教授和政治学教授,1942年受聘为当时全世界最大企业——通用汽车公司的顾问。1946年出版《公司的概念》,对大企业的组织与结构有详细而独到的分析。1950年起任纽约大学商业研究院管理学教授,1954年出版《管理实践》,从此将管理学开创成为一门学科,从而奠定了管理大师的地位。1966年出版的《卓有成效的管理者》一书成为高级管理者必读的经典之作;1973年出版的巨著《管理:任务、责任、实践》被誉为"管理学"的"圣经"。2003年7月接受了美国总统布什颁发的"总统自由勋章"。2005年11月11日在加州克莱蒙特家中逝世。

(二)经典著作及其思想

1973年,德鲁克出版了《管理:任务、责任、实践》一书,受到各国管理界人士的普遍重视。该书无论在篇幅上还是在内容上都极为丰富,不仅被认为是德鲁克著作中最重要的著作,而且也是一本给企业经营者的系统化管理手册,为学习管理学的学生提供的系统化教科书,被人们誉为管理学的"圣经"和"百科全书"。

书中列举了管理责任的五大基础:制定目标、组织、激励和沟通、衡量以及使人得到发展。他认为在每个方面,都必须采取正确行动以确保正确的精神遍布这个管理组织:必须有高标准的表现要求,不可以容忍糟糕或低劣的表现,奖励必须以表现为基础;每项管理工作就其本身都是一个有益的工作;必须有一个合理和公正的提升系统;管理制度需要明确规定谁有权力作出事关管理者命运的决定,而且管理者必须有向更高部门申诉的渠道;在任命之际,管理部门必须显示出它已意识到整合能力是每位管理者必须具备且已具备的素质。

这本书是一部令人惊叹的管理巨著,论题广泛,它从任务、范围和方法等方面完善了管理作为一门学科的知识结构,并且对每项内容又都做了深入的展现。在书中,充分体现出德鲁克的管理哲学思想。

德鲁克以他建立于广泛实践基础之上的30余部著作,奠定了其现代管理学开创者的地位,被尊为"大师中的大师"、"现代管理之父"。其中最受推崇的是他的原则概念及发明,包括:将管理学开创成为一门学科、目标管理与自我控制是管理哲学、组织的目的是为了创造和满足顾客、企业的基本功能是行销与创新、高层管理者在企业策略中的角色、成效比效率更重要、分权化、民营化、知识工作者的兴起、以知识和资讯为基础的社会。

德鲁克的文章从来都是企业界、特别是一线经理们关注的焦点和对比学习的标尺,他也因此而被誉为"美国公司总裁的导师"。

九、赫伯特·西蒙与《管理决策新科学》

西蒙对于决策过程的理论研究工作是开创性的,他也是管理方面唯一获得诺贝尔经济学奖的人。他的理论已经渗透到管理学的不同分支,成为现代管理理论的基石之一。

——美国著名管理大师　彼得·德鲁克

(一)作者简介

赫伯特·西蒙(Herbert Simon,1916—2001),美国著名管理学家和社会科学家。西蒙出生于美国威斯康星州密尔沃基,早年就读于芝加哥大学,1943年获得博士学位。他的研究涉及政治学、经济学、管理学、社会学、心理学、运筹学、计算机科学等众多领域,在每一领域中都有相当深厚的造诣,他还担任过企业界和官方的多种顾问。1958年获得美国心理学会颁发的心理学领域最高奖——心理学杰出贡献奖;1974年获得计算机科学最高奖——图灵奖;1978年获得诺贝尔经济学奖;1995年在国际人工智能会议上被授予终身荣誉奖。在当代科学史上,西蒙留下了光辉的一页。

(二)经典著作及其思想

《管理决策新科学》(1960年出版)是西蒙的代表作。这一著作具体分析了管理决策的各个方面:管理决策的过程、决策的类型、制定决策的系统、管理人员在决策中的作用、决策的性质等。

西蒙在管理学上的贡献是提出了管理的决策职能,建立了系统的决策理论,并提出了人类"有限理性行为"的命题和"令人满意的决策"的准则。西蒙认为:管理就是决策,决策是管理的核心;决策者在组织中起着核心和动力作用,对组织的影响很大。

西蒙是决策理论学派的创始人之一,他倡导的决策理论是以社会理论为基础,吸收古典管理理论、行为科学和计算机科学等内容而发展起来的。他因"对经济组织内的决策程序所进行的开创性研究"而被称为"决策理论的奠基人"。由于现代企业和现代技术的发展,组织的特征已经发生了根本性的变革,决策的重心正在由高层向低层转移,尽管如此,西蒙的决策理论仍然是我们理解人类行为的钥匙。

十、哈罗德·孔茨与《再论管理理论的丛林》

值得一提的是,面对每一次重大变革,管理学中都留下了他们的精品。孔茨的《再论管理理论的丛林》就是触手可及的精品之一。

——《西方管理经典》

(一)作者简介

哈罗德·孔茨(Harold Koontz,1908—1984),美国著名管理学家,管理过程学派的主要代表人物。孔茨生于美国俄亥俄州的芬雷,1935年获得耶鲁大学博士学位,1962年任加利福尼亚大学洛杉矶分校管理学院管理学教授,1963年任美国管理科学院院长,1965年任行政管理研究所所长,1965年至1971年兼任行政管理研究公司总裁。他在1957年至1972年还兼任捷尼斯科公司董事会主席,1950年至1978年期间,兼任法尔公司、德斯特控制公司的顾问。他一生获得多种荣誉,如1962年获"米德·约翰逊奖",1971年获美国"空军航空大学奖",1974年获"泰勒奖",1975年获"福特·芬雷奖"等。孔茨还是国际管理科学院成员、美国管理协会成员、美国交通运输学会会员、管理科学研究所成员、世界未来学会会员等。

(二)经典著作及其思想

1980年发表的《再论管理理论的丛林》是孔茨的代表作之一。

"二战"结束后,世界相对缓和,许多国家都把注意力转移到经济建设上来,科技日新月异,生产和组织规模不断扩大,管理理论引起了人们的普遍重视。许多学者和实际工作者在前人的理论与实践经验的基础上,结合自己的专业知识去研究现代管理问题,这样就在管理理论方面出现了许多新学说和新流派,这些学说和流派在历史渊源和理论内容上互相影响,形成盘根错节、争芳斗艳的局面。孔茨把这种局面称为"管理理论的丛林"时代。1961年12月,孔茨在美国《管理学杂志》上发表了《管理理论的丛林》一文,他当时划分了6个主要学派:管理过程学派、经验学派、群体行为学派、社会系统学派、决策理论学派、管理科学学派。1980年,孔茨又在《管理学会评论》上发表《再论管理理论的丛林》一文,指出经过近 20 年的时间之后,管理理论的丛林不但存在,而且更加茂密,至少产生了 11 个学派:管理过程学派、决策理论学派、系统学派、经验学派、权变理论学派、数学(管理科学)学派、群体行为学派、经理角色学派、社会协作系统学派、社会技术系统学派、人际关系学派。

孔茨认为丛林的成因主要有以下 5 点:语义上的混乱;对管理和管理学的定义和所包含的范围没有取得一致意见;把前人对管理经验的概括和总结看成是"先验的假设"而予以摒弃;曲解并抛弃前人提出的一些管理原则;管理学者不能或不愿互相了解。

孔茨认为,只要这些问题得到解决,是有希望走出管理理论丛林的。尽管管理学家作出了各种努力,原本希望使管理理论走出丛林,却未曾料到,其结果是导致了更多的雨水使丛林中的叶子长得更加茂盛。

在管理学领域提到孔茨的名字,人们联想最多、最迅速的还是"管理理论的丛林"这一提法,孔茨也被称为"穿梭在管理丛林中的游侠"。

十一、罗伯特·坦南鲍姆与《如何选择领导模式》

领导方式连续流理论初步涉及了领导理论的 3 个要素,进一步为权变理论的产生和发展奠定了基础。

——《最经典的管理思想》

(一)作者简介

罗伯特·坦南鲍姆(Robert Tannenbaum,1915—2003),美国著名企业管理学家。坦南鲍姆毕业于美国芝加哥大学并获得博士学位,长期在洛杉矶加利福尼亚大学工商管理学院执教,任人才系统开发教授,从事"人事制度的发展"研究。坦南鲍姆在领导理论方面提出了富有创见的连续分析方法,并在敏感性训练和组织发展方面进行了卓有成效的研究工作,其主要著作有《如何选择领导模式》、《从行为科学入手探讨领导和组织问题》、《领导与组织:一种行为科学的方法》等。

(二)经典著作及其思想

坦南鲍姆和施密特合著的《如何选择领导模式》是一部著名的管理学专著。坦南鲍姆和施密特提出了著名的"领导方式的连续流理论"(也称为"领导模式连续分布场"),主张按照领导者运用职权和下属拥有自主权的程度把领导模式看作一个连续变化的分布带,以高度专权、严密控制为其左端,以高度放手、间接控制为其右端,从高度专权的左端到高度放手的右端,划分 7 种具有代表性的典型领导模式。坦南鲍姆认为,不能简单地从 7 种模式中选择某一种模式作为最好的,或者认为某一模式是极差的,而应该在一定的具体情况下考虑各种因素,采取最恰当的行动。

坦南鲍姆认为,实践中的领导风格是丰富多彩的,影响领导风格成效的因素甚多,不能给领导风格简单排序。

因坦南鲍姆与施米特在研究领导作风与领导方式时摆脱了较为绝对的"两极化"倾向,反映出领导模式的多样性与情景因素,研究成果显示出了良好的适应性与生命力,所以其理论受到了西方管理学界的普遍重视。

十二、弗雷德·E·菲德勒与《让工作适合管理者》

《让工作适合管理者》中提出的菲德勒模型强调为了领导有效需要采取什么样的领导行为,而不是从领导者的素质出发强调应当具有什么样的行为,从而为领导理论的研究开辟了新的方向。

——《管理新思想》

(一)作者简介

弗雷德·E·菲德勒(Fred E Fiedler,1912—),美国当代著名的心理学家和行为学家,出生于1912年,在芝加哥大学获得博士学位,毕业后留校任教,1951年任伊利诺伊大学心理学教授和群体效能研究实验室主任,从管理心理学和实证环境分析两方面研究领导学,20世纪70年代提出了"权变领导理论"。现任美国华盛顿大学心理学与管理学教授,并兼任荷兰阿姆斯特丹大学和比利时卢万大学客座教授。

(二)经典著作及其思想

菲德勒的理论研究成果主要反映在他的100多篇论文和4部学术著作中。其中,1965年发表的《让工作适应管理者》比较著名。

菲德勒在许多研究者仍然争论究竟哪一种领导风格更为有效时,基于大量研究基础提出了有效领导的权变模型,他认为任何领导形态均可能有效,其有效性完全取决于所处的环境是否适合。在《让工作适合管理者》这一著作中,菲德勒剥离出影响领导形态有效的3个环境因素:领导者与成员的关系、职位权力、任务结构。菲德勒认为,根据这3种因素的情况,领导者与成员关系或好或差,任务结构或明确或不明确,职位权力或强或弱,使得领导者所处的环境从最有利到最不利可划分为8种不同情境或类型,每个领导者都可以从中找到自己的位置。菲德勒认为领导风格是与生俱来的,因此提高领导者的有效性实际上只有两个途径:替换领导者以适应环境或者改变情境以适合领导者。

菲德勒模型表明,并不存在着一种绝对的最好的领导方式,企业领导者必须具有适应力,自行适应变化的情境。同时,该模型也提示管理层必须根据实际情况选用合适的领导者。这一模型为领导理论的研究开辟了新方向,菲德勒也被称为"权变管理的创始人"。

企业管理中,权变可以从3个方面的意义来解释:

(1)时间上的含义。在时间上,权变指的是随着时间的推移而导致企业环境条件的变化,从而引起管理方式和手段的变化。

(2)空间上的含义。在空间上,权变指企业所处的环境不同,或者管理者所处的环境不同——来到了一个新的企业,或者在原有的职位上进行了提升等导致管理方式和手段发生变化。

(3)对象上的含义。对象指的是管理对象,管理者因下属的多样性和变化性而要相应地在管理方式和手段上进行改变。

该模型存在着一些欠缺,可能还需要增加一些变量加以改进和弥补。但是,从菲德勒提出的领导理论对组织行为学的影响、新理论与原有模型之间的关系以及新理论把领导者认知能力的引入作为领导有效性的重要影响因素这3个方面来看,菲德勒的理念将不会被人们所忽视。

十三、亨利·明茨伯格与《经理工作的性质》

亨利·明茨伯格也许是世界上第一位管理思想家。

——美国著名企业管理大师 托马斯·彼得斯

《经理工作的性质》出版即大获成功,奠定了明茨伯格作为极具影响力的管理大师的地位,他对管理工作的观察与研究,迄今无人能超越。

——《管理名家》

(一)作者简介

亨利·明茨伯格(Henry Mintzberg,1939—   ),加拿大著名管理学家,生于蒙特利尔,就读于麦吉尔大学机械工程系,获得乔治威廉姆斯大学文学学士学位、麻省理工学院管理硕士学位以及该校的斯隆商学院哲学博士学位。1972年在麦吉尔大学任教,1978年被聘任为麦吉尔大学管理学教授,1988—1989年曾任战略管理协会主席。明茨伯格4次在哈佛商业评论上发表文章,其中两次获得了麦肯锡奖的殊荣。

(二)经典著作及其思想

明茨伯格的主要贡献是对于经理工作的分析,《经理工作的性质》(1973年出版)是他的主要代表作,也是经理角色学派最早出版的经典著作。

明茨伯格界定了经理的工作角色,认为经理一般担任10种角色,这10种角色可分为3类:

第一,人际关系方面的角色,包括挂名首脑、联络者和领导者的角色;

第二,信息方面的角色,包括信息监督者、信息传播者和发言人的角色;

第三,决策方面的角色,包括企业家、混乱驾驭者、资源分配者和谈判者的角色。

这 10 种角色表明，经理从组织的角度来看是一位全面负责的人，但事实上却要担任一系列的专业化工作，既是通才又是专家。

在《经理工作的性质》中，明茨伯格的研究展现出来的景象并不美好。从表面上看，管理者们考虑的是重大的战略问题，而事实上，为情势所迫，他们在一项又一项的任务间疲于奔命。明茨伯格发现，管理工作的特点是"短暂、多样、零碎"的，他主张不应从管理者的各种功能看待管理，而应把管理者看成各种角度的结合体。

《经理工作的性质》来源于明茨伯格的实践研究基础。正因如此，他反对传统的 MBA 课程，认为"工商管理硕士(MBA)是商学院的产物，学校专把错误的东西教给错误的人，MBA 学生中极少有人有任何管理经验，他们不适合做管理"。他乐于抨击过去在商界和管理界奉为圣典的概念，故有"管理领域伟大的离经叛道者"之称。

十四、迈克尔·波特与《竞争战略》

如果有人能把管理理论变为令人尊敬的学院派原则，这个人就是迈克尔·波特。

——英国《经济人》杂志

《竞争战略》被列为全美 500 家最大企业的经理、咨询顾问及证券分析师所必读的"圣经"。

——美国《福布斯》杂志

(一)作者简介

迈克尔·波特(Michael E. Porter,1947—　　)，全球最有影响力的战略管理大师。波特出生于美国密歇根州，年轻时代在周游世界中度过。1969 年在普林斯顿大学获得科学工程学士学位，1971 年获得哈佛大学 MBA 学位，随后于 1973 年获得了商业经济博士学位，并成为哈佛大学历史上最年轻的享有终身职位的教授之一。1983 年波特被任命为美国总统里根的产业竞争委员会主席。其间，波特开创了企业竞争战略理论并引发了美国乃至世界的竞争力讨论热潮。2000 年 12 月，波特获得哈佛大学最高荣誉"大学教授"资格，成为哈佛大学商学院第 4 位获此殊荣的教授。

波特是当今世界上最有影响力的管理学家之一，他不仅担任杜邦、宝洁、壳牌、台湾集成电路制造股份有限公司等著名跨国公司的顾问，而且在政府和国际组织的政策制定中扮演着重要角色。他先后获得过威尔兹经济学奖、亚当·斯密奖和麦肯锡奖，拥有斯德哥尔摩经济学院等 7 所著名大学的名誉博士学位。

(二)经典著作及其思想

波特撰写过 17 部著作及 100 多篇文章，其中《竞争战略》(1980 年出版)奠定了他在世界战略研究领域的大师地位。

波特获得的崇高地位缘于他所提出的"五种竞争力量"和"三种竞争战略"理论。波特在《竞争战略》中，对竞争战略理论模型进行了系统而全面的阐述，并以此为基础提出了完整的产业结构理论。他把产业经济学中的 S-C-P 范式（组织-行为-绩效，Structure-Conduct-Performance）引入战略管理领域，详细论述了进入威胁、替代威胁、买方砍价能力、供方砍价能力和现有竞争对手的竞争这五种力量如何共同决定着一个产业的市场竞争强度和最终赢利能力。在此基础上，波特提出了可应用于企业实践的 3 种战略，即差异化战略、成本领先战略和聚焦（集中）战略。

《竞争战略》由于为复杂而难以捉摸的战略问题提供了一个简明而强有力的分析工具而成为每个 MBA 学生和大公司经理的必读书。在此之前，同在哈佛商学院的老一辈学者安德鲁斯等已经提出了诸如 SWOT 这样至今经久不衰的概念性框架，但究竟如何去认识和分析这一框架中的优势和劣势、机会与威胁等，并没有现成的答案。波特为此提供了一个普遍适用的框架。

十五、彼得·圣吉与《第五项修炼——学习型组织的艺术与实践》

彼得·圣吉，十大管理大师之一。

——美国《商业周刊》

《第五项修炼——学习型组织的艺术与实践》是过去 75 年来最有影响力的管理学著作之一。

——美国《哈佛商业评论》

圣吉的这本著作已经是一本不折不扣的管理学经典。

——美国《波士顿环球报》

流行的管理体系很摧残人……教育界、工商界和政府机构的管理层的任务，应该是使系统化……彼得·圣吉的著作《第五项修炼——学习型组织的艺术与实践》是帮助开始这项工作的好书，它让我学到了许多东西。

——爱德华·戴明博士

（一）作者简介

彼得·圣吉（Peter M. Senge，1947—　　　），是美国麻省理工大学斯隆管理学院资深教授，国际组织学习协会（SOL）创始人、主席，被誉为学习型组织之父，当代最杰出的新管理大师之一。圣吉出生于美国芝加哥，1970 年获斯坦福大学航天及太空工程学士学位，随后进入麻省理工学院的斯隆管理学院，获社会系统模型塑造硕士学位，1978 年获管理学博士学位。此后，彼得·圣吉一直致力于构筑出一种人类梦寐以求的组织蓝图——在其中，人们得以从工作中得出生命的意义，实现共同愿望。他将系统动力学与组织学习、创造原理、认知科学、群体深度对话与模拟演练游戏融合,同时着力使系统动力学的要领简单化、通俗化和可操作化,从而发展出了影响世界的"学习型组织"理论。

1990年,彼得·圣吉在麻省理工大学斯隆管理学院创立了"组织学习中心",对一些国际知名企业,如微软、福特、杜邦等,进行创建学习型组织的辅导、咨询和策划。同年,出版了他的《第五项修炼——学习型组织的艺术与实践》一书,被《哈佛商业评论》评为过去20年来5本最有影响的管理书籍之一,他本人也被称为继彼得·德鲁克之后最具影响力的管理大师。

(二)经典著作及其思想

彼得·圣吉是畅销书《第五项修炼——学习型组织的艺术与实践》、《第五项修炼·实践篇》、《变革之舞》、《学习型学校》、《必要的革命》等书的作者或合著者。其中,1990年出版的《第五项修炼——学习型组织的艺术与实践》,自出版后连续3年荣登全美最畅销书榜首,并于1992年荣获世界企业学会(World Business Academy)最高荣誉的开拓者奖(Pathfinder Award),被西方企业界誉为21世纪的企业管理圣经。在短短几年中,被译成二三十种文字,风行全世界,它不仅带动了美国经济近十年的高速发展,并在全世界范围内引发了一场创建学习型组织的管理浪潮。美国《商业周刊》也因此而推崇圣吉为当代最杰出的新管理大师之一。

彼得·圣吉的最大贡献在于他提出了"人类梦寐以求的组织蓝图"——学习型组织。《第五项修炼——学习型组织的艺术与实践》一书详细阐述了学习型组织理论,通过思维方式的转变与实践,培养思维方式从线性的片段的思维方式向系统思维方式转变,创造一个全新的具有生命力和学习能力的、不断自我超越的学习型组织,而创建学习型组织的真谛在于让组织成员活出生命的意义。《第五项修炼——学习型组织的艺术与实践》的五项修炼概括地说,就是自我超越、改善心智模式、建立共同愿景、团队学习、系统思考。学习型组织理论认为,企业持续发展的源泉是提高企业的整体竞争优势,提高整体竞争能力。未来真正出色的企业是使全体员工全心投入并善于学习、持续学习的组织——学习型组织。通过酿造学习型组织的工作氛围和企业文化,引领不断学习、不断进步、不断调整的新观念,从而使组织更具有长盛不衰的生命力。

彼得·圣吉的《第五项修炼——学习型组织的艺术与实践》出版后迅速席卷全球,被各个行业的大小企业所认同。一些国际知名企业,如壳牌石油、福特汽车、克莱斯勒、摩托罗拉、苹果电脑等都随即以"五项修炼"作为操作方法,在企业内建立起了学习型组织。可以说《第五项修炼——学习型组织的艺术与实践》给组织管理带来了一个全新理念,而这些理念转化为实际管理制度与行为,就可能引起管理方式的大变革。